“十四五”全国高等院校采购管理专业规划教材

公共采购概论

黄冬如　著

中国财富出版社有限公司

图书在版编目（CIP）数据

公共采购概论／黄冬如著．--北京：中国财富出版社有限公司，2021.4
（“十四五”全国高等院校采购管理专业规划教材）
ISBN 978－7－5047－7414－9

Ⅰ.①公… Ⅱ.①黄… Ⅲ.①政府采购制度-高等学校-教材 Ⅳ.①F810.2

中国版本图书馆 CIP 数据核字（2021）第 067120 号

策划编辑 张 茜 **责任编辑** 白 昕 水源宋 **版权编辑** 李 洋
责任印制 梁 凡 **责任校对** 杨小静 **责任发行** 敬 东

出版发行 中国财富出版社有限公司
社　　址 北京市丰台区南四环西路 188 号 5 区 20 楼 **邮政编码** 100070
电　　话 010－52227588 转 2098（发行部） 010－52227588 转 321（总编室）
010－52227566（24 小时读者服务） 010－52227588 转 305（质检部）
网　　址 http://www.cfpress.com.cn **排　　版** 义春秋
经　　销 新华书店 **印　　刷** 北京九州迅驰传媒文化有限公司
书　　号 ISBN 978－7－5047－7414－9/F·3374
开　　本 787mm×1092mm 1/16 **版　　次** 2022 年 2 月第 1 版
印　　张 11.5 **印　　次** 2022 年 2 月第 1 次印刷
字　　数 294 千字 **定　　价** 49.80 元

总　序

采购供应作为政府、企业等组织满足内部需求的主要途径，是组织运营管理的关键职能。同时，采购供应也是市场资源配置的重要方式，在社会生产、流通和消费等重要环节的衔接中发挥着重要作用。

进入21世纪后，随着经济全球化和跨国经营步伐加快，以及互联网、数字化等信息技术快速发展，企业供应链竞争意识加强，采购供应职能进一步与企业所有业务整合，成为衔接供应链上下游的重要环节。政府、企业等组织对于采购供应这一职能的认识经历了“购买—采购—供应”的发展阶段。采购供应管理的战略目标从传统注重产品本身和价格，开始向采购过程、供需关系、外部资源和供应绩效方面侧重，采购供应逐渐从面向交易的战术职能上升到面向增值、赋能的战略职能。

随着全球社会分工进一步深化、全球供应链体系逐步完善，采购供应职能在企业中的战略地位不断提升。企业对于采购人才的需求也越来越强烈，我国对采购人才的需求与要求在量和质上都有了极大的增长和改变。由于受国内经济发展环境、生产生活资料流通模式变化的影响，相比于国外采购供应管理的教学、研究和实践，我国采购供应管理的理论系统和知识体系起步相对较晚，采购供应管理人才在实际中具有较大的需求缺口。目前，我国采购供应管理知识体系尚未进行系统梳理，核心课程体系没有形成统一标准，缺少本土化采购教材，本科专业建设潜力与物流管理与工程类中物流管理、物流工程以及供应链管理专业相比需要深入系统发掘。

鉴于上述背景，本套“十四五”全国高等院校采购管理专业规划教材以“新文科建设背景下我国采购管理专业本科系列教材”建设为抓手，传承物资管理特色，创新国内采购管理体系，对接国际采购管理标准。坚持“系统性、结构性、前瞻性、特色性和应用性”编写原则，通过合理设计体系、机制，高质量编写第一套具有中国特色的采购管理专业教材，对于采购供应管理相关的前沿发展、理论知识、实际案例进行详细介绍，全面阐释采购供应管理在供应链中的影响因素及其作用机理；在政府采购规范与模式、企业采购服务与运行、采购组织管理与体系、采购供应策略与决策、采购认证标准与质量、采购法律制度与道德、采购绩效指标与评价等方面，进行创新性分析。

本套“十四五”全国高等院校采购管理专业规划教材，作为我国第一套自主编写的采购管理专业系列教材，将联动课程体系、培养方案、师资队伍、人才培养等一体化专业建设工作，推进采购管理专业知识体系的发展，对现代采购供应管理深入学习具有良好的启示意义。同时，培养采购管理专业学生掌握“决策、规划、优化”知识，提升“沟通、协同、实践”能力，具备“国际、应用、创新”素养，成为政府及企事业单位从事采购管理相关工作的“拔尖人才”，有效助力我国采购管理专业建设和高水平应用型采购供应管理人才培养。

本套教材由北京物资学院牵头组织编写。北京物资学院作为我国采购管理教育教学理论和实践、专业建设发展、人才培养体系的开拓者和先锋军，于2010年成立国内第一个采购管理专业，2020年获批国内第一个国际采购与供应管理联盟（IFPSM）国际标准认证。近些年，北京物资学院自主出版了《采购供应管理》等教材，翻译出版了国际贸易中心（ITC）的采购管理国际资格系列认证教材，推进了采购经理人指数（PMI）落地中国。经过多年的专业建设和发展，北京物资学院采购管理专业被评为5星级专业，北京物资学院获批北京市一流本科专业建设点、物流管理与工程类新文科建设点。本套“十四五”全国高等院校采购管理专业规划教材包括《公共采购概论》《供应商管理》《采购模型与技术》《招投标管理》等。

在此衷心感谢每一位专家、老师为本套“十四五”全国高等院校采购管理专业规划教材出版做出的贡献。一切支持与帮助，铭记于心！虽几经努力，但因时间有限，难免有一些错误或疏漏之处，恳请广大读者予以宽容和赐教。

编委会

2022年2月22日

序　一

公共采购制度是在经济体制改革基础上的重要创新，涉及政治、经济、法律、行政管理和社会管理体制改革等多方面。在全面深化改革，促进政府转型、经济转型、社会转型乃至国家转型，建设完善治理体系和治理能力现代化进程中，公共采购作为政府与市场关系的重要载体，发挥着举足轻重的作用。它既是完善公共市场经济的经济体制改革的重要内容，也是规范政府行为的行政管理体制改革的主要内容，还是向社会提供公共工程、公共产品和公共服务的社会文化体制改革的主要内容。作为进一步融入全球国际大视野的有机组成部分，公共采购是体制制度机制保障的重要手段，在中国加入《政府采购协议》（GPA）、加快融入世界经济一体化的进程中，公共采购也将进一步发挥作用。

近年来，我国公共采购领域的改革与创新实践发展迅猛，迫切需要学科建设提供理论引领和学术支持。在新时代新发展新文科建设的背景下，如何从宏观、中观和微观层面，把握公共采购本质规律，构建公共采购理论，推进公共采购学科建设，是迫切需要解决的时代命题。《公共采购概论》一书在这方面做了大胆创新和有益尝试。

作者是从事公共采购理论研究与教学实践的资深专家。他尝试在公共采购理论框架建设上填补空白，并将理论成果学科化、教材化。《公共采购概论》分为上下两篇。上篇主要探讨公共采购理论，如公共采购概念、特征、内容、理论基础等；并对公共采购理论的主要架构包括公共采购基础理论、公共采购应用理论、公共采购管理理论、公共采购发展理论、公共采购理论建设等展开了详细讨论；下篇主要梳理归纳中国公共采购制度现代化实践内容，包括公共采购制度与改革、公共采购政策与管理、公共采购实务与技术、公共采购的国际化与发展等方面。

《公共采购概论》的编写属于开创性工作，难免存在不足之处。我们期待着更多的专家学者和高校教师加入公共采购理论与学科建设的工作中，使中国特色公共采购理论与学科建设更加丰满和充实，为我国物流与采购管理、公共财政和公共经济等相关学科体系的建设补充新血液，增加新动能。

何黎明

中国物流与采购联合会会长

序　二

公共采购是涵盖政府采购、军事采购、事业采购和国有企业采购等方面的具有时代特征和影响的专业发展模式，理论性、政策性、专业性、复杂性强。在倡导人类命运共同体、推进治理体系和治理能力现代化、创新先进信息技术发展的进程中，公共采购所体现的公共意识、公共价值、公共责任等愈加重要。公共采购课程建设、学科归属、理论研究显得十分迫切。

我校较早成立公共采购研究机构和教学团队，开展公共采购科学研究与教学实践工作。公共采购研究与教学负责人黄冬如经过长期实践、广泛调研、缜密思考和理论分析，出版《公共采购概论》一书。该书从理论与实践的角度对公共采购理论体系构建、公共采购现代化实践等方面进行了概括和分析。

全书整体框架合理，层次清楚，资料丰富，注重逻辑性。观点具有新颖性、前瞻性和可读性。例如，作者认为，公共采购理论是通过政治学、经济学、公共管理学、法学、国际贸易学、财政学、信息技术学等与采购、交易、贸易等学科相结合，衍生形成的一门新兴交叉性学科理论。例如，综合的公共采购理论体系应由公共采购基础理论、应用理论、管理理论和发展理论等组成；公共需求是公共采购的根本动因，公共采购的本质是廉洁取向的公共支出选择行为；廉洁性是公共采购的第一性。再如，建议设立独立的公共采购工程管理部门，公共采购战略应纳入国家战略发展规划等。

“公共采购概论”课程主要培养能适应市场经济要求的，在政府、事业、企业、中介及社会组织等公共部门从事公共采购管理与实务的应用型人才。重点培养公共采购理论与实践相结合、公共采购专业与职业资格相结合、公共采购法律政策与实务案例相结合、公共采购技术应用与数据治理相结合的先进性、应用型、复合型本科教育专业人才。课程适用公共财政、公共管理、工商物流与采购管理、经济贸易、法律等专业的学生学习。

《公共采购概论》的出版是新时代新文科建设的有益尝试，是建立具有中国特色教材课程体系的创新之作，是提升采购专业能力和教学影响力的重要工具，也是适应社会紧缺复合专业人才需要的重要基础。通过“公共采购概论”课程教学，能够使学生树立正确的公共采购理论思维和体系思维，拓展眼光和格局；能够使学生了解国外和国内公共采购的趋势，获取必要的知识与能力；能够使学生增强公共采购能力与技巧，提升公共采购意识，践行公共采购价值。

公共采购理论与学科建设作为经世致用之学，既需要来源于实践的体会，也需要理论的升华。“公共采购概论”课程还需要不断打磨和推敲，但至少已形成了一粒“种子”。为使种子生根发芽，开花结果，还希望作者、专家学者和更多的高校继续深入教学与研究，不断浇灌培育，使公共采购理论与学科建设茁壮成长，形成具有中国特色、中国风格、中国气派的公共采购理论，并使其成为国际公共采购理论与学科建设中的重要组成部分。

于海峰

广东财经大学校长

目　录

上篇　公共采购理论

下篇　公共采购实践

上篇

公共采购理论

第一章　公共采购理论基础

学习目的

掌握公共采购理论概念及特性。
熟悉公共采购理论层次结构和框架内容。
了解公共采购理论与公共采购、公共采购学科的关系。
掌握公共采购理论基础概念和内容。

学习重点和难点

公共采购理论概念、层次结构和框架内容为重点；公共采购理论基础为难点。

学习名词

公共采购理论　公共采购　公共采购学科　公共采购理论基础

公共采购作为一种职业，或者说，公共采购作为一门学科，如果没有理论来支持，是没有根基的。公共采购理论是由各种公共采购因素集合而成的相互联系、相互影响的有机整体。公共采购理论是指导公共采购实践的理论依据。公共采购理论必须从公共采购的界定出发，探讨公共采购理论本身、理论结构等问题，再推衍出公共采购理论基本概念、内容及其相关性等研究结果，从而进一步探讨、分析公共采购理论基础。

公共采购理论一般是由公共采购概念、基本内容、功能和规范、组织结构等方面的理论形成的公共采购学科系统。本节介绍公共采购理论概念、特性等，重点提出了公共采购理论框架内容、结构分析及相互联系。

第一节　公共采购理论概念

一、公共采购理论概念

辩证唯物主义认识论认为，理论作为系统化的理性认识，是人们从实践中概括出来的关于自然界和社会知识的系统结论。公共采购理论将公共采购实践活动中一些具有规律性、本质性和基础性的内容进行总结归纳，从而形成各种公共采购原理、概念和观点。它是公共采购活动中基本知识理论的升华。公共采购理论主要解决两个问题，一是认识公共采购；二是改造公共采购。解决这两个问题必须从理论概念入手，需关注以下内容。

（一）指导实践

人的认识过程是实践—认识—再实践—再认识，循环往复，无限发展的，这种循环发展是向高级阶段不断递进的过程。这是马克思主义哲学关于人类认识发展的普遍规律的论断。而理论认识也是从感性认识到理性认识，再从理性认识到实践认识的辩证过程。同样，公共采购理论来源于公共采购实践，它是对政府采购、招标投标等的认识经历一个漫长过程后，形成的科学的知识载体。正确的公共采购理论必须揭示公共采购事物的本质和规律。它既能解释公共采购实践（公共采购行为的产生、发展和现实状态），又能对正在进行的公共采购实践予以指导，并科学预示公共采购的未来发展方向。

（二）结构严谨，系统科学

“理论需要系统分析，它是复杂的表示一定结构的整体，具有系统的结构性”。公共采购理论同样具有结构性和系统性。公共采购理论包括个别的理论概念和综合的理论概念。个别的理论概念是对如公共采购定义、公共采购原则、公共采购职能、公共采购作用、公共采购方法、公共采购目标等个别现象的理性认识。这些个别的理论概念是公共采购理论的具体表现。综合的理论概念是按照一定的排列组合和一定的结构组成的系统，如公共采购应用理论就是综合的理论概念。综合的理论概念将个别公共采购理论有机地结合成一个整体，这种结合具有一定的结构，从而引申出公共采购理论结构和公共采购理论系统的理性命题，构成完整的公共采购理论体系。

（三）内容全面

公共采购理论包括不同的理论内容，具体来讲，包括两大理论板块：其一是公共采购理论的基本结构理论，如公共采购的定义、本质、目标、功能和作用等；其二是公共采购具体理论，即公共采购基础理论、公共采购应用理论、公共采购管理理论、公共采购发展理论等。只有这两部分有机地结合在一起，才构成完整的公共采购理论。从形式上看，公共采购理论是对公共采购活动的描述性和规范性表述，并归纳上升为理论系统。从功能上看，公共采购理论对公共采购实践活动具有解释和指导功能。

（四）逻辑规范

任何一种理论必须为这一学科提供准则规范，并提供一个恰当的途径来加强对这一学科的规范作用。公共采购理论提供符合公共采购规范的逻辑方法，并通过建立公共采购目标、公共采购假设等来实现公共采购规范化，同时通过公共采购准则、公共采购制度和公共采购标准等规范来引领和制约公共采购实践行为。

从以上研究内容来看，公共采购理论是从公共采购实践活动的经验中总结出来的，全面反映公共采购的规律和本质，是具有一定的理论结构和系统规范的概念、观点、原理、准则等理论知识的总称。

二、公共采购理论特性

公共采购理论一般具有科学性和系统性、实践性和时代性、综合性和多元性、层次性和开放性等基本特性。

1. 科学性和系统性

科学性强调客观规律性和普遍稳定性，而排除主观片面性和随意变动性。科学性要求用实践的观念、辩证的观点观察和分析公共采购问题，揭示公共采购发展规律，形成科学的公共采购理论。公共采购理论是随环境不断发展变化的，是具有哲学意义的动态理论。系统性体现公共采购理论与其内部系统的结构严密的相互关系。使用系统研究方法有利于人们正确认识公共采购理论框架和公共采购理论要素的多样性。

2. 实践性和时代性

马克思主义认为，任何一种理论的产生都同实践的需要和时代的要求密不可分。实践性是公共采购理论的本质特征。公共采购理论需要在实践中探索并总结取得新的理论认识，再用以指导实践。从中国公共采购理论起源及发展来看，无论是封建社会的“平准均输”或“买扑”制度，还是我国社会主义初期的“控购制度”，改革开放以来的招标投标制度或者 1995 年开始的政府采购制度等，无一不是时代的产物。建立独立的公共采购理论使之“跨越式发展”是新时代的重任。

3. 综合性和多元性

公共采购理论是具体公共采购原理的综合反映。比如在研究公共采购产生、发展的过程时，可以用公共采购动因理论来分析公共采购产生的社会根源和基本因素；也可以分析环境变化对公共采购动因的客观影响。在研究公共采购实践活动时，公共采购理论工作者需要研究公共采购现象、公共采购程序、公共采购方法、公共采购合同、公共采购职能等。在研究公共采购发展理论时，应注重社会新趋势和新科技对公共采购的影响，重视未来公共采购风险等。这就要求公共采购理论具有多元性。

4. 层次性和开放性

层次性有利于理论分析和实践印证。公共采购理论根据其内部系统的理论框架所处的地位和作用不同具有不同的影响力，因而位于不同的层次。有的是低层次，有的是高层次；有的是表面层次，有的是核心层次；有的是一般层次，有的是具体层次。如图 1-1 所示。开放性说明公共采购理论是不断发展的开放的系统。它通过吸取中国传统采购、企业采购、国际采购和现代政府采购理论的精华，不断发展创新，丰富理论内容，完善理论体系。

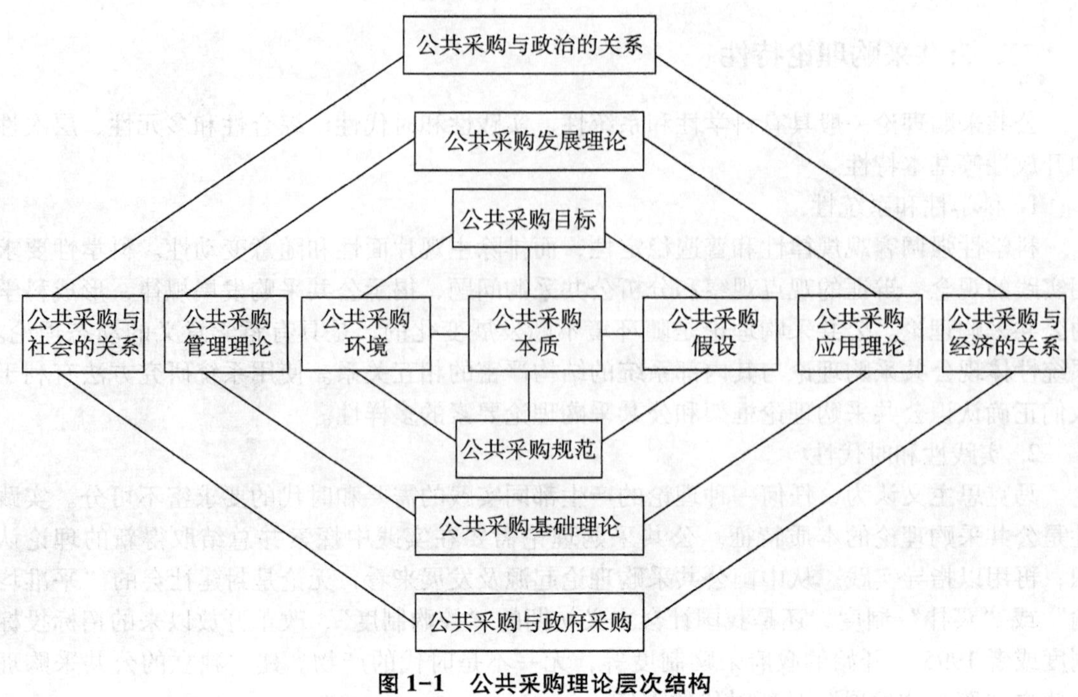

图 1-1 公共采购理论层次结构

三、公共采购理论层次结构

结构是系统中各要素之间相互作用所形成的稳定框架。公共采购理论应具有一定的层次结构。完整的公共采购理论应具有以下层次结构要求。

一是公共采购理论应贯穿于公共采购实践活动全过程。从实践来看，公共采购工作中应解决的主要问题是公共采购的基本原理、运行规范、管理规范、未来发展方向以及如何改进公共采购工作，理论研究应从这些方面着手。

二是公共采购理论应厘清公共采购理论层次，突出理论重点。首先应分清公共采购理论层次，弄清哪些是高层次理论，哪些是低层次理论；其次应重点解决公共采购理论的关键问题，如基础理论问题、应用理论问题，而基础理论要述明公共采购理论的基本要素、逻辑起点和相互作用，应用理论则注重公共采购的主体、需求、准则、方法、风险、评价等，以促进公共采购理论的深入探讨。

三是公共采购理论应适应经济社会发展的需要。就公共采购理论框架而言，不同的社会制度在公共采购理论研究中所起的作用是不一样的，公共采购理论研究是随着经济社会的发展而发展的。公共采购要素在变，公共采购理论研究的逻辑起点也在变，理论框架结构的内涵也会变。经济社会越发展、越进步，公共采购理论就越健全、越完善。

四是公共采购理论是一个整体性的系统理论，而不只是反映公共采购理论要素结构的理论，也不只是以基础理论为研究对象的理论。公共采购理论是立体与平面相结合的理论。它是以公共采购要素为基本点，以要素之间的基本关系为纽带建立的系统理论。

四、公共采购理论框架内容及相互联系

归纳上述理论探讨，可以认为，独立的公共采购理论应该包括四个方面，即公共采购基础理论、公共采购应用理论、公共采购管理理论和公共采购发展理论。其理论框架内容如表 1-1 所示。

表 1-1　　公共采购理论框架内容

<table>
<tr><th></th><th>第一层次</th><th>第二层次</th><th>第三层次</th></tr>
<tr><td rowspan="4">公共采购理论框架</td><td>公共采购基础理论</td><td>公共采购本质
公共采购目标
公共采购假设
公共采购规范
公共采购环境</td><td rowspan="4">概念、性质、作用、功能、任务、影响力、对实践的指导作用、责任、程序、内容</td></tr>
<tr><td>公共采购应用理论</td><td>公共采购职业规范
公共采购组织
公共采购对象及需求
公共采购程序和方法
公共采购风险与内部控制
公共采购救济与法律责任
公共采购报告与评价</td></tr>
<tr><td>公共采购管理理论</td><td>公共采购组织管理
公共采购行为管理
公共采购职业伦理管理
公共采购制度管理
公共采购责任管理</td></tr>
<tr><td>公共采购发展理论</td><td>公共采购环境创新
公共采购理念创新
公共采购体制创新
公共采购主体创新
公共采购内容创新
公共采购程序和方法手段创新
公共采购管理创新</td></tr>
</table>

公共采购基础理论。公共采购基础理论的研究内容包括公共采购由哪些要素构成，这些要素相互之间有何联系，要素对公共采购职业、公共采购实践的规范和推动作用如何。第二章主要从公共采购产生的动因及逻辑起点出发，概括和总结公共采购是什么（公共采购本质）、为什么要公共采购（公共采购目标、公共采购假设）、如何进行公共采购（公共采购环境、公共采购规范）等规律性、实质性和共性的概念、观点及原理内容，从而推衍出包括公共采购产生和发展、公共采购概念和内涵、公共采购构成要素、公共采购基本特征、公共采购功能和作用、公共采购分类、公共采购主体及人员等在内的基础内容。

公共采购应用理论。公共采购应用理论可以说是在公共采购理论基础和公共采购基础理论指导下，建立的一种旨在指导公共采购实务、提供操作指南的公共采购理论。第三章

对公共采购应用理论特点和构成要素进行分析，重点研究了公共采购基本应用理论。该理论包括公共采购职业规范、公共采购组织、公共采购对象及需求、公共采购程序和方法、公共采购风险与内部控制、公共采购救济与法律责任、公共采购报告与评价等公共采购应用研究内容。

公共采购管理理论。公共采购管理理论主要指公共采购组织管理与公共采购行为管理。第四章着重介绍公共采购管理的含义、特性及理论关注点等基本内容；公共采购管理主体及分类、责任和职业伦理等主体内容；公共采购管理模式、内容及制度等。

公共采购发展理论。公共采购发展理论主要探讨公共采购发展内容和发展趋势，也探讨未来公共采购理论框架变化方向。第五章主要分析了公共采购发展定义及特点，研究关注点，影响发展的因素、概念及构成要素等，重点介绍公共采购发展创新的具体内容等若干学科问题。

它们之间的关系可以表现为以下几个方面。

（1）公共采购基础理论是公共采购理论最基本的内容。它通过分析公共采购产生的动因以及逻辑起点，提出公共采购理论的基本框架，进而分析公共采购理论的基本要素，为公共采购理论研究提供了基本思路。它为公共采购应用理论提供了理论依据，也与其他公共采购理论要素一起构成了公共采购理论研究的中心框架。

（2）公共采购应用理论是公共采购理论的主要内容，是公共采购管理理论的主要来源。公共采购应用理论是在公共采购基础理论指导下，按照公共采购实践的基本规律建立的一种理论要素。它是用于指导公共采购管理实践的理性知识体系。公共采购管理理论是根据公共采购应用进行归集和管理以及公共采购职业自身管理需要而提出的一种理论。

（3）公共采购应用理论和公共采购管理理论是公共采购发展理论的理论源泉。公共采购发展理论是以公共采购基础理论为依据，以公共采购应用理论为动力，以公共采购管理理论为主导而形成的，是理论研究的重要方向。

> 公共采购、公共采购理论和公共采购学科是三个不同的系统概念，三者虽然密切联系、相互渗透，但在内涵、研究对象和主体、具体研究内容和目的等方面均有不同。

第二节　公共采购理论界定

界定公共采购理论必须分析公共采购及公共采购学科。它们三者是相互联系、相互依存及交融的系统结构，分析三者之间的辩证关系能够对公共采购理论产生重要影响。

一、公共采购

公共采购是公共采购职业和公共采购活动的研究成果。它既包括公共采购理论，也包括公共采购实践，一般由公共采购实务、公共采购管理、公共采购理论和公共采购学科四个方面组成。它们相辅相成、互相兼容，是对公共采购在理论上和实践中的历史经验的总结。公共采购研究有利于践行公共采购实务、规范公共采购管理、发展公共采购理论和完善公共采购学科。公共采购框架结构可以用图 1-2 表示。

公共采购实务是在公共采购职业具体活动的系统归纳和实践过程中形成的思想、制度、组织和方法的总结。它是公共采购理论的基础，具体包括公共采购思想、公共采购制度、公共采购组织、公共采购方法等。

公共采购管理一般是通过对公共采购职业、公共采购实务进行科学规范管理而形成的一种管理机制。公共采购管理包括公共采购组织管理、公共采购行为管理、公共采购职业伦理管理、公共采购制度管理、公共采购责任管理、公共采购监督管理等，是相对独立但又与公共采购理论和公共采购实务相联系的管理机制。

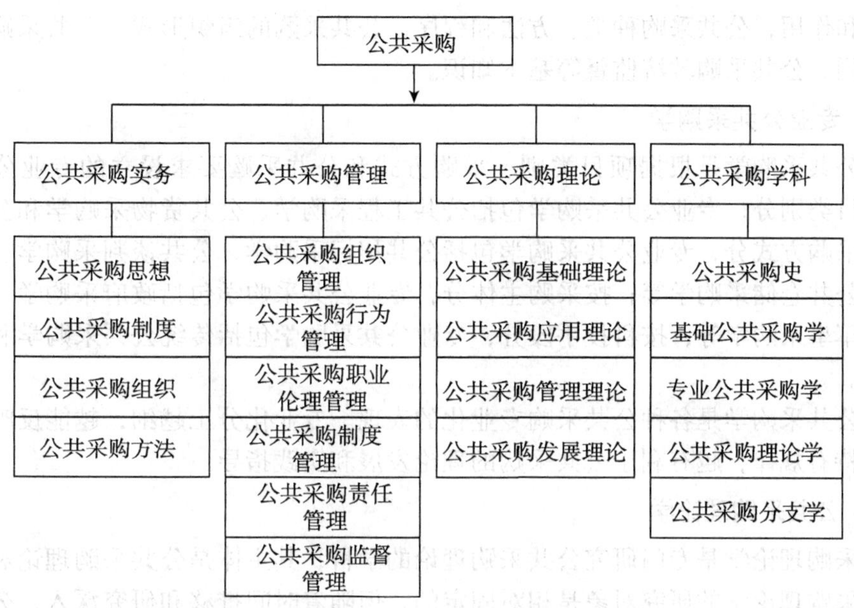

图 1-2　公共采购框架结构

公共采购理论是公共采购实践的理论化，是对公共采购本质、公共采购目标、公共采购基础等进行探索的理论升华，为公共采购实务、公共采购管理和公共采购学科提供理论依据。

公共采购学科是由若干有相互联系的不同门类的公共采购学科通过理论归纳与实践总结形成的完整学科，是为公共采购教育和培训形成的学科，主要包括公共采购史、基础公共采购学、专业公共采购学、公共采购理论学、公共采购分支学等。它来源于公共采购理论与实践，是以培养公共采购专业人员为目的的知识体系。

二、公共采购学科

从公共采购学科建设角度来看，公共采购学科研究应从三个方面着手：一是从历史、现实和未来的角度对公共采购萌芽、产生、发展现状及未来趋势开展研究；二是对公共采购涉及的专业知识和边缘知识进行研究；三是研究公共采购基础知识，并形成该学科的基本理论、基本方法、基本规律和实践发展等内容。公共采购学科研究具体包括五个方面的内容。

（一）公共采购史

公共采购史是对公共采购职业实践活动产生及发展过程进行综合研究的学科，包括公共采购活动史、公共采购发展史、公共采购思想史、公共采购学说史、公共采购理论史、公共采购人物史、公共采购制度史等。追踪公共采购产生历史、剖析公共采购现代内容、预测公共采购未来趋势是其主要研究内容。

（二）基础公共采购学

基础公共采购学是专门研究公共采购基础理论、基本方法、基本程序和基本活动分析的专业学科，是专业公共采购学的基础。其主要内容涉及公共采购基本概念、目标、对象、职能和作用，公共采购种类、方法和程序，公共采购的组织形式、公共采购规范和公共采购合同、公共采购救济监督等基本知识。

（三）专业公共采购学

专业公共采购学是根据项目类别、采购方式和公共采购要求设立的专业公共采购学科。按项目类别分，专业公共采购学包括公共工程采购学、公共货物采购学和公共服务采购学；按采购方式分，专业公共采购学包括公共招标采购学、公共谈判采购学、公共询价采购学、公共仓储采购学等；按采购主体分，专业公共采购学包括政府采购学、国有企业采购学、军事采购学等；按科技手段分，专业公共采购学包括传统公共采购学和电子公共采购学等。

专业公共采购学是各种公共采购专业化的表现。专业化分工越细，越能反映各专业公共采购的特有规律，越有利于公共采购的理论发展和实践指导。

（四）公共采购理论学

公共采购理论学是专门研究公共采购理论的学科，其主体是公共采购理论和其体系框架。公共采购理论学的研究对象是相对固定的，但随着时间推移和研究深入，公共采购理论学的具体研究会形成许多流派，百花齐放，最后是随着各流派对公共采购的认识更加深入，逐步趋向统一。

（五）公共采购分支学

公共采购分支学是公共采购理论与其他复杂的边缘理论相结合的学科，是公共采购理论在经济科学理论中的重要组成部分。其涉及的内容相当广泛，几乎渗透到社会经济各个领域，比较突出的有公共采购管理学、公共采购市场学、公共采购经济学、公共采购法学、公共采购监督学、公共采购贸易学、公共采购行为学、电子化公共采购学、国际公共采购学、公共采购救济学等。

三、公共采购理论与公共采购、公共采购学科的关系

公共采购、公共采购理论和公共采购学科是三个不同的系统概念，三者在内容上相互渗透、相互包含，互为对应和依存，由此形成一种交叉的网络式理论架构。公共采购是总括的公共采购职业系统，与公共采购理论和公共采购学科是母系统与子系统的关系。三者虽然密切联系、相互渗透，但在内涵、研究对象和主体、具体研究内容和目的上均有不

同。公共采购是以研究公共采购所有内容为总体思想，包括所有公共采购主体及人员；公共采购理论是以研究公共采购理论为主，主要目的是建立公共采购理论结构，指导公共采购实践，其主体是公共采购理论工作者；公共采购学科是为培养公共采购专业人员而研究的公共采购学科理论，其主体是公共采购理论研究及教育工作者。

> 公共采购理论基础是在特定条件下将有关理论和学科研究转化为公共采购理论和支撑公共采购理论形成的根基与起点。公共采购理论基础可以分为哲学基础、公共学基础和采购学基础三大方面。

第三节　公共采购理论基础

近年来，学术界从政府采购概念、制度改革意义及作用、问题及对策、与财政关系、功能与经济效应、寻租行为等不同的角度对政府采购及其制度进行了研究，并且逐步演进深化。但开展政府采购理论基础研究的学者很少，且没有有关公共采购理论基础的研究内容。伏晓东在其博士论文《中国政府采购制度研究》中提到，政府采购制度的理论基础是政府采购制度理论研究的逻辑起点和必要前提，公共产品理论、财政职能理论和政府采购的宏观调控功能是政府采购制度的理论基础。有的学者从公共采购管理论、国家干预理论、交易成本理论和财政职能理论方面对政府采购的一些理论基础进行基本阐述，说明政府采购制度存在的必要性。有的学者从经济学、法学和管理学的角度展开对政府采购制度的理论分析研究。这些成果虽然对公共采购理论基础研究有一定借鉴意义，但都是从制度理论而不是系统理论角度进行基础研究的，也未把握政府采购理论基础实质，且研究内容也不全面。

公共采购理论基础作为公共采购理论产生和发展的起点，在公共采购理论研究中起到重要的基石作用。通过对公共采购理论基础的研究，提炼出公共采购理论，反过来，公共采购理论的成长与发展又促进公共采购理论基础的发展与完善，这是一个不断促进、融合和提升的过程。

一、公共采购理论基础概念

运用比较分析方法，通过对公共采购理论基础与公共采购实践、公共采购理论结构的逻辑起点和公共采购基础理论等相关理论的比较分析，在差异中寻找质的区别，发现公共采购理论基础的规律性，最终导出公共采购理论基础的概念。

（一）公共采购理论基础与公共采购实践

根据辩证唯物主义认识论，我们可得出，公共采购实践活动是公共采购理论的基础和来源，正是公共采购实践的不断丰富推动着公共采购理论的不断发展。马克思主义哲学告诉我们，认识的根本任务是由感性认识上升到理性认识，透过现象抓住事物的本质和规律。理论的形成需要通过理性的思维发现和提炼实践中存在着的有规律的东西，只有使感性认识上升到理性认识，才能最终形成理论。因此，公共采购理论基础更多地表现为一种思想，它体现了公共采购的本质，并不断地引导和推动公共采购实践活动的发展，促成公共采购理论的形成，从而为整个公共采购理论的构建提供了一个支撑点。

（二）公共采购理论基础与公共采购理论结构的逻辑起点

公共采购理论结构，即公共采购理论系统内各组成要素按一定逻辑关系组成的有机整体。公共采购理论结构的逻辑起点是公共采购理论思维的初始点，即“胚芽”，属于公共采购理论最基础的部分。公共采购领域的理论研究也要确定其研究的逻辑起点，以形成各研究要素，由此层层演绎出整个系统。正确认识公共采购逻辑起点对构建完整的公共采购理论起着至关重要的作用。公共采购理论基础与公共采购理论结构的逻辑起点是两个根本不同的概念。公共采购通过理论基础的研究产生逻辑起点这一初始点，并通过对初始点的继续研究形成各种基本要素，这些基本要素的组合关系就是基础理论。

（三）公共采购理论基础与公共采购基础理论

公共采购基础理论是指适用于任何独立的公共采购活动、具有普遍指导性的公共采购理论。公共采购基础理论是公共采购理论的重要组成部分，公共采购理论基础则是支撑公共采购理论的底座和根基。

二、公共采购理论基础的基本特征

由定义出发，公共采购理论基础的基本特征如下。

（一）独立性

公共采购理论基础虽然是公共采购理论的根基，支撑着公共采购理论，但它并不像公共采购基础理论那样属于公共采购理论的组成部分。它虽然可以通过渗透、借用、移植等多种方式对公共采购的产生与发展发挥重要作用，但它不是公共采购理论结构的组成部分，也不可能成为公共采购理论结构研究的逻辑起点。虽然公共采购理论的形成和发展离不开公共采购理论基础，但公共采购理论基础处于相对独立的位置，其发展并不受制于公共采购理论的现状。

（二）动态性

唯物辩证主义哲学认为，一切事物都处于不断发展的运动状态中，运动是绝对的，静止是相对的。公共采购理论基础也会随着时代的变迁和环境的变化而变化。公共采购理论基础的动态性特征，也决定了公共采购理论处于不断发展和完善的过程中。但公共采购理论基础在动态发展的同时也具有相当的稳定性。

（三）多样性

马克思主义哲学认为，世界上任何事物都不可能独立存在，联系是普遍的。作为其他学科向公共采购理论转化的根基和起点，公共采购理论基础本身就是诸多相关学科相互渗透的结果。在相关学科理论中，与公共采购存在本质相关性的部分能够构成公共采购理论基础，而该基础或其中一部分又同时构成其他分支学科的理论基础。由此认为，某一学科理论基础是多个相关学科相互渗透的结果，同一学科的理论又包含着不同分支学科的理论基础。这样，公共采购理论基础就具有明显的多样性。换言之，公共采购理论具有广泛的理论基础，这也是公共采购理论不断发展、公共采购分支学科不断出现的一个原因。

（四）抽象性

公共采购理论基础并不是看得见、摸得着的实体，它属于一种意识，是人们辨别公共采购实践，并从中提炼出某些规律的一种思维凝结。同时，公共采购理论基础的抽象性并不能否定其客观存在性。

三、公共采购理论基础具体内容

根据与公共采购理论的相关性程度，可以从内涵和外延两个角度对公共采购理论基础的内容进行界定。根据对公共采购初始性理论起点的考察与分析，公共采购理论基础可以分为哲学基础、公共学基础和采购学基础三大方面，具体包括以下七部分内容。

（一）哲学基础

哲学作为反映事物普遍发展规律的科学，对各学科都具有普遍的理论指导意义，也为公共采购理论提供了辩证的、唯物的思维方法。公共采购的本质是公共采购区别于其他客观事物的根本属性。在考察哲学性、探索本质的基础上探讨公共采购本质，更能深化公共采购理论基础。作为应社会公共需求出现的一种公共经济活动，公共采购最基本的职能就是经济职能。因此，从公共采购职能抽象出来的公共采购本质蕴涵了深刻的公共经济思想。

（二）国际贸易学和世界经济学基础

国际贸易学是研究国际间商品与劳务交换过程中的生产关系及有关上层建筑发展规律的科学。世界经济学是研究世界经济运动规律的科学。公共采购理论的现代国际渊源可以说是这两门学科在实践中衍生出来的。它们是公共采购理论建立的有力借鉴武器和公共采购体系提升的重要法宝。公共采购理论是国际贸易学和世界经济学的一个分支。一方面，世界贸易组织《政府采购协议》、联合国《贸易法委员会货物、工程和服务采购示范法》、世界银行《采购指南》以及西方国家运行一百多年的政府采购制度给中国公共采购理论的产生和发展提供了丰富的实践和理论借鉴。另一方面，在全球化、贸易自由化的倡导下，公共采购市场对外开放步伐加大、开放领域更宽、开放内容更多、开放类别更全、开放门槛更低。公共采购市场的开放促进了国际贸易自由化的发展，促使公共采购成为世界经济体系的有机组成部分。

（三）公共经济学基础

公共采购理论是公共经济学的一个分支，公共经济学日臻完善的理论和学科体系为公共采购理论的构筑奠定了坚实的基础。公共采购理论是对公共采购制度的经济学分析，它是公共经济学中由政府通过市场干预经济，提高资源配置的理论依据。具有政府与市场双重属性的公共采购既能发挥政府指导和调控作用，又能发挥市场特有的竞争、公平和透明的经济调节作用。公共经济学的两大理论支柱是公共产品理论和公共选择理论，并与公共采购理论关系密切。公共采购的经济学分析可以通过较常见的委托代理理论、寻租理论以及博弈论等展开，也可以使用法律机制、价格机制和竞争机制等机制理论进行挖掘和提升。公共采购理论分析手段也可以采用微观、中观以及宏观方式进行。比如，在微观层面分析公共采购行为对公共主体职能和供应商发展及竞争力的影响；在中观层面开展行业、产业和区域的研究分析；在宏观层面使用公共采购规模或乘数效应对国家、社会和政府公共政策功能影响等进行研究分析。借鉴西方应用经济学理论并在公共采购实践中形成中国公共采购理论，是需要我们深入研究的课题。

（四）公共管理学基础

可以认为公共采购理论是公共管理学的一个重要分支。公共管理学是公共组织基于公共利益管理公共事务的一门学科。公共管理实际上是通过公共组织提供公共产品和公共服务的活动。而公共采购是公共组织使用公共资金开展采购的活动，采购的目的就是提供公共产品和公共服务。两者的相同点主要体现在：一是两者主体相同，都是公共组织；二是两者的对象主要都是公共货物、工程和服务；三是两者的目标都是为了满足公共需要。两者的不同点主要是公共管理更多关注的是结果及管理的有效性和责任性，而公共采购更多关注的是过程的公平正义性。当前公共采购理论中存在的组织管理缺陷、信息支持缺陷和绩效考核机制缺陷需要公共管理学予以支持和完善。公共采购制度创新也需要公共管理学的有力支撑。

（五）公共财政学基础

公共采购理论是公共财政学的一个主要分支。公共采购理论在许多方面体现了公共财政学的特性。首先，公共采购理论是公共财政职能的具体体现。公共财政所承担的以合理优化配置社会资源为目的的提供公共产品和公共服务的职能，主要是通过公共采购手段来实现的；公共财政所承担的调整收入分配结构的职能主要是通过公共采购行为来实现的；公共财政所承担的纠正市场失灵、调节社会总需求、稳定物价和促进就业、保护民族产业和维护市场秩序等职能主要也是通过公共采购制度及政策行为来实现的。其次，公共采购制度行为体现了公共财政的特性。公共采购自身的公平、公开、公正、廉洁、透明和规范的要求是公共财政内在要求的贯彻和体现；公共采购的集中采购是公共财政实现职能的重要手段；公共采购法律法规制度体系体现了公共财政规范化的要求；公共采购的存在与发展以及管理执行的有机结合和分离体现了公共财政改革及其科学化、精细化的要求。公共采购理论与税收理论是公共财政学的两大抓手，起着关键作用。

（六）公共法学基础

可以认为公共采购理论是公共法学的一个特别分支。完善的公共法律制度和丰富的公共法学理论给公共采购提供了坚实的法律基础。基于公共采购自身的特性，其法律性质的民事行为说、行政行为说、经济法行为说和公私法兼容说等观点，为该理论的公共法学研究提供了极大空间。公共采购法律体系包括主要法律体系、行为法律体系和其他法律体系三大类。公共采购所适用的主要法律体系应当包括以公共采购法为主导的法律、法规、规章及政策制度等。公共采购法对公共采购理论体系的影响主要体现在对公共采购主体、公共采购范围、公共采购权利和义务以及公共采购责任等基础理论的构建上，公共采购过程本身就是对公共选择行为进行法律控制的执法过程。公共采购的主要法律性质具有行为的公法与私法兼具的双重属性，过程的规范、廉洁、透明、公平性，目的的公共性等法律特征。《中华人民共和国民法典》是政府采购理论不可或缺的法律支撑。但政府采购合同到底是行政合同、民事合同还是混合合同，一直是理论界争论的焦点。再者，公共采购从法律规范角度看，必然有主体行为。公共法学作为公共采购理论体系的基础内涵，为建立协调公共采购主体、委托人代理机制与公共采购对象三者关系的公共采购理论提供了坚实的理论基础。民商法、《中华人民共和国行政诉讼法》及相关法律对公共采购当事人主体法律制度、权利义务法律关系、救济保障法律制度展开具体研究。除此之外，《中华人民共和国建筑法》《中华人民共和国价格法》《中华人民共和国反不正当竞争法》《中华人民共和国著作权法》《中华人民共和国商标法》《中华人民共和国专利法》《中华人民共和国对外贸易法》《中华人民共和国电子签名法》及国际惯例等也成为公共采购理论体系的有机组成部分。

（七）商学基础，特别是采购学基础

商学是现代新兴学科，是市场经济环境下工商企业的运营管理、采购、市场营销、人力资源管理、会计与财务管理、商业伦理与社会责任以及创办新企业的专门学科，采购学是其中的一个专门分支。公共采购的实质是采购，是采购学的重要组成部分，但两者有明显不同。采购学主要是研究制造业和商业采购的专门学科。公共采购学是研究公共主体采购的学科。采购学基础为公共采购学的研究发挥了极大借鉴作用。

公共采购理论基础的外延，是指与公共采购理论关联度不高，但通过渗透功能作用于内涵的公共采购理论基础，或与现有公共采购理论相结合，形成新的公共采购学边缘性学科理论，从而对公共采购理论发展产生影响的科学理论。新学科的不断出现，极大丰富了公共采购理论基础的外延内容，比如电子信息科学。电子信息技术在采购实务中的广泛应用，给当代公共采购实务和公共采购理论体系带来了极大的冲击，电子采购信息系统使公共采购无纸化成为可能。这要求公共采购人员改进公共采购技术，重新设定公共采购程序。公共采购方法和技术的改变，必然对公共采购理论产生影响。此外，谈判心理学、预测学、统计学等学科与公共采购学结合，分别形成了公共采购谈判心理学、公共采购预测学、公共采购统计学等公共采购学边缘性学科，其相关理论构成了广义上的公共采购理论基础。其他与公共采购相关的应用学科与公共采购理论、公共采购学的相互渗透，也在一定程度上丰富了公共采购理论基础的内容。

本章小结

（1）公共采购理论是从公共采购实践活动的经验中总结出来，是对公共采购规律和本质的理性认识，是具有一定的理论结构和系统规范的概念、观点、原理、准则等理论知识的总称。公共采购理论主要解决两个问题，一是如何解释公共采购实践，即认识公共采购；二是如何指导公共采购实践，即改造公共采购。

（2）公共采购理论是公共采购具体理论的集合体，具有科学性和系统性、实践性和时代性、综合性和多元性、层次性和开放性等基本特性。

（3）公共采购理论由公共采购基础理论、公共采购应用理论、公共采购管理理论和公共采购发展理论构成。它们之间具有一定的逻辑关系，这种逻辑关系与结构分析是以后各章节研究的重要基础。公共采购基础理论是公共采购理论的最基本的内容，构成公共采购理论研究的中心框架。公共采购应用理论是公共采购理论的主要内容和公共采购管理的主要来源。公共采购应用理论和公共采购管理理论是公共采购发展的理论源泉。

（4）公共采购、公共采购理论和公共采购学科是三个不同的系统概念。公共采购是研究公共采购所有内容的总体思想，既包括公共采购理论，也包括公共采购实践。公共采购理论是公共采购实践的理论化，是对公共采购本质、公共采购目标、公共采购基础等进行探索的理论升华，为公共采购实务、公共采购管理和公共采购学科提供理论依据。公共采购学科是由若干有相互联系的不同门类的学科通过理论归纳与实践总结而形成的完整的学科，主要包括公共采购史、基础公共采购学、专业公共采购学、公共采购理论学、公共采购分支学等方面。

（5）公共采购理论基础是支撑公共采购理论的底座和根基，严格来说它不属于公共采购理论，它在特定条件下通过有关理论和学科研究转化为形成公共采购理论和支撑公共采购理论体系的根基与起点。研究认为，公共采购理论基础应该由哲学、国际贸易学和世界经济学、公共经济学、公共管理学、公共财政学、公共法学、商学特别是采购学等诸多理论形成。

思考练习

1. 公共采购理论的概念是什么，它有哪些特征？
2. 公共采购理论的层次结构包括哪些内容？请画出公共采购理论层次结构图。
3. 公共采购理论框架的内容包括哪些？请画出它的第一层次和第二层次框架内容图。
4. 公共采购理论、公共采购、公共采购学科三者之间的关系是什么？
5. 公共采购理论基础的定义是什么？它包括哪些内容？

推荐阅读

孟春．政府采购：理论与实践［M］．北京：经济科学出版社，2001.

第二章　公共采购基础理论

学习目的

掌握公共采购的动因与逻辑起点。

熟悉公共采购基础理论结构及要素，了解各要素之间的关系。

掌握公共采购基础理论内容。

学习重点和难点

公共采购基础理论内容是重点；公共采购的动因与逻辑起点、公共采购基础理论结构及要素是难点。

学习名词

公共采购动因　公共采购逻辑起点　公共采购本质　公共采购目标　公共采购假设　公共采购规范　公共采购环境　公共采购

> 从动因及逻辑起点开始研究基础理论是各种理论研究的普遍共识。公共需求是公共采购的根本动因。公共采购本质是公共采购逻辑起点。廉洁性的公共支出选择行为是公共采购的本质。

第一节　公共采购动因与逻辑起点分析

一、公共采购动因

公共采购动因是指公共采购产生、存在和发展的动力和原因，是公共采购理论的根源和出发点，也是公共采购基础理论形成的前提，又是公共采购应用理论的理论基础。所以，公共采购因何产生，又为何发展，是构建公共采购理论必须解答的首要问题。产生公共采购的原因是多种多样的，可以分为基本动因和具体动因。基本动因是适用于所有阶段、所有公共采购类型的动因，可以解释过去及现在所有的公共采购现象的基本动力和原因。具体动因适用于某一时期或某一类公共采购行为。我们要从这些动因中寻找出最根本的动因。

（一）公共采购动因考察

在探究公共采购动因时，可以设置一些衡量标准。这些衡量标准设置的要求主要包括：它能回答公共采购因何而起并满足了何种社会需求；它能解释公共采购产生的原因和发展的推动力；它能从根源和原始点出发，导出公共采购本质、职能、责任和目的等其他基础理论；它能解释所有不同角度划分的公共采购类型；它能解释公共采购应用的实践性和管理的科学性；它能说明公共采购为什么要保持廉洁性；它能解释同一国家不同时期和不同国家同一时期公共采购发展水平出现差异的原因。在这些衡量标准上，可以运用多种思维探寻公共采购的动因。从中国公共采购历史的发展角度来看，不同时期的公共采购制度如“平准均输”“五均六管”“和籴、和市”“均输市易”“和买、科买”“控购”“招标投标”“政府采购”等都有其鲜明的采购特征，也有其共同动因，这是客观条件作用的结果；从权力制衡角度来看，就公共采购而言，不论社会制度如何变迁，都需要对财政支出的决策权、管理权和执行权进行分离，权力需要分散也是公共采购产生的原因；从专业技术性角度看，公共采购的种类繁多、方式方法多样、技术政策复杂，必须运用独立的专业知识进行归类实施，专业性也是产生公共采购的原因之一。同样，由于趋利动机的存在，为了规避公共采购的腐败行为的出现，希望利用制度、机制设计和职业道德等开展公共采购，所以，廉洁性也是其产生的原因之一。当然提供良好的公共产品和公共服务也是其出现的因由。这就要从这些标准和因素中寻找最适当的根本动因。

（二）公共需求是公共采购的根本动因

研究事物动因对于了解事物本身十分重要。从历史发展角度来看，公共采购的根本动因更加清晰，原因在于公共采购的发展符合自身产生与存在的因果关系。原始社会后期，随着私有制的出现，商品交换逐渐产生并发展，进而出现了采购。这种需求主要是为了满足私人的需要，带有明显的私有性，公共需求的成分很少。在封建社会时期，为了满足统治阶级统治的需要，也设立了专门机构从事采购工作，并发挥抗洪救灾、屯田围垦、兴修水利、平抑物价等作用，有的方法和措施从现在看来仍具有一定的先进性。在社会主义初期，公共采购仍处于初级探索阶段，当时的控购带有明显的计划性，符合社会主义初期的社会需求特征。而改革开放以来公共需求越来越大，招标投标制度和政府采购制度使政府支出总量越来越高，规范性越来越强，公共采购的公共需求特征越来越明显，公共采购的完全公共需求特征逐渐体现。综上所述，公共需求是公共采购的根本动因，是公共采购最核心、最原始的动因。

（三）公共采购动因理论构成

公共采购动因理论构成主要包括以下内容：公共采购产生的根本原因和公共采购活动产生的决定因素。如果说公共需求是公共采购产生的根本动因，那么，公共采购本质是公共采购产生的基本动因，它决定公共采购的发展方向。公共采购本质应该是公共采购动因的基本要素；公共采购实践活动和公共采购工作的基本内容决定公共采购的基本属性。不同的社会属性对公共采购的地位、作用和公共采购活动的方向起着不同的作用。公共采购属性是基本公共采购本质基础上的本质特性，是其他要素的基础；公共采购概念决定公共采购的基本内容，是公共采购职业活动的理论精华，也是构成公共采购动因理论的重要组成部分。公共采购职能也是公共采购动因理论要素之一。公共采购的最根本的性质是廉洁性，只有保持公共采购的廉洁性，才能保证公共产品和公共服务的有效性和规范性。同样，廉洁性是公共采购动因理论的构成要素之一。公共采购职业是专业性很强的职业，它需要公共采购人员具有良好的职业道德规范和操守，这些要求也是公共采购发展的基本动力。所以，公共采购职业道德也是公共采购动因理论的构成要素之一。

公共采购动因理论的构成要素有六个方面的内容，它们是公共采购本质、公共采购属性、公共采购概念、公共采购职能、公共采购的廉洁性和公共采购职业道德。它们是相互联系、相互制约的整体，是以公共采购本质为逻辑起点建立的理论。公共采购本质是决定其他要素的最基础性的作用因素。公共采购属性是基本公共采购本质基础上的根本性质，能够规范公共采购本质经济范畴。公共采购本质与公共采购属性共同对公共采购概念、公共采购职能、公共采购的廉洁性和公共采购职业道德起决定作用，是公共采购职业和公共采购理论体系发展的基本动力。

二、公共采购逻辑起点

（一）公共采购逻辑起点的作用

公共采购动因理论是公共采购理论研究的根源和出发点，也是公共采购基础理论形成的前提。而公共采购逻辑起点是构成公共采购基础理论的要素之一，而且是具有决定作用的最基本的要素，它在构建公共采购基础理论框架时具有基础性、系统性、代表性和抽象性的特征，能独立反映某一方面的具体内容，又与其他因素相互作用，互为逻辑关系。公共采购逻辑起点一定是在公共采购基础理论中起决定作用的要素，是决定其他要素的主要因素，这个要素如果发生变化，其他要素的概念和基本特点也会改变。因此，公共采购逻辑起点是整体公共采购理论研究的基础。经过分析发现，公共采购逻辑起点不单是公共采购产生和发展的基础，而且是公共采购理论研究的最原始的命题。

（二）公共采购本质是公共采购逻辑起点

公共采购本质是公共采购的逻辑起点，这是由公共采购本质的科学性决定的，也是可以通过排他法证实的。公共采购的属性是应用经济的范畴，且决定公共采购活动的全部内容。公共采购理论应解决的问题分别是：公共采购是什么？为什么要进行公共采购？如何进行公共采购？而这些问题都建立在公共采购本质是什么这一基础上，只有明白了公共采购是什么，才能解决为什么要进行公共采购和如何进行公共采购的问题。况且，本质属性是一事物区别于其他事物的特殊属性，从本质属性来开展理论研究是进行一般事物理论研究的规律。再者，公共采购本质的不变性决定了它是公共采购的逻辑起点。公共采购基础理论要素可能随社会进步而发展，随理论研究深入而变化，但公共采购本质不变。随着研究的深入，有的学者可能会将公共采购概念、公共采购目标、公共采购职能、公共采购环境甚至公共采购基本前提等作为公共采购逻辑起点的内容，但这些都不会动摇公共采购本质作为公共采购逻辑起点的基础位置。公共采购本质的纯理性研究符合理论研究的客观规律，对其认识越深刻，越能带动公共采购理论体系的发展。值得注意的是，由于对公共采购进行学术研究的能力和角度不同、公共采购的空间属性不同以及公共采购的时间属性不同，公共采购本质内容的研究结果也可能不一样，但公共采购本质内容的不同不会动摇公共采购本质作为公共采购逻辑起点的基础位置。

（三）公共采购本质是廉洁性的公共支出选择行为

公共采购是廉洁性的公共经济行为，但将其本质定义为廉洁性的公共支出选择行为更加恰当，因为廉洁性的公共经济行为除了包括支出行为，也可以包括收入行为，如税收收入、土地拍卖收入或其他收入等。因此，若公共采购的本质是廉洁性的公共支出选择行为，就必须弄清公共支出选择行为的本质，必须研究公共支出选择与公共采购的关系。公共支出选择行为是一种公共经济行为，从微观上看是一种经济利益的分配关系，其内容与生产力水平和国家宏观管理导向有直接联系，体现财政支出的权利分配转移关系。公共采购是公共支出选择行为，公共支出选择行为的形成为公共采购的出现提供了客观必然性，它的存在是促使公共采购职业产生的前提。公共采购是随着公共支出选择行为的发展而发展的，而公共支出选择行为是公共采购理论研究的基础。公共采购的目的就是规范公共支出选择行为，既规范其支出过程，也规范其支出行为。从立论角度看，公共支出选择行为揭示了公共采购的本质特征，提供了公共采购活动、公共采购工作和公共采购行为的方向，同时也促进公共采购方式、方法和理论研究的进一步发展，有利于公共采购理论创新和适应社会发展需要。

> 公共采购基础理论结构包括公共采购本质、公共采购目标、公共采购假设、公共采购环境、公共采购规范。各要素之间紧密联系，是一个有机的整体。

第二节　公共采购基础理论结构及要素分析

公共采购基础理论是公共采购人员在社会实践过程中总结出的有规律性、实质性和共性的概念、观点及原理，属于基础理论的概括和总结，主要说明公共采购是什么（公共采购本质）、为什么要公共采购（公共采购目标、公共采购假设）、如何进行公共采购（公共采购环境、公共采购规范）等理论性的内容。公共采购基础理论结构如图 2-1 所示。公共采购本质前节已表述，下面就其他要素进行说明。

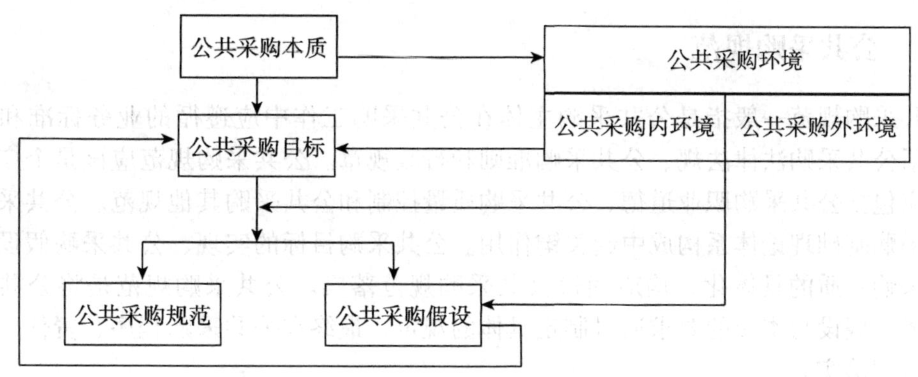

图 2-1　公共采购基础理论结构

一、公共采购目标

公共采购目标是公共采购组织和公共采购人员实施公共采购行为所期望达到的目的和结果，是公共采购活动最理想的结果，也是公共采购实践活动的指南和标准。公共采购实践活动是建立在公共采购目标基础上的，公共采购目标又是公共采购理论研究的起点。从公共采购理论整体研究来看，公共采购目标理论决定公共采购准则理论、公共采购方法理论和公共采购假设理论，从而影响和形成公共采购概念理论。公共采购目标包括公共采购经济性目标、有效性目标和合法性目标。

二、公共采购假设

亚里士多德提出并创立了相应的逻辑工具——公理化方法，这是一般学科研究的基本方法。任何一门理论的形成往往都是从基本的公理和假设开始，然后在此基础上推导出这门理论的其他定理。公共采购假设是从公共采购各要素和公共采购实践中高度升华和提炼出来的公共采购前提条件，是形成公共采购之前所作的符合逻辑的主观推断或认定。没有这些假设存在，也就没有公共采购活动，更不会有系统的公共采购理论。公共采购假设的来源是公共采购本质。公共采购假设应包括以下三项内容。第一，公共需求的存在。社会需要公共服务，才需要国家或政府提供这种服务，才需要确定公共需求，并由此产生公共采购。所以，没有公共需求，也就没有公共采购的必要。第二，公共采购主体的存在。公共采购主体是公共采购进行的条件，是公共采购假设之一。没有公共采购主体，就没有公共采购。公共采购主体在开展公共采购活动时，应具备必要的专业能力以及良好的职业道德，并进行恰当的职业判断。若出现采购偏差，公共采购主体应承担经济责任和法律责任，这样才能赢得社会对公共采购职业界的信任，从而提高公共采购职业界的声誉和地位。第三，廉洁性的存在。廉洁性是公共采购的根本特征，也是公共采购存在的假设之一。保持廉洁对公共采购人员来说非常重要，如果不廉洁，公共采购人员就不能有效地开展工作，工作就会出现偏差。这使公共采购人员无法在公众中树立应有的公正无私的形象，公共采购人员将在社会中无立足之地，而且公共采购职业也没有存续和发展的可能。廉洁性是公共采购人员的立身之本，是公共采购结果客观公正的保证。

三、公共采购规范

公共采购规范一般指是公共采购主体在公共采购工作中应遵循的业务标准和行为准则，包括公共采购法律法规、公共采购准则和行政规章。公共采购规范应该是个广义的概念，还应包括公共采购职业道德、公共采购质量控制和公共采购其他规范。公共采购规范在公共采购基础理论体系构成中起关键作用。公共采购目标的实现、公共采购假设的运用和公共采购本质的具体化，均应通过公共采购规范落实。公共采购规范是将公共采购目标、环境、假设与本质的要求通过制定具体的规定，最终在公共采购程序、责任、风险与合同上得到落实。

四、公共采购环境

公共采购环境主要是所有对公共采购活动（包括实践活动和理论研究活动）产生作用并促使其发生变化的各种因素的总和，是影响公共采购活动的内部环境和外部环境的总称。公共采购环境的变化会影响公共采购目标、公共采购假设等因素。

五、各要素关系分析

公共采购基础理论要素紧密联系，可以构成一个有机的整体。公共采购本质理论研究是其他相关理论要素研究的基础，公共采购本质是恒定的不变因素，而公共采购目标、公共采购假设会随着公共采购环境变化和社会进步而变化。公共采购本质决定公共采购目标，公共采购目标影响公共采购假设和公共采购规范。公共采购假设和公共采购规范对公共采购活动产生作用和影响。

> 公共采购基础理论结构要素和内容是两个不同的方面。公共采购基础理论内容应包括公共采购的产生和发展、公共采购概念与内涵、公共采购构成要素、公共采购本质、公共采购基本特征、公共采购功能和作用、公共采购分类、公共采购机构及人员等。

第三节　公共采购基础理论内容

公共采购基础理论内容包括公共采购的产生和发展、公共采购概念与内涵、公共采购构成要素、公共采购本质、公共采购基本特征、公共采购功能和作用、公共采购分类、公共采购机构及人员等。公共采购与政府采购明显不同，但却密切相关，这就有必要首先就政府采购基础理论的学术研究情况进行归纳，明晰其相同点及不同点，再全面阐述公共采购基础理论的内容。

关于政府采购基础理论的研究，学者从不同的方面进行了探究。在政府采购产生和发展方面，一般学者都是从制度经济学的角度研究政府采购的产生和发展。有学者认为，现代政府采购制度作为古代政府采购制度的变更与替代，是一种典型诱致性制度变迁。有学者认为，政府采购是随着国家的出现而出现的，但政府采购制度的出现则是近代资本主义出现以后才出现的。有学者认为，我国现代意义上的政府采购制度可以说是学习、借鉴西方相关制度的结果。除从制度经济学角度研究外，有的学者也对政府采购的发展阶段进行了划分。如有的学者将我国现代政府采购制度建设划分为三个阶段：1995 年至 1998 年的试点阶段；1999 年至 2002 年的推广阶段；2002 年至今的立法规范阶段。有的学者认为从自由资本主义时期到 20 世纪 70 年代，政府采购以封闭和采购国内产品为主；20 世纪 80 年代以后，政府采购日益国际化。有的学者将政府采购制度分为形成时期（18 世纪末至第二次世界大战前）、发展时期（第二次世界大战至 20 世纪 70 年代中后期）和政府采购国际化时期（20 世纪 70 年代后至今）。还有的学者认为中国政府采购制度的演进经历了古代社会、计划经济时期、转轨时期、制度试点阶段、全面推行阶段等过程。这些研究都较为清楚地审视了中国和国外政府采购的发展过程及其演进中的鲜明的历史阶段性特征。遗憾的是，大多数学者都是仅从其制度的发展历史这一角度进行研究，而不是全面性地分析其产生和发展过程。

在政府采购构成要素、功能和作用、基本特征等方面，国内学者一般都从政府采购主体、客体、资金来源、采购方式和目的等方面进行界定和阐述。但各种观点之间仍有一定差别，这种差别与各学者法律、政策、管理、行为、经济或财政等学术专业背景和对政府采购的认识程度有关。不可否认，若拘泥于某一角度对政府采购构成要素和基本特征进行分析，就不能完整分析政府采购的本质内容和特征。但这些分析仍给公共采购的产生和发展研究提供了丰富的借鉴经验。

一、公共采购的产生和发展

（一）我国公共采购的产生和发展

一是公共采购萌芽阶段。公共采购是随着商品交换活动的产生而产生的。西汉的“平准均输”、新朝时期的“五均六管”、唐代的“和籴”、宋代的“市易法”“科买”等都是运用采购手段平抑物价，救灾济民，体现了公共采购的资金使用的效益性和政策功能性。以宋代为例，政府采购机构齐全，从中央来看，既有三司、户部等中央管理机构，也有杂买司、内东门司等京师具体执行机构，还有发运司、籴便司、折博务等中央派出机构。从地方来看，有路级主管机构转运司，部门的刑狱司、常平司、经略安抚司等，州县的基层执行机构。其政府采购的交易方式也多种多样，有和买、科买，置场收购，承包购买，强制征购，行役供货等。

公共采购萌芽阶段主要是自然经济占统治地位的阶段，包括奴隶社会、封建社会和资本主义萌芽阶段。这一阶段的公共采购带着鲜明的时代特征：如银圆、铜钱向交子、纸币转变；采购支出范围较窄，主要是朝廷官府开支，盐、粮等日用品支出，水利、治灾、屯田等百姓公共福利开支以及粮草、武器等战争军饷开支；采购的目的是满足统治阶级的需求，自身需求第一，公共需求第二，经济性支出较少。但在社会动荡、矛盾激化、吏治开明时期，公共采购行为对百姓生活、社会经济有一定积极作用。

二是公共采购初期阶段。公共采购初期阶段应从中华人民共和国成立至今，经历了控购、招标投标、政府采购和公共采购四个时期。我国计划经济时期，国家通过直接的行政手段控制集团购买力，以实现社会商品的需求平衡。这就是控购时期。改革开放以来，我国从西方引入招标投标制度，重大工程和进口设备都必须进行招标投标。20 世纪 90 年代中后期，中国开始政府采购制度的探索，大量借鉴西方现代政府采购的理论与实践，并结合中国实际。招标投标与政府采购两种制度并存，在发展过程中两者矛盾显现，招标投标出现负面影响而政府采购发展迅猛。多种现象表明，招标投标与政府采购的互动与融合将出现一种新模式。国际金融危机给公共采购理念的出现带来契机。招标投标与政府采购为公共采购的发展奠定了雄厚的基础。公共采购理论体系开始建立，实践逐步深入，但仍旧处于发展的初期阶段。

公共采购初期阶段的主要特征：①以招标投标和政府采购为主要表现形式；②采购规模大，发展速度快；③法律体系逐步建立，制度逐步完善；④政府采购功能作用明显，政策功能也开始发挥作用；⑤统一的公共采购体系（体制、制度和机制等）开始酝酿建立。

三是公共采购发展阶段。尽管初期阶段已出现公共采购并有行为反映，但由于理论研究贫乏、认识有限，实践中公共采购体系框架还不健全，公共采购的作用有限，况且理论的形成需要长期的酝酿、研究、争论、论证和统一，因此，公共采购的发展应是一段相当长的发展过程。其主要表现是以公共采购法为核心的统一法律体系的建立健全、公共采购管理体制的健全、公共采购电子化体系的完善、公共采购职业化队伍的健全。公共采购的发展达到鼎盛的标志有两个：一是我国公共采购理论体系取得“跨越式”发展。公共采购理论体系建立并取得理论界的相对认同，同时处于世界公共采购理论的“旋涡和中心”位置。我国真正出现世界级公共采购理论，这种理论是通过研究封建时期朝廷采购的“黄海战略”、西方资本主义政府采购的“蓝海战略”、国际先进企业采购的“绿海战略”等理论而形成的中国特色社会主义公共采购的“红海战略”理论。二是我国公共采购实践实现“跨越式”发展。公共采购主体廉洁、专业，法律体系更加完善，管理体制健全，运行机制通畅和电子科技的运用高度统一。

（二）西方公共采购的起源和演进

西方公共采购的起源和演进可以分为政府采购雏形、政府采购发展、政府采购与公共采购并进三个阶段。

一是政府采购雏形阶段，这是从 18 世纪末 19 世纪初到 1929—1933 年资本主义世界经济危机前的一段时期。产业革命使财政收入大幅增加，财政支出中政府采购需要控制和规范。英国政府在 1782 年设立专门机构（文具供应局）管理投资建设项目和公用品采购，并提出公开招标的要求。美国联邦政府自建国后就开始关注财政资金滥用的问题。自 1792 年起，政府通过政府采购立法、公开招标和合同授予程序规范、国防采购立法等法律制度规范政府采购行为。政府采购法律法规和管理制度开始建立。西方国家政府采购制度起源于自由市场经济时期。市场经济国家信奉“看不见的手”的原理，认为市场是配置资源的绝对支配力量，政府基本上不参与、不干预国民经济活动，政府采购市场并不发达和完善。

二是政府采购发展阶段。从 1929—1933 年资本主义世界经济危机后、第二次世界大战时期至 20 世纪 70 年代中后期，经济危机给政府采购制度的发展与成熟带来特定的历史契机。特别是第二次世界大战后，西方各国放弃自由经济，纷纷采取国家政府直接干预经济的措施，将财政政策作为主要的政策手段，通过举办公用事业大范围发展政府采购。政府采购从优化支出管理功能转变为调控国家经济的功能。政府采购主体也逐步由中央政府、地方政府向其他公共采购服务组织扩展。美国成为世界上政府采购法律体系和管理制度最完善的国家。美国政府采购法律制度遵循了竞争、透明和廉洁思想原则。美国设立专门的联邦采购政策办公室和联邦采购管理委员会负责政府采购立法，制定采购政策和协调立法机构，采购委员会、产业界与法院部门之间的关系。欧盟针对政府的公共服务、公共供应品、公共工程和公共救济方面的指令以及针对水、能源、交通运输和电信部门等采购程序和救济指令的规范和开放性对欧盟经济一体化和政治一体化起到促进作用，其日趋成熟完善的政府采购制度为政府采购国际惯例的形成奠定了重要基础。

三是政府采购与公共采购并进阶段。从 20 世纪 70 年代中后期开始至今，政府采购的主要特点是政府采购的国际化。政府采购国际化是伴随着国际贸易一体化和区域经济一体化形成的。世界贸易组织（WTO）的《政府采购协议》（GPA）、联合国国际贸易法委员会的《贸易法委员会公共采购示范法》和世界银行的《采购指南》共同构成了政府采购的主要国际规范，这三部国际组织的采购规则有效促进了政府采购市场的开放，也推动了国际贸易的开展。1996 年 1 月 1 日生效的 GPA 是世界上第一个规定政府采购方面各缔约国权利和义务的法律文件，设立了统一的国际标准。GPA 的生效标志着政府采购国际市场形成步伐的加快。由于政府采购的国家政策性和政府采购国际化的商事性原则相冲突，导致 GPA 签订后的政府采购国际化、市场化和全球化的融合度明显不够。一些发达国家占据协议主导权，利用协议维护本国或小集团国家的利益，这种现象使 GPA 的发展成为一个新问题。1993 年联合国国际贸易法委员会通过的《贸易法委员会货物、工程和服务采购示范法》及其《颁布指南》成为评价和借鉴各国政府采购的范本。《贸易法委员会公共采购示范法》代表了公共采购现代化的全球化特征。世界银行的《采购指南》是对国际复兴开发银行、国际开发协会和国际金融公司等向发展中国家提供的贷款进行有效管理监督的采购规范指南。

二、公共采购概念与内涵

（一）公共采购概念理解

公共采购，英文为 public procurement，简称 P. P 或者 PP。目前国内还没有有关公共采购一词的定义。专家和学者一般仅对政府采购一词进行定义，或者将政府采购与公共采购等同起来定义。出现这种现象的原因有两个：一是公共采购是个新理念。在我国政府采购和招标投标的发展时间不长、对其性质认识还不充分、研究还不深透的情况下，不可能对公共采购有更深刻的理解。二是由于公共采购的功能、性质、学科的归属等具有多重性，因此必然会反映在公共采购的定义表述上。再者，不同国家的国情不同，其对公共采购的理解和使用也就不同，自然会站在不同角度来观察和研究公共采购，因此会产生不同定义。同样，本章对公共采购的研究是在国际经验的基础上，结合我国国情，特别是当前政府采购与招标投标领域的实践，顺应中国时代发展潮流而进行的思考，以期对公共采购有较为深刻的研究，并在此基础上开展对公共采购理论体系的探索，从而为我国公共采购现实发展提出一些见解和建议。

（二）公共采购的完整定义

公共采购的实质是采购，同时又体现采购的公共性。“公共”一词最早出现在《史记·张释之冯唐列传》中的“释之曰：‘法者天子所与天下公共也。’”。这里的“公共”代表公有、公用的意思。采购中“采”是会意字，原指用手摘果子，延伸义为搜集，引申为市场调查，寻找供应源。“购”为用金钱交换。公共采购是指公共主体为实现公共利益使用公共资金通过一定方式和程序获得货物、工程和服务的行为。公共采购就是采购预算、计划，采购市场调查，采购需求标的、技术商务的确定，采购过程控制，采购结果确定，合同签订、履约、验收、支付甚至资产管理，绩效评估的全过程。公共采购应当是一个从预算计划到绩效评估的闭环系统，是绿色的、可持续的发展过程。

（三）公共采购内涵

公共采购定义涵盖采购实体、资金来源、采购程序、采购目的、采购内容等。其定义完整，内涵丰富。

一是从静态的角度来看，公共采购是公共组织与其他相关联的社会组织或个人开展采购活动的综合表现，是一种客观存在的采购状态。一个公共组织无论是否从事真正意义的公共采购活动，无论采购主体认识到或者没有认识到，这种“公共采购状态”都是存在的。对一个公共组织来说，采购是公共组织职能实现的重要组成部分。高效优质的采购将有效顺利地实现公共组织目标，而低效劣质的采购将使公共组织目标的实现产生困难，甚至无法实现公共组织职能。这时，公共组织必须采取措施，变不利的公共采购状态为良好的、有利的公共采购状态。以学校为例，它的部分静态公共采购关系如图 2-2 所示。

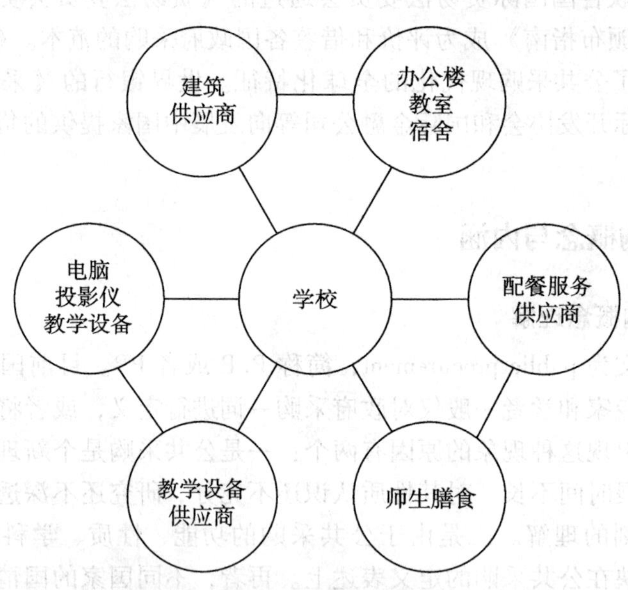

图 2-2　学校部分静态公共采购关系

二是从动态的角度看，公共采购是公共组织为实现日常公务活动和履行公共职能而开展的采购活动，可分为日常公共采购活动和专门公共采购活动。日常公共采购活动是指公共组织日常事务性的采购活动，又称为通用性公共采购活动，是所有公共组织都必须进行的采购活动。如日用品采购、办公用品采购、办公家具采购、清洁卫生服务采购、日常修缮服务采购等采购活动。做好日常公共采购活动是公共组织生存和发展的基础。专门公共采购活动是指为具体公共职能目标服务的有计划、有系统、有组织的专门性采购活动，又称为专用性公共采购活动。如交通运输部门为实现交通服务职能而开展公路工程采购，水利部门为实现水利职能而开展水库大坝加固工程采购，医院为实现医疗卫生服务职能而开展医疗设备采购，规划部门为实现规划职能而开展城市景观规划服务采购等。

三是从主体与客体间的联系看，公共采购需要一定的规则、技术、方式和工具。公共采购是公共组织为了获得合适的货物、工程和服务，通过采购机制确定供应商的行为。它必须遵循一定的规则，比如招标、谈判或询价等程序；它可以采用先进的技术手段，比如电子采购；它可以通过一定方式实现，比如合同、协议或者发票等书面形式，或者日常购买等简单交易形式。公共组织通过采购与客体产生关系，实现最终采购目标。

四是从职能上来看，公共采购是现代公共管理中不可缺少的一项重要工作。现代公共管理的本质问题是公共利益的体现。公共利益的现实表现就是公众对公共产品和公共服务的多层次、多样化、整体性的利益需求。而公共采购是实现这种利益需求的重要方式和途径。

五是从内容上看，公共采购可以分为公共货物采购、公共工程采购和公共服务采购。这是符合国际惯例的划分方式。

（四）公共采购与政府采购的关系

公共采购与政府采购之间既有联系，又有区别。两者起源密切相关，本质都是采购，但有着明显的不同。两者的区别主要表现在以下几个方面。

1. 定义不同

学术界对政府采购的定义不统一，一般从法律角度对其定义，或者分成狭义定义和广义定义。狭义定义仅指政府部门的采购，广义定义为扩大的政府部门（含立法、司法、社团和事业单位）通过一定方式获取货物、工程和服务的行为。目前业界通常将政府采购与公共采购同等看待。如所谓政府采购，是公共部门利用财政性资金取得货物、工程和服务的行为。实际上，公共采购定义与政府采购不一样。根据公共采购定义可以看出，公共采购的主体范围和资金性质都比政府采购宽泛。

2. 范围和规模不同

一般意义上的政府采购不包括国有企业采购和国防军事采购。而公共采购既包括建设货物、工程、物料及日用品、服务甚至智力成果采购，也统筹军事、政府、立法、司法、社团及事业部门、国有企业、村居委员会、各类公共基金甚至非政府组织等各类公共组织的采购。一般政府采购总量占国内生产总值（GDP）的 10%～15%，但公共采购的范围和规模更大、更广，公共采购总量占一国 GDP 的 20%左右（目前中国仍属于政府主导建设型国家，公共采购总量所占比率更大）。

3. 性质意义不同

政府采购是政府主导型的采购。公共采购是公共服务型的采购，公共性是其主要性质。公共采购的概念在时代的先进性、理念的新颖性、外延的适用性和效果的广泛性等方面远超过政府采购的概念。公共采购具有中国化、现代化、信息化和国际化的主要特征。公共采购总量庞大、概念统一、稳定有序、理念前瞻性和先进性强。公共采购作为一种直接手段和载体，对于研究中国经济、社会、文化和政治的意义重大。

4. 能力不同

公共采购可以解决政府采购不能解决的理论和实践问题。一是公共采购可以解决现实中招标投标制度与政府采购制度并列及冲突的问题。理论上政府采购包括招标投标行为，但在实践中，工程一般由招标投标制度统筹，两者的现实冲突根本无法理顺。政府采购与招标投标的互动和融合催生了新理念，公共采购恰好满足这样的理论与实践需要。二是公共采购具有解决采购资金性质问题的能力。如现行工会、国家机关、社团的采购资金大部分是工会会员缴纳的会费，政府补助的财政性资金占很少的一部分，而现行工会、国家机关、社团采购也称之为政府采购，容易引起国际组织或职工对中国工会是“官办”的误解，造成不好的政治影响。而工会、国家机关、社团采购属于公共采购却十分恰当。三是公共采购具有解决政府采购行为性质问题的能力。在所有关于政府采购研究的论题中，政府采购法律关系性质是一个争论最多的问题。政府采购行为具有行政行为和民事行为的双重性质，其合同属性也纷争不清。而公共采购实质是公共行为，其合同属性具有公共性，属于公共合同，应纳入公共法范畴。这不单是民事性或行政性的问题，在理论上可以解决许多学术争论问题。四是公共采购可以解决世界贸易组织《政府采购协议》（GPA）的根本性质问题。GPA 的初衷是促进经济自由化、商事交易公平化，但在多年实施中却成为某些国家维护自身政府利益的运用手段。随着越来越多国家的加入，“公共采购协议”（PPA）最终会取代 GPA，真正体现它的全球公共性而不是国家的政府性。五是公共采购可以智慧处理两岸协议共签问题。2009 年中国台湾加入 GPA，若中国也成功加入 GPA，两岸之间将面临如何智慧处理 GPA 这一所谓“政府间”的采购协议的敏感问题。而将政府采购协议定义为两岸公共采购协议则可以使问题迎刃而解。两岸公共采购协议是以关注两岸民生和公共产品及服务为基础的公共服务型采购协议，是顺应《海峡两岸经济合作框架协议》（ECFA）的要求的新型采购协议。

三、公共采购构成要素

任何事物都是由各种相关的要素组成的，公共采购也不例外。从公共采购的实质分析中我们不难发现，公共采购由三大要素构成，即作为主体的公共组织，作为客体的供应商及标的物，作为主体与客体的行为联系的采购行为。

（一）公共采购主体——公共组织

公共采购主体是指公共采购活动的实施者，即公共组织，是公共采购的核心。公共组织开展具体采购活动时往往授权有关机构或者具体的个人（如公共组织人员或领导）进行，并由公共组织承担。如果该公共组织人员或领导在与供应商开展采购活动时代表的是他个人的话，那么该活动就不是公共采购活动，而是私人采购活动了。比如，某局办公室的小王为单位购买十支钢笔就是公共采购活动，而为自己购买十支钢笔就是私人或个人采购活动。公共组织的存在或产生都是为了一定的公共目的，否则，该组织的生存将受到威胁。公共采购就是公共组织开展采购活动的一种手段、一门技术。

在实践中，公共采购主体就是公共采购的参加者，即在公共采购中享有权利且承担义务的当事人，这里主要指具有采购权的公共采购行为主体。它一般情况下是公共组织，特殊情况下也可以是公共采购中的代理者、派生行为或者管理监督主体。

（二）公共采购客体——供应商及标的物

公共采购的客体是指公共采购活动的对象，是公共采购体系中不可缺少的一大要素。它包括供应商及其提供的产品和服务。公共采购是指公共采购主体从供应商处获得货物、工程和服务的行为。没有供应商，公共采购就无从谈起，失去意义。供应商可以是法人、其他组织或者自然人，可以是制造商、代理商，可以是工程供应商、货物供应商和服务供应商等。供应商必须是因为某一公共采购行为而与公共采购主体发生联系。在公共采购中，只要是潜在或者真实存在这种联系的组织或个人，都是公共采购主体的供应商，都是公共采购活动的对象。

同样，供应商是公共采购产品和服务的提供者。因此，公共采购标的物也是公共采购活动的对象。公共采购标的物具体包括货物、工程和服务等。

（三）公共采购主体与客体的行为联系——采购行为

在公共采购体系中，公共采购主体与客体间的联系是由公共采购主体通过采购与供应商建立起来的。这种联系是双向对等的。一方面，公共采购主体通过采购从供应商处获取货物、工程和服务，从而实现自身管理和公共服务职能。另一方面，供应商通过销售货物、工程和服务从公共采购主体处取得资金。采购是联系主体与客体的桥梁，没有采购，主体与客体便是两个分立的角色。采购的形式有多种，以购买为主，也包括租赁、委托、雇佣。

四、公共采购基本特征

公共采购既可作为名词使用，表示一种客观状态，又可作为动词使用，表示一种行为或活动。它的基本特征主要如下。

（一）客观性

公共采购是一种客观存在，普遍存在于公共组织环境中。一般认为，只要公共组织存在并开展公共活动，该组织就处在一定的公共采购状态中。该状态或是采购前的准备状态，如预算、计划、立项等；或是采购中的执行状态，如招标、谈判、询价等；或是采购后的实施状态，如合同签订、履约、验收、支付等。

（二）公共性

公共采购具有公共性。公共采购的公共性主要体现在：必须遵循以公平为主、效率为辅的原则；公共采购使用的是公共资源，严格的自我监督和约束机制对其十分重要；公共采购受舆论、民众及国家权力等公共监督体系的高度监督；公共采购受政治权威、政治因素以及利益群体的影响较大；公共采购决策过程必须是民主、公平的公共选择过程；公共采购过程管理侧重规则、制度和程序等。公共采购的公共性包括公共采购主体的公共性、资金的公共性和采购目的的公共性。公共采购主体是公共组织，它代表着社会公众的共同利益，不以营利为目的。它通过法律授予的公共权力，管理社会公共事务，提供公共产品和公共服务，维护和实现公共利益。公共组织在采购时使用的是公共性资金，包括自筹资金、贷款、国外援助和捐赠等。公共采购货物、工程和服务的目的是取得公共采购标的物的所有权或使用权，并为公共利益服务。

（三）廉洁性

廉洁性应当成为公共采购的本质特征之一，因为公共采购是为了实现国家和社会公共利益。公共采购主体是为人民服务的，因此必须具有基本的道德素养。这也是当今时代发展现状的要求。

（四）规范性

公共采购具有规范性，其规范性主要包括行为规范、法律规范、原则规范和政策规范。公共采购行为必须遵循一套完整的采购程序来完成；公共采购必须通过法律、法规、规章和制度进行规范；公共采购实施过程中必须注重廉洁、公开透明、公平竞争、公正信用等原则规范；公共采购必须体现国家政治、经济、社会、政策和公共市场的规范要求，特别是国家通过运用公共采购体现的宏观经济政策和市场调控能力的规范要求。

（五）效益性

公共采购的目的是通过采购为公共组织或社会提供公共产品和公共服务。其提供的具体产品和服务必须满足价格合理、质量良好、服务优良和物有所值等效益要求。换句话说，就是通过节约公共资金和合理有效采购，使使用者或社会获得优质的公共产品和公共服务，实现公共利益目标。

（六）广泛性

广泛性包括公共采购主体的广泛性和公共采购客体的广泛性。公共采购主体范围广泛，包括立法机关、司法机关、行政机关等国家机关及其实体，公有企业、社会团体、国防军事组织、非营利性机构等公共组织。按照公共职能的不同也可以将公共采购主体区分为政治组织、经济组织、军事组织、文化组织和社会组织。公共采购的客体也非常广泛，凡是为公共组织和社会公共服务提供的一切产品和服务及其供应商都应包括在内。供应商涉及的行业范围广泛，包括货物、工程和服务，日用品、耗材和原料等。公共采购标的物无所不包，可以是有形的，也可以是无形的；可以是高价值的，也可以是低价值的；可以是民用的，也可以是军用的；可以是标准化的，也可以是非标准化的；可以是成品的，也可以是原材料或半成品的；可以是国产的，也可以是进口的。

五、公共采购本质

公共采购本质就是公共采购的根本属性，是指廉洁性的公共支出选择行为。公共采购本质揭示了廉洁性是公共采购的主要特征，公共支出选择行为是公共采购的性质。

为了充分体现公共采购本质，公共采购主体在公共采购过程中，必须遵循廉洁原则，原因如下。

（一）公共采购本质要求

公共采购主体不能像私人采购主体那样随性而为，而应以公共利益为先导。作为公共采购的代理人，其在实施采购时必须将公共利益放在第一位，不能掺杂任何私心，否则公共利益将受到损害。这就要求公共采购主体（采购人、采购代理人、采购管理人、采购评审人等）在实施采购、代理采购、管理采购、评审决策和采购供应等活动中必须恪守廉洁原则。

（二）现实的突出需要

公共采购腐败侵蚀着国家肌体，严重影响党和政府的形象和信誉。国际透明组织研究表明，在招标投标和政府采购中，通常腐败带来的危害占合同总价的10%～20%，在某些情况下可能更多。中国正由政府主导向市场主导转变，由以官为本向以人为本转变，由腐败不断向遏制和大幅减少腐败转变。真正建立廉洁型、服务型政府，需要公共采购制度承担这些重要使命。公共采购的廉洁性必然在现实中起到突出作用。

六、公共采购功能和作用

（一）功能

从不同角度来分析公共采购，其功能是不一样的。从政治角度上看，它具有保障国家和社会公共安全、治理公共腐败和合理配置公共资源及权益等功能；从经济角度上看，它可以促进经济增长、调节经济结构和区域均衡；从社会角度上看，它具有向社会民生提供公共产品和公共服务等功能；从国际角度上看，它也有开拓国际市场的功能。公共采购的功能不是单一的，它在不同层面甚至同一层面的不同部位表现出不一样的功能特征。综合来看，笔者将其功能划分为三个层次。

（1）基础功能。这是公共采购应具备的最基本的功能，即通过透明竞争信用原则采购到价格合理、质量优良、服务良好的货物、工程和服务。

（2）制度功能。公共采购制度是为规范政府采购行为而制定的法律制度和规则。公共采购制度化之后所形成的功能，称为制度功能。制度功能包括规范公共采购行为、增强公共采购透明度、提高公共资金使用效益、维护公共利益、保护公共采购当事人合法权益、促进廉政建设等。

（3）政策功能。政策功能是指公共采购主体利用公共采购在市场中的规模效应，通过政策措施调节社会总需求，贯彻社会经济政策总目标。贾康认为，实行政府统一采购，可以贯彻政府在总量调控和结构调节方面的方针，可以发挥稳定物价的调控作用，可以体现政府的某些特定政策。公共采购政策功能具体包括调节经济结构、调整产业结构、调节物价、抑制通货膨胀、促进自主创新、保护环境、反腐倡廉等。

（二）作用

（1）公共采购制度有利于有为、廉洁和公共服务型政府的实现。公共采购制度是实现政府转型和廉洁政府的重要载体，是建立公共服务型社会和和谐社会的需要。公共采购制度创新是促进政府发展理念转变以及政府转型的实际进程。公共采购制度设计对国家公共管理体制创新将产生重要的影响。因为建立公共采购制度是涉及深化行政管理体制改革、完善社会主义公共市场经济制度和实现社会民生政策目标的综合性改革。一般认为，“政务管理、经济调节与市场监管、社会管理与公共服务、生态环境保护”是政府的基本职能，而政府实现自身政务管理职能和为社会提供产品和服务主要通过公共采购制度实现，由所有公共采购主体部门来承担这些重要职责。一方面，财政部、国家发展改革委及住房和城乡建设部等作为政府采购与招标的预算、管理和支出的主体管理部门，甚至是未来独立设置的公共采购管理部门，必须统筹调整、优化甚至衍生内部职能架构和制度，以适应公共采购新需要。另一方面，作为公共采购主体的政府各职能部门以及国有企业和事业主体，也应适应公共采购制度创新需要，结合自身实际情况作出相应改革，以适应公共服务型政府提供公共产品及服务，以及廉洁服务、规范公平的现代公共采购要求。

（2）公共采购市场是健全和完善社会主义公共市场经济的重要力量。首先，公共采购市场是社会主义市场经济的重要组成部分，在公共市场中具有主体地位。公共采购总量大、范围广、涉及面宽，影响深远。若以中国 2019 年国内生产总值为基准、公共采购市场占 GDP 的 30%以上的惯例来计算，公共采购总量可达到 30 万亿元以上。其次，公共采购主体范围广泛，涉及所有政府、国有企业、公益组织等公共主体。再者，公共采购对象及类别丰富、广泛，几乎涉及所有市场交易标的，如货物、工程和服务等。同时，公共采购程序复杂，从采购计划的制订、采购合同的履行和支付评价等都囊括在内。公共采购作为政府与市场的紧密结合体，在清晰界定政府与市场的职能，灵活调控市场职能和建立规范、诚信和稳定的市场体系中起到重要作用，深刻影响社会主义公共市场经济。

（3）公共采购国际化对中国国际经济贸易一体化和全球化具有重大作用。中国加入 GPA 将推进中国公共采购制度国际化进程，也推动中国经济国际化进程，更是中国公共采购占领国际领先地位的重要过程。中国的现代公共采购制度是从西方国家引进的，国际组织和主要国家的公共采购制度对中国政府采购和招标投标制度的建立和发展具有重要的借鉴作用。从全球范围来看，金融危机给公共采购带来新的机遇。公共采购制度的现代化和规范的趋同性正在全球化的背景下深入开展。从国际和区域经济组织来看，联合国既通过制定《贸易法委员会货物、工程和服务采购示范法》普遍协调、统一相关的采购法，又经过十余年的发展，在电子化、先进性、可持续发展以及绿色采购方向展现新的改革动向。欧盟作为目前世界上辐射范围最广的区域性经济组织，建立了公共采购三层法律体系，即欧盟内部的统一立法、欧盟与有关国家签署的公共采购双边协议以及欧盟作为一个经济实体加入的世界贸易组织《政府采购协议》。1989—1993 年，欧盟相继颁布的 6 部公共采购指令（含 4 个实体性法律和 2 个程序性法律），成为统领公共采购的重要法令。欧盟在公共采购透明度、公共采购范围界定、公共采购门槛值以及公共采购救济机制方面的设计对我国公共采购法律的制定具有重要参考价值。美国是世界上最早实行政府采购并进行制度完善的国家，其在法律制度、管理体制、采购模式、监督救济机制方面的设计都对我国有借鉴意义。除此之外，英国的物有所值原则、德国健全的电子化法律和社会环境、日本为维护本国利益而尽量采购国货的灵活性措施、韩国实施的总统负责制下的政府采购机制等都值得中国学习。我国公共采购现状在价值取向、适用范围、采购方式、质疑程序等方面均与世界贸易组织《政府采购协议》存在冲突。我们应当适当扩展公共采购主体范围、完善供应商资格审查和供应行为制度、检讨现行的质疑投诉救济机制、调整法律法规等来适应中国加入 GPA 的需要。

七、公共采购分类

为了进一步加深对公共采购的认识，充分发挥公共采购的作用，有必要对公共采购进行分类研究。公共采购分类的标准非常多，这里只介绍几种典型分类。

（1）按公共采购主体分类。公共采购可以分为政府采购、军事采购、司法采购、行政采购、社团采购、事业单位采购、国有企业采购、村居采购、非政府组织（NGO）采购等。

（2）按公共采购对象及类别分类。公共采购可以分为公共工程采购、公共货物采购和公共服务采购等。

公共工程采购包括公共建筑工程采购、公共交通工程采购、公共水利工程采购、公共市政工程采购、公共环境保护工程采购、公共信息工程采购等。其具体采购对象包括建筑物（公用房建设、住宅建设、公益设施建设等）、市政建设工程（市政道路建设，公用设施建设，供水、供电、供气、供暖建设等）、环保绿化工程（污水处理工程、垃圾处理工程、园林绿化工程、荒山绿化工程、天然林保护工程、防沙工程）、防洪工程（河道疏浚工程、大坝水库闸门泄洪工程、农田水利工程、江河湖泊治理工程）、交通运输工程（机场工程、港口工程、铁路工程、公路桥梁涵洞隧道工程等）、修缮装饰工程、计算机网络信息化工程等。

公共货物采购包括日常物料、汽车、电器、办公设备、家具等通用设备采购，检测、环保、医疗、警用、档案、体育、气象、航测、实验教学等专用设备采购。

公共服务采购对象包括广告、印刷、软件开发、银行、餐饮、会议、清洁、计算、顾问、装修、规划、设计、监理、运输代理、维修、进口、金融、保险、投资、法律咨询、仲裁、管理咨询、资产评估、审计、会计、医疗、健康及社会服务、研究、安全、培训、物业管理、租赁、交通、通信、人力资源、教育及培训、休闲、文化及体育等（财政部2005—2010年集中采购目录综合）。

（3）按资金性质分类。公共采购可以分为财政预算资金采购、国有企业资金采购、公共借贷资金采购、公共捐赠资金采购和非营利性社会公共资金采购等。

（4）按获取公共服务方式分类。公共采购可以分为公开招标采购、竞争性谈判采购、询价采购、单一来源采购、长期合同采购、协议采购等。

（5）按紧急程度分类。公共采购可以分为正常公共采购和应急公共采购。

（6）按所属区域分类。公共采购可以分为国际公共采购、中央公共采购、地方公共采购、基层公共采购等。

（7）按规模分类。公共采购可以分为集中采购和分散采购。

（8）按技术手段分类。公共采购可以分为传统公共采购和公共电子采购。

八、公共采购组织及人员

（一）公共采购组织

公共采购组织一般包括公共采购管理部门、公共采购执行部门、公共采购代理部门及公共采购评审专家。

1. 公共采购管理部门

公共采购管理部门是专门管理公共采购政策、制度和行为等的部门，包括中央管理部门和地方管理部门等。按照现行法律规定，财政部、国家发展改革委、水利部、交通运输部等组织均具有公共采购管理权限，在理论上应设立独立的公共采购管理部门。

2. 公共采购执行部门

公共采购执行部门是指由法律、法规授权取得采购权的部门。它可分成两类，一类是教育部门、卫生部门、公安机关、国有企业、基层政府等具有采购权的公共采购部门；另一类是专门从事采购的政府集中、部门集中或国有企业集中的专职机构，如公共采购中心、水利部预算执行中心、中石化工程采购中心等。

3. 公共采购代理部门

公共采购代理部门是指取得代理采购权的机构，这种代理权是由采购人委托的代理权。它也分两类，一类是集中采购机构，另一类是社会采购代理机构。

4. 公共采购评审专家

公共采购评审专家是指在具体项目采购过程中具有采购决策作用的专家。按照现行法律规定，采购权在一定程度上分配给了评审专家，因此评审专家也具有公共采购主体的身份。

（二）公共采购人员

公共采购人员是指从事公共采购工作的专业人员，包括公共采购管理人员、公共采购执行人员、公共采购代理人员、公共采购监督人员等。公共采购人员应实行职业化管理，包括注册采购师资格认证和执行，公共采购师职业道德教育、法律责任教育和职业后续教育等内容。

本章小结

从动因与逻辑起点分析基础理论是各种理论研究的普遍共识。公共采购动因理论是公共采购理论研究的根源和出发点，能够解答公共采购为何产生，又为何发展。公共采购逻辑起点是公共采购理论体系逻辑结构的起始范畴，应包含公共采购研究对象一切矛盾的萌芽的规定性，可推衍出公共采购理论体系逻辑结构的其他范畴、命题，它是历史起点的反映，符合历史与逻辑相统一的原则。相信随着历史的不断发展，研究学者的不断加入，公共采购动因与逻辑起点的理论研究也将不断丰富。在动因与逻辑起点的基础上，本章就公共采购基础理论的结构及要素做了基础分析，在对政府采购的基础理论内容进行归纳的基础上，就公共采购基础理论内容进行了说明，为以后各章节的研究打下较为坚实的基础。

本章主要观点具体如下。

（1）公共需求是公共采购的根本动因。公共采购本质是公共采购的逻辑起点。公共采购本质是廉洁性的公共支出选择行为。公共采购动因理论的构成要素有六个方面的内容，它们是公共采购本质、公共采购属性、公共采购概念、公共采购职能、公共采购的廉洁性和公共采购职业道德。

（2）公共采购目标是公共采购组织和公共采购人员实施公共采购行为所期望达到的目的和结果。它包括公共采购经济性目标、有效性目标和合法性目标。公共采购假设是从公共采购各要素和公共采购实践中高度升华和提炼出来的公共采购前提条件。它包括公共需求的存在、公共采购主体的存在和廉洁性的存在三个方面的内容。公共采购规范是公共采购主体在公共采购工作中应遵循的业务标准和行为准则。它包括公共采购法律法规、公共采购准则和行政规章，还包括公共采购职业道德、公共采购质量控制和公共采购其他规范。公共采购环境是指所有对公共采购活动产生作用并促使其发生变化的各种因素的总和，是影响公共采购活动的内部环境和外部环境的总称。

（3）公共采购基础理论内容包括公共采购的产生和发展、公共采购概念与内涵、公共采购构成要素、公共采购基本特征、公共采购本质、公共采购功能和作用、公共采购分类、公共采购组织及人员。

①我国公共采购的产生和发展过程可分为公共采购萌芽阶段、公共采购初期阶段和公共采购发展阶段三个阶段，西方公共采购的起源和演进可以分为政府采购雏形、政府采购发展、政府采购与公共采购并进三个阶段。若期望中国公共采购理论体系取得“跨越式”发展，必须建立公共采购理论体系并取得理论界的相对统一，同时使中国公共采购理论体系处于世界公共采购理论体系的“旋涡和中心”位置，在中国真正出现世界级公共采购理论“大家”。

②公共采购是指公共主体为实现公共利益使用公共资金通过一定方式和程序获得货物、工程和服务的行为。本章从静态、动态、主体与客体间的联系、职能和内容上分析了公共采购的内涵。研究确定了公共采购三大要素：作为主体的公共组织，作为客体的供应商及标的物，作为主体与客体行为联系的采购行为。

③公共采购具有客观性、公共性、廉洁性、规范性、效益性、广泛性。公共采购具有基础功能、制度功能和政策功能，具有实现政府转型和形成廉洁政府、建立公共服务型社会和和谐社会、健全和完善社会主义公共市场经济、促进中国国际经济贸易一体化和全球化等重大作用。

④按公共采购主体、公共采购对象及类别、资金性质、获取公共服务方式、紧急程度、所属区域、规模和技术手段等不同标准可以将公共采购作不同分类，并明确公共采购组织及人员。

思考练习

1. 公共采购动因与逻辑起点是什么？
2. 公共采购的概念与内涵是什么？
3. 公共采购的本质是什么？公共采购目标和假设是什么？
4. 公共采购的构成要素是什么？
5. 简述我国公共采购产生和发展过程。

推荐阅读

楼继伟．政府采购［M］．北京：经济科学出版社，1998.

第三章　公共采购应用理论

学习目的

掌握公共采购应用理论基本概念及特点。

熟悉公共采购应用理论构成要素。

掌握公共采购职业规范、公共采购组织、公共采购对象及需求、公共采购程序和方法、公共采购风险与内部控制、公共采购救济与法律责任、公共采购报告与评价。

学习重点和难点

公共采购职业规范、公共采购组织、公共采购对象及需求、公共采购程序和方法、公共采购风险与内部控制、公共采购救济与法律责任、公共采购报告与评价是重点；公共采购应用理论构成要素是难点。

学习名词

公共采购应用理论　公共采购职业规范　公共采购准则　公共采购组织　公共采购对象　公共采购需求　公共采购程序　公共采购方法　公共采购风险　公共采购内部控制　公共采购救济　公共采购法律责任　公共采购报告　公共采购评价

学习文献

目前，政府采购还没有形成专门的应用理论，但专家学者从不同层面对政府采购制度、行为、法律、政策等的研究给公共采购应用理论研究提供许多借鉴之处。如加拿大的利恩德斯等著的《采购与供应管理》一书将采购应用归纳为过程和信息流、质量规格与检验、数量与交付、供应商选择、外包、供应商关系与供应链管理、价格确定、采购运输服务、投资及采购法律问题、调查、预算、衡量及报告等内容。该书更加注重采购的实际应用。政府采购运作流程包括政府采购预算与计划、政府采购方式、政府采购合同及项目的验收与结算。政府采购基本操作流程是表现政府采购工作顺序、联系方式以及各要素之间相互关系的一种模式，它是实施政府采购行为的规范。政府采购基本操作流程包括采购预算的编报审批、采购计划的编报、确定采购组织形式、政府采购方式的选择、采购计划的实施、组织实施采购活动、采购合同的履行与验收、采购资金的支付、采购资料的备案保存和绩效考评。有的专家对政府采购应用职能进行研究，认为政府采购机构的确定问题、政府采购周期问题、政府采购是集中还是分散的组织问题、政府采购伦理问题、政府采购专业发展问题、竞争与谈判问题、自行制造或采购决策问题等是政府采购职能需要解决的问题。还有的专家认为国际采购、资本采购、转售采购、服务采购等属于采购应用内容，但这实际是具体采购应用内容。以上研究没有对政府采购应用理论作全面深入的探讨。公共采购应用理论至少应包括以下三大方面。一是公共采购主体、客体及其规范。如公共采购主体需要职业规范，公共采购客体需要采购项目需求规范。二是公共采购过程规范与控制。三是公共采购后续规范，包括救济与责任、评价等。本章将对这些内容进行具体全面的研究。

> 公共采购应用理论是在公共采购基础理论指导下按照公共采购实践的基本规律建立的一种理论。它是由处理具体公共采购工作时应遵循的原理、原则、程序和方法组成的知识体系。

第一节　公共采购应用理论基本概念及特点

公共采购应用理论是在公共采购基础理论指导下按照公共采购实践的基本规律建立的一种理论。它是公共采购实践活动所涉及的理论，通过探索、研究并建立起属于公共采购实践活动的应用理论体系。或者说它是由处理具体公共采购工作时应遵循的原理、原则、程序和方法组成的知识体系。

一、公共采购应用理论基本概念

研究公共采购应用理论首先应当加强对公共采购需求的收集、整理、加工和管理，所以公共采购需求可以作为公共采购应用理论研究的逻辑起点。同时，公共采购应用理论离不开对公共采购对象的分析。利用公共采购方法、公共采购规范，对公共采购组织、公共采购程序、公共采购行为进行控制，同时公共采购人员通过方法、程序等实现公共采购合同的签订，实现公共采购目标任务，履行公共采购职责。所以，公共采购应用理论应包括公共采购对象及需求、公共采购程序和方法、公共采购组织、公共采购合同履约、公共采购风险与内部控制、公共采购救济与法律责任和公共采购报告与评价等理论要素，并通过创新和有效利用公共采购方法，加强对公共采购实践活动全过程的管理，制定全面可靠的公共采购程序，充分评价、分析公共采购过程记录，提供恰当的公共采购合同，完成公共采购职责，明确公共采购责任，使理论要素再升华。公共采购应用理论既是应用要素的集合，又是公共采购实践过程中的理论升华。

二、公共采购应用理论特点

公共采购应用理论应当具有指导性、专业性、具体性和服务性特点。公共采购应用理论中应当有些一般性原则，用以指导公共采购实际工作。这些理论比公共采购基础理论更接近公共采购的实践活动，并且能找出相应的实物参照系，解决特定的某一方面的实际问题，具有一定的可操作性和洞察性，能够为解决公共采购实践中遇到的种种问题提供原则性指导。

三、公共采购应用理论研究对象及研究任务

公共采购应用理论的研究对象具体且特殊，研究任务针对性强。公共采购应用理论的研究对象是具体的公共采购实践或特殊的过程。公共采购应用理论的研究任务是解决具体的公共采购工作如何做的问题，或者基础理论如何具体运用的问题，是从理论上研究一些具体实践的程序和方法等。

> 公共采购应用理论包括公共采购职业规范、公共采购组织、公共采购对象及需求、公共采购程序和方法、公共采购风险与内部控制、公共采购救济与责任、公共采购报告与评价等内容。公共采购对象及需求是公共采购应用理论的基础；公共采购程序和方法是公共采购应用理论的重要内容；公共采购救济与责任是公共采购应用理论的有效保障。

第二节　公共采购应用理论构成要素分析

公共采购应用理论是公共采购实践中各理论要素有机结合的统一体，是实践的理论升华，是对公共采购实践的感性认识的书面形式。它是在公共采购理论体系和公共采购基础理论指导下建立的一种旨在指导公共采购实务、提供操作指南的公共采购理论体系。

所有公共采购实践应遵循以下原则：对公共采购项目的用途和功能目标进行简单、清晰地描述；充分理解公共市场和法律政策；要制定详细的品牌、技术参数或规格说明；供应充足且调研充分；充分进行风险评估；实施严格的采购过程控制和使用适当的采购方法；授予标准规范、公正；有效的合同管理；适当的救济和责任分担；适当的供应商和合同效绩评估过程；采购全程体现公共性、廉洁性和透明性、信用性、平等性。

根据以上分析，公共采购应用理论就是包括公共采购职业规范、公共采购组织、公共采购对象及需求、公共采购程序和方法、公共采购预算与计划、公共采购实施、公共采购合同履约、公共采购验收及支付、公共采购风险与内部控制、公共采购救济与法律责任、公共采购报告与评价等内容的基本体系，它主要研究在公共采购基础理论和公共采购职业规范理论的指导下，如何开展基本公共采购工作。如果有必要，公共采购应用理论还可以进行划分，比如分为公共采购基本应用理论和公共采购具体应用理论。公共采购具体应用理论是指由具体目的、具体行业和具体业务的公共采购内容构成的基本体系，主要研究在公共采购基础理论和公共采购职业规范理论的指导下，如何开展具体公共采购工作，如公共交通工程采购、公共物业管理服务采购、公共通用设备采购、公共药品谈判采购、公共货物电子招标采购等。本章只对公共采购应用理论构成要素及主要应用内容进行分析研究，不再具体划分。公共采购应用理论构成要素如图 3-1 所示。

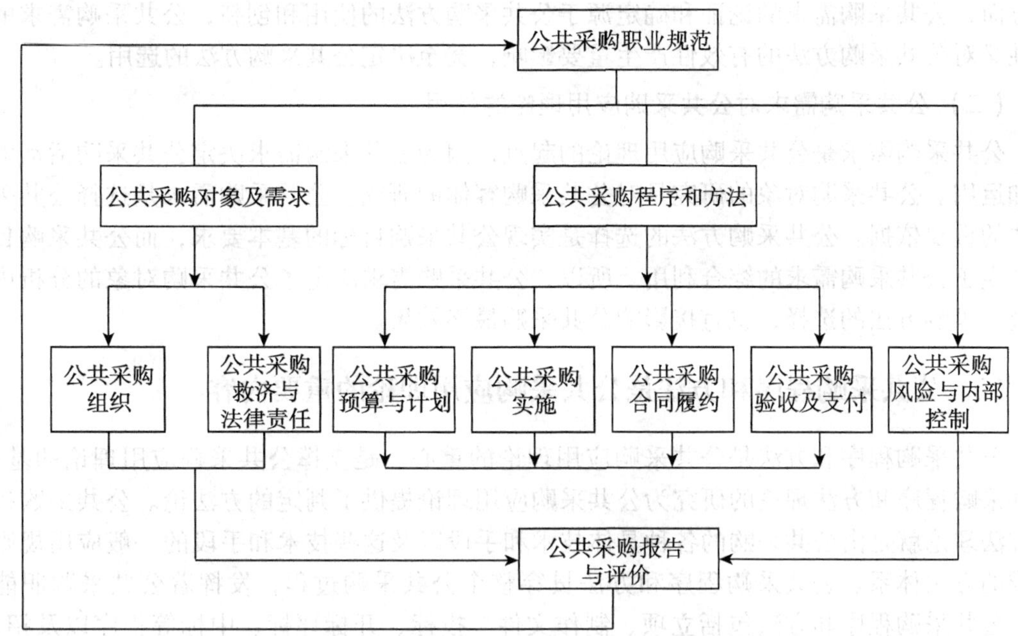

图 3-1　公共采购应用理论构成要素

一、公共采购对象及需求是公共采购应用理论的基础

公共采购对象及需求是公共采购应用理论的基础。公共采购是根据公共采购需求，利用适当的公共采购方法对公共采购对象的经济活动和内容进行判断选择，从而实现公共服务的科学性、合法性和有效性。因此，对公共采购对象及需求的研究十分重要。公共采购对象及需求的确定既不能仅从公共采购现象来分析，也不能仅从公共采购活动的表象来分析，而应从公共采购的本质来判断。公共采购的本质是廉洁性的公共支出选择行为，公共采购是通过公共采购对象的有效选择和公共需求的准确判断来实现廉洁性的公共经济行为。公共采购对象是公共采购所指向的供应商及其货物、工程和服务等标的。

公共采购需求理论作为公共采购应用理论的重要组成部分，尤其重要。从公共采购活动表现上看，公共采购需求是公共采购活动中公共采购事务特征的理论表述。从公共采购职业内涵上讲，公共采购需求是公共采购活动中公共采购职业行为各方面所反映的相关事物的基本特征和行为的理论表述，能揭示出公共采购对象的真实面貌和公共采购方法的有效性。

（一）公共采购需求的理论特征

公共采购需求是在公共采购活动中产生的，是公共采购实践的理论范畴。公共采购需求的形成也是理论研究的过程。需求本身是一种事物现象的表述，但其本质是对该事物本质特征的描述，是一种理论研究。公共采购需求的确定包括公共采购活动中的需求信息分析、论证和确定等过程，它是公共采购应用理论的要素内容。同样，公共采购需求的客观存在会对公共采购对象和公共采购方法产生重要影响。一方面，不同的公共采购需求反映和影响人们对公共采购对象的观察和分析，从而影响人们对公共采购对象的客观判断；另一方面，公共采购需求的论证和确定源于公共采购方法的使用和创新，公共采购需求的准确性又对公共采购方法的有效性产生重要影响，甚至决定公共采购方法的选用。

（二）公共采购需求对公共采购应用理论的作用

公共采购需求是公共采购应用理论的起点，因为公共采购需求决定公共采购活动的形成和运用。公共采购对象的研究是对公共采购客体的研究。公共采购需求是选择公共采购方法的重要依据。公共采购方法的选择是实现公共采购目标的基本要求，而公共采购目标又产生于公共采购需求的综合利用。所以，公共采购需求决定了公共采购对象的分析内容和公共采购方法的选择，也直接影响公共采购最终效果。

二、公共采购程序和方法是公共采购应用理论的重要内容

公共采购程序和方法是公共采购应用理论的重心，是支撑公共采购应用理论的基础。公共采购程序和方法理论的研究为公共采购应用理论提供了判定的方法论。公共采购程序和方法理论就是由公共采购的各种具体技术和手段以及这些技术和手段的一般应用规则所组成的方法体系。公共采购程序和方法贯穿整个公共采购过程，发挥着公共采购职能作用。公共采购程序和方法包括立项、制作文件、投标、开标评标、中标等程序以及招标、谈判、询价、直接采购、长期合同等方法内容。它具有如下特征：①能够真实反映公共采购对象的全部内容；②联系公共采购主体和公共采购客体的基本纽带；③贯穿于公共采购全过程。公共采购程序和方法对公共采购预算与计划、公共采购实施、公共采购风险与内部控制、公共采购合同履约、公共采购验收及支付等各要素起到了重要作用，为这些要素提供了理论和实践上的方法论，从主观方面、客观方面为公共采购应用理论的其他要素起着引接作用。

三、公共采购救济与法律责任是公共采购应用理论的有效保障

公共采购救济一般是指公共采购当事人在合同签订前和合同履约过程中发生争议而寻求合理解决的制度理论。它由救济主体、救济对象和救济程序等组成。确立公共采购救济理论的初衷之一就是由于公共采购主体的主导和优势地位在实践中可能容易侵害到供应商的合法权利，必须构建及时有效的纠纷解决机制，使公共采购主体的强势或主导地位尽量还原为平等主体之间的关系。公共采购法律责任是公共采购主体在履行职责过程中由于自身原因而导致供应商或其他第三方遭受损失而承担的后果。明确公共采购法律责任对于保护当事人合法权益，促使公共采购主体遵守职业道德，保证公共采购服务质量和水平都有重要的意义。公共采购救济与法律责任理论能有效保障公共采购应用理论的顺利进行。

四、公共采购应用理论的其他要素

公共采购应用理论是一个完整的、自成一体的理论系统，除公共采购对象及需求、公共采购程序和方法以及公共采购救济与法律责任以外，还包括公共采购职业规范、公共采购组织、公共采购风险与内部控制、公共采购报告与评价等要素。这些要素在公共采购应用理论中占有重要的地位，并具有相互密切的联系。

公共采购职业规范是公共采购应用理论的前提；公共采购组织是公共采购实践顺利进

行的条件保证；公共采购预算与计划、公共采购合同履约、公共采购验收及支付等属于公共采购程序和方法理论内容，也是公共采购活动的重要环节，通过编制预算和计划、规范公共采购程序、实施和控制公共采购过程、确定公共采购合同、监督公共采购履行等过程和步骤保证公共采购质量。公共采购风险与内部控制是公共采购应用理论中的一个重要因素，是公共采购实践中不可避免的理论探索。公共采购风险是公共采购实践中产生的各种难以预料的结果。公共采购内部控制是因规避采购风险而产生的制度系统，为完善公共采购工作提供了制约机制。公共采购报告与评价是公共采购实践工作的总结和公共采购结论的重要载体，也是公共采购应用过程的最终环节，它属于公共采购应用理论研究的最终成果。

> 公共采购职业规范包括公共采购准则和公共采购职业道德规范两个方面。公共采购准则是衡量和评价公共采购工作质量的客观标准。公共采购职业道德规范是公共采购人员执行业务时在职业品德、职业纪律、专业胜任能力及职业责任等方面应达到的行为标准。

第三节 公共采购职业规范

公共采购职业规范包括公共采购准则和公共采购职业道德规范两方面。

一、公共采购准则

（一）公共采购准则的含义

准则就是言论、行动等所依据的原则。公共采购准则，又称为公共采购标准，由公共采购部门或职业团体制定，规范公共采购人员应有的素质和专业资格，是专业公共采购人员在实施公共采购工作时，必须恪守的行为准则，是衡量和评价公共采购工作质量的客观标准。公共采购准则的概念应当包括如下含义：公共采购准则是制约公共采购人员的行为准则；公共采购准则既对公共采购人员素质提出要求，同时也对社会提供公共采购质量保证；公共采购准则是通过公共采购人员执行公共采购程序体现出来；公共采购准则是公共采购人员签署公共采购合同时的客观保证。

（二）公共采购准则的作用

公共采购准则的实施使公共采购人员在从事公共采购工作时有了规范和指南，便于考核公共采购工作质量，促进公共采购事业发展。公共采购准则应当具有如下作用。一是有利于实现公共采购工作的规范化和提高公共采购工作质量。公共采购准则对公共采购人员的任职条件、业务能力及其在工作中应保持的态度、公共采购工作的基本程序和方法，以及公共采购合同的草拟制度等都要做详细规定，这要求公共采购人员谨慎工作，依准则办事，提高公共采购工作质量。二是有利于增强社会公众对公共采购工作结果的信任程度。

公共采购人员在具体实施采购时必须按照准则进行，也向社会公众表明采购工作能达到规定的质量标准，采购结果可以充分依赖并赢得社会公众的信任。三是有利于维护公共采购组织和人员的正当权益。公共采购准则规定了公共采购人员的工作范围和规则，是衡量公共采购责任的最高标准，公共采购人员只要按照公共采购准则办理，就可以降低采购风险和履行职责义务。当公共采购人员受到不公正的指责和控告时，可以充分利用公共采购准则维护自身的合法权益。

（三）公共采购准则的结构内容

公共采购准则的结构内容取决于公共采购主体对公共采购本质和规律的认识。公共采购准则是进行公共采购的准绳和基本规范，是一个总体性、多层次的理论概念。公共采购准则的结构内容大体包括一般准则、工作准则和报告准则三个部分，但根据公共采购主体的不同及其作用范围的不同，公共采购准则的内容也不同。如某规划部门实施规划服务采购、某政府公共采购集中部门开展集中采购项目以及某社会采购代理机构提供公共工程招标代理服务，其主体分别为部门采购人员、政府专职采购机构采购人员和社会采购代理人员，虽然都存在着相同的公共采购基本特征，但具体准则内容应有不同。本书只对其共性部分进行研究。

1. 一般准则

一般准则是公共采购人员资格条件和执业行为的准则，主要包括三个部分。一是公共采购人员应具备的能力规定。如公共采购人员从事公共采购工作必须具备的一定的专业学历和职业培训经历，具有一定年限的工作经历并能通过专门考试，具备分析、判断和表述等工作能力。二是对公共采购人员应具备的身份条件所作的规定。如要求公共采购人员必须具备廉洁、独立的立场，在实施采购时持超然、客观、公正等态度。三是对公共采购人员应具备的职业道德条件所作的规定。

2. 工作准则

工作准则是公共采购人员在实施具体公共采购时应遵循的准则，主要包括三个部分。一是公共采购前期工作规定，即对规划采购预算、采购计划等所作的规定。如公共采购计划的可行性研究、采购目的和要求、公共采购预算申请及审批要求、公共采购项目具体计划实施规定等。二是公共采购实施过程工作规定。如公共采购具体方案制订、公共采购需求规定、公共采购市场调查规定、公共采购方式选择、公共采购程序控制规定、公共采购结果确定机制规定、公共采购风险控制规定等。三是公共采购后期工作规定。如公共采购合同履约规定、公共采购验收规定、公共采购支付规定、公共采购报告规定、公共采购评估规定等。

3. 报告准则

报告准则是公共采购人员编制公共采购合同、选择表达方式和记载必要事项的准则。它至少应包括以下内容。一是确定公共采购合同应记载事项的规定。如采购方案内容、采购市场、接触的供应商及时间、采购方式选择及采购过程、采购文件制作及公告、采购结果确定、采购合同内容及采购合同签订、采购合同履行、采购支付情况、采购评估等内容。由于内控的需要，报告内容可能由多人分别撰写。如采购预算、计划部分，采购实施确定结果部分，采购合同履约部分，采购支付部分等。二是表达采购意见理由的规定。特别是在具体采购过程中如何保持采购廉洁性、选取中标供应商、控制和降低采购风险等，都要有专门规定。三是公共采购报告发布。在适当情况下，公共采购报告内容应向主管领导、有关部门和社会公众发布，接受审核及监督。

二、公共采购职业道德规范

恩格斯指出：每一个阶级，甚至每一个行为，都各有各的道德。职业道德是一般社会道德的特殊形式。职业道德规范是人们从事职业活动时应当遵守的特定的行为规范。公共采购职业道德规范是公共采购人员的职业品德、职业纪律、专业胜任能力及职业责任等方面应达到的行为标准，是公共采购人员执行采购业务时应当遵循的道德规范。公共采购人员只有遵循职业道德规范，按照公共采购准则执业，其采购结果才会得到社会公众的信任。公共采购职业道德规范也为公共采购人员提供精神、道义上的指导和支撑，鞭策公共采购人员以明确的信念处理和协调各种关系，做好公共采购工作。公共采购职业道德规范应包括公共采购职业道德一般规范以及专业胜任能力与技术规范。

（一）公共采购职业道德一般规范

公共采购职业道德一般规范主要包括廉洁、独立、客观、公开、公平、公正、物有所值等原则规范。这些规范是公共采购职业道德最基本、最重要的原则与要求。廉洁是公共采购职业道德第一性原则规范。它要求公共采购人员在实施采购时必须保持廉洁，既要与主管领导或部门、供应商和评审专家共同保持廉洁，也要在制订采购方案、采购市场调查、采购招标谈判、采购评审、采购合同签订、采购验收等过程中保持廉洁。独立和客观要求采购人员在实施采购时其专业判断不受影响，并要求采购人员基于客观立场，以客观事实为依据，实事求是，不掺杂个人的主观意愿，也不被委托单位或第三方的意见左右，深入采购业务，出具权威采购报告，使采购结论有理有据。公开、公平、公正是公共采购人员应当具备的基本原则规范。它要求公共采购人员透明采购，平等对待供应商，以正直、诚实的品质，公平对待有关利益各方，不以牺牲一方利益为条件而使另一方受益。物有所值原则规范是对公共采购人员的实体性要求，要求采购结果达到价格合理、质量优良、服务良好的目标。

（二）专业胜任能力与技术规范

公共采购人员要提供高质量的专业服务，除必须具备良好的职业道德外，还须具有较强的业务能力，遵守一定的技术规范。公共采购人员专业胜任能力包括：具备法律法规规定的专业教育水平和专业工作经历；不得从事不能胜任的采购业务；遵守职业规范，并保持应有的职业谨慎；接受后续教育，不断提高专业胜任能力；承担本职、助理人员和其他专业人员的责任。公共采购人员应遵循的技术规范包括：具体实施采购业务时，恪守职业道德规范，合理运用采购准则及规范；运用充分、适当的公共采购程序和方法，出具专业的公共采购报告及签署合同；客观地处理好与供应商、评审专家等采购利害关系人的关系。

公共采购组织是具有采购权，承担采购责任的专门机构。其组织形式复杂多样，如公共部门内部的采购组织和公共集中采购组织。界定公共集中采购组织与公共采购社会代理组织十分重要。

第四节　公共采购组织

公共采购组织是公共采购活动的实施者，是公共采购的核心。公共采购组织分为公共采购管理组织和公共采购应用组织。公共采购管理组织在下一章中论述，本节只论述公共采购应用组织。

一、公共采购组织的概念和特征

公共采购组织是根据公共采购需要建立起来的专门机构。它既要有人、物、财等组织构成中的有形物质条件，也要有组织宗旨等无形的精神条件。公共采购组织一般包括三层意思：第一，公共采购组织是与环境相互影响、相互作用的开放系统，它从环境输入能量，经内部转换后又以产品和服务的形态再输出到环境中去，从而使公共采购组织持续不断地运行和发展；第二，公共采购组织是一个社会技术系统，既包括结构和专业技术方面，也包括服务和管理方面，是人、物、采购与供应的综合关系；第三，公共采购组织是一个整体系统，建立在公共部门、社会私营部门等系统相互依存及同环境相互作用的基础之上。

公共采购组织的特征包括：第一，有明确的采购及组织目标；第二，成员相互合作，自愿为组织目标努力；第三，有规范的程序、方法和权威的领导体系；第四，与外界存在广泛的信息联系；第五，具有一定的物质基础。

二、公共采购组织分类

公共采购组织是复杂多样的，以是否介入具体业务可以分为公共采购管理组织和公共采购应用组织，以集中形式分可以分为公共集中采购组织和公共部门内部的采购组织，以是否社会化或市场化可以分为公共集中采购组织和公共采购社会代理组织。公共采购组织又称为公共采购主体，具有行使采购权利、履行采购义务、承担采购责任的作用。以下各类组织都属于公共采购组织，它们都具有公共采购职能。

（一）国家机关

国家机关是指依法设立的承担法定职能，并行使国家权力的政府机关，如各级党务机关、政府机关、人大机关、政协机关、国防军事部门等。

（二）事业单位

事业单位是指依法设立的从事某种公共职能的社会组织，如学校、医院、科学研究机构等。

（三）社会团体及民间公益组织

社会团体是指依法设立的从事某种社会活动的非营利性的团体组织，如工会、全国妇联、中国共青团、行业协会等。民间公益组织包括民间慈善组织、志愿组织、合作社、互助保险公司、失业救济组织、社会保险基金组织等。

（四）国有企业

国有企业是指由政府所有或控股、参股的向社会公众提供公共事业及商品服务的特殊性的法人实体。如电信公司、电力公司、天然气公司、供水公司、排水公司、铁路运输公司、航空运输公司、航海运输公司、城市公共交通运输公司、银行、保险公司等。

（五）社会中介组织

社会中介组织是指在政府与社会公众、政府与市场之间提供各种服务的特殊法人。它具有中介性、独立性、自律性、公正性和权威性等特点，对政府的某些职能起着替代或辅助作用。如律师事务所、会计师事务所、审计师事务所、税务师事务所、股票交易所、职业介绍所、资产评估中心等。

（六）基层群众自治组织

基层群众自治组织主要指城市中的居民委员会和农村中的村民委员会。它们属于区域性的自我管理和自我服务的居民自治组织，依照自我服务、自我管理、自我教育和自我发展的组织原则开展活动。

三、公共采购组织功能

一般来说，公共采购组织有如下三个功能。一是它能够形成一种新的合力。它能通过组织的形式将若干孤立的采购者结合成一个有机整体，具有团体采购竞争力。其集中性、专业性、服务性明显增强。二是它能够提高成员的工作效率，尽快完成预定目标。如果公共采购组织内部分工合理、职责明确，它将极大调动成员工作积极性，发挥出采购组织最大效能。三是它能够比单个采购者更能获得安全感，满足社会交往和自尊的需要，增强自信和力量。

四、公共采购组织环境

公共采购组织与其他任何组织一样，都不是孤立地存在于社会之中的，而是在一定的环境中产生和发展壮大的。公共采购组织环境就是公共采购组织所面临的各种社会条件以及各类公众。一方面，公共采购组织是环境的产物。另一方面，公共采购组织的行为也影响环境的变化。

公共采购组织环境有内外之分。其内部环境是指公共采购组织内部成员之间的关系，其外部环境是指公共采购组织周围的生存空间以及公共采购组织与其他团体和人员的关系。其外部环境有以下两种类型。一种是公共采购组织的一般环境。这是对公共采购组织有广泛影响的社会大环境。它包括一个社会在特定时期的政治状况、经济状况、文化状况、资源状况和人口状况等因素，是公共采购组织生存和发展的宏观背景。它的变化对公共采购组织的生存和发展造成影响和冲击，而公共采购组织对此作出的反应又将扩散和影响到整个社会环境。另一种是公共采购组织的工作环境。这是指与其他组织目标建立和实现直接相关的各种外部因素。它包括公共采购组织的服务对象、与公共采购组织发展相关的主管部门及政府管理机构和同行竞争者等，是公共采购组织生存与发展的微观背景。它的变化不一定会给公共采购组织的存在与发展带来全面的冲击，但都能对公共采购组织某一方面、某一领域的发展产生迅速而直接的影响，并最终制约公共采购组织的全面发展。

五、公共部门内部的采购组织

由专职的公共采购人员和相应的机构形式组成的部门被称为公共采购科（处）等，这是公共部门内部的采购组织最常见的形式。目前由于意识或重视的因素，许多部门没有公共采购科，而是以职能科室代行采购职能。如交通运输部门规划科、水利部门工程科、公安部门后勤保障科等。然而公共部门内部设立统一的公共采购组织非常重要。它可以促进公共部门职能的有效实现；它可以增强公共采购组织的专业性，提高员工素质；它可以与部门采购中心、公共采购中心等机构形成强大的公共采购系统。当然，不同层级的部门要根据自身具体情况和需要的差异设置，但应遵循一定原则。如精简原则，人数不能太多；如适度原则，要有正当的管理跨度和适当的层次；如整体协调原则，既要协调外部，也要协调内部各部门，还要协调自身内部；如效率原则、专业原则等。

公共部门内部的采购组织机构模式是其内部机构的结构类型和组成方式，涉及公共部门内部的采购组织的工作方式，可以划分为技术型、职能型、行业型和规模型四种。技术型公共部门内部的采购组织需要设立供应商会员库和市场调查人员、采购文件制作人员及信息发布人员、采购评审决策人员和合同签订人员、合同履约验收人员、支付评价人员等。这种类型优点明显，每个工作人员技术职责明确，便于管理。职能型公共部门内部的采购组织是按公共采购的职能分类建立起来的。如采购前期组负责计划、立项、调研等，采购过程组负责制作招标书、开标、评标、发出通知书等，采购后期组负责合同签订、履约、验收、支付评价等。行业型公共部门内部的采购组织是按照采购对象来区分的。如物料组、设备组、工程组和服务组等。这种分类效率较高，但内部控制机构不强。规模型公共部门内部的采购组织是按采购数量、金额大小来确定的。如小额日常物料采购组，经常性通用设备和服务组，大型设备、工程或服务组，专门采购组等。

六、公共集中采购组织

公共集中采购组织是具有独立法人地位的公共采购中心。如广东省政府采购中心、国家税务总局集中采购中心、军事集中采购中心、人大集中采购中心等。这类公共集中采购组织也分两种，一种是专门通用类项目集中采购中心，另一种是专门为行业职能服务的集中采购中心。公共集中采购组织具有以下特点：提供的采购业务能满足政府、部门或行业的需要；拥有较多的采购信息资源，实施准确采购；公共采购活动专业水平高；对公共采购问题的分析处理比较客观；能不断发展创新公共采购业务，提高工作水平。公共集中采购组织的主要业务范围应包括：公共采购计划和需求制订；建立供应商会员库和市场调查；实施招标、谈判、询价、电子采购等采购程序；合同草拟及签署；公共采购项目质量控制；验收及支付；公共采购绩效评估；培训及指导等。

公共集中采购组织与公共采购社会代理组织完全不同。这种不同具体表现在以下三个方面。一是两者机构属性不同。公共集中采购组织是非营利的准行政事业性组织，公共采购社会代理组织是营利的社会中介机构。二是两者行使的职能不同。公共集中采购组织是国家、政府或部门设立的承担专业化社会服务职能的机构，具有一定的行政性或事业性。公共采购社会代理组织是民间组织，是通过签订民事合同形成的单纯的委托代理行为，是公共采购的补充代理形式。三是发挥的作用不同。公共集中采购组织能够有效规范采购人的行为，提高财政性资金的使用效益，有效实现国家宏观调控目标，并且可以促进预算的有效性、采购的规模效应和行为的廉洁性。而公共采购社会代理组织面向的是社会上各类市场主体，为企业提供中介代理服务。它作为一个市场经济条件下的理性经济人，追求利润最大化是其根本目标，不可能像公共集中采购组织那样，做到经济效益和社会效益兼顾，并承担公共政策责任。

> 简单来说，公共采购对象就是供应商。公共采购需求就是采购项目或标的的功能和用途。公共采购需求分为公共工程采购需求、公共货物采购需求和公共服务采购需求三大类。

第五节　公共采购对象及需求

一、公共采购对象

公共采购对象就是供应商。供应商是向公共采购组织提供货物、工程和服务的法人、其他组织和自然人。

（一）供应商资格条件及分类

供应商参加公共采购活动应具备一定条件：具有民事责任承担能力；具有良好的商业信誉和健全的财务制度；具有履约能力；依法缴纳税金和社会保障资金；三年内经营活动中没有重大违法记录等。从各国通行的标准来看，一些供应商将会被排除在公共采购活动之外。这些供应商具有以下特点：严重违反公共采购职业道德；存在公共采购职业犯罪或重大违法行为；公共采购管理部门禁止参加公共采购活动；已经或即将面临破产等。

按照不同的标准，可以将供应商作不同的分类。按照供应商基本属性可以分为法人供应商、其他组织供应商和自然人供应商；按照最终标的分类可以分为工程供应商、货物供应商和服务供应商；按照区域分类可以分为本地供应商和外地供应商，本国供应商和进口（外国）供应商；按照是否中标或成交分类可以分为潜在供应商、投标（报价）供应商和中标（成交）供应商；按照是否是生产厂家分类可以分为制造供应商和代理供应商；按照是否为联合体投标可以分为单一供应商和联合体供应商；按照签署文件的类别分类可以分为协议供应商和合同供应商；按照等级分类可以分为优秀供应商、一般供应商和不良供应商。

（二）供应商权利、义务及责任

供应商应当享有一定权利，履行相应义务，承担相应责任。供应商权利主要包括：平等取得公共采购供应商资格；公平获取公共采购信息；公平参加公共采购活动；签订公共采购合同；及时取得款项；监督公共采购行为；享有其他合法权益等。供应商义务主要包括：遵守法律法规；客观真实提供公共采购信息资料；履行合同等。供应商在公共采购活动中出现违反公共采购程序和纪律，提供虚假资料，不正当竞争，无故放弃合同或擅自中止、终止合同，擅自降低标的功能标准或改变功能结构，使用法定标准以下或假冒伪劣标的，拒绝监督检查，恶意串通，行贿等行为，应承担相应的民事责任、行政责任和刑事责任。

二、公共采购需求

（一）公共采购需求描述

公共采购的目的是通过采购提供公共产品和公共服务，这就需要首先确定公共采购需求。确定公共采购需求实际上就是要确定公共采购标的的功能和用途。确定公共采购需求应遵循一些原则，如履行特定的公共职责、确定基本必要功能、科学界定必要成本功能、不得指向某一品牌或某一供应商等。那么如何描述公共采购需求呢？由于需求种类繁多，其描述特征也不尽相同。

公共采购需求的描述方法有多种：一是品牌或商标描述。这是不需制定规格的最简单的描述形式。如联想 Y460AT - ITH （H） 笔记本电脑（白色）、别克 2011 款凯越 1.6LE-AT（黑色）。它的优点是能使供应商非常清楚和明确采购的需求，并且商品质量值得信赖。它的缺点是品牌产品相对于无品牌产品的价格更贵，品牌描述容易限制竞争。所以，有的描述者一般在品牌后面加上“或者同等产品”字样来吸引竞争。这适用于日常使用但不是大批量采购的产品。二是样品描述。公共采购人员可以用印刷的目录、图案或者实物来确定采购需求。三是技术规格描述。技术规格描述必须对所需求产品有个清晰说明和详细的定义，一般包括必要的性能、物理特性（尺寸、强度等）、详细设计、原材料、制造产品的程序和方法、维修要求和操作要求等。这种描述的优点是能够全面正确陈述产品需求，并且无倾向性。同时也可以通过这一规格检验所供应的产品是否满足条件。四是功能和性能规格描述。功能和性能规格描述主要是通过文字描述采购需求，一般包括要实现什么功能、整个过程如何投入、工作或操作环境怎样、目前可用的公共设施的详细资料、具体操作细节、质量要求、安全水平、绩效验收要求等。其主要适用采购产品兼容工程安装或服务的项目需求。如某单位采购饭堂锅炉系统等。

目前来说，公共采购需求方案很大程度上是由潜在供应商提供的。这种方式给采购过程带来许多问题，如倾向性、后续质疑投诉、采购过程不透明或存在腐败交易等。正确的公共采购需求提供方式应当是：公共采购主体专业提供；从已经采购的项目的数据资料信息中获取；该需求的行业协会提供；院校专家提供；专业咨询机构提供等。公共采购需求标准体系的形成需要长期、艰苦、复杂的工作。

（二）公共采购需求内容

公共采购需求分为公共工程采购需求、公共货物采购需求和公共服务采购需求三大类。每大类又分为若干小类。如公共工程采购需求包括建设工程需求、水利工程需求、交通工程需求、市政工程需求等。公共货物采购需求又包括通用货物需求、专用货物需求和物料需求等。通用货物需求如电脑、空调、电梯、家具、车辆等。专用货物需求如航空设备、航运设备、医疗设备、信息监控设备、交通设备、教学设备、实验室设备、电力设备、消防设备、警用设备、军用装备等。物料需求如纸、笔、食品、日用品、救灾物资、防汛物资、抗旱物资、农用物资、储备物资、军用物资等。下面举例说明。

装饰装修工程技术需求就包括地面铺装工程需求（如天然石材、地面瓷砖、实木地板、复合地板或地毯等）、抹灰工程需求、门窗工程需求（如木门窗、塑料门窗、复合铝合金门窗或玻璃门窗等）、吊顶工程需求（明/暗龙骨吊顶）、轻质隔墙工程需求（如板材隔墙、骨架隔墙、玻璃隔墙、活动隔墙等）、墙面镶贴工程需求、涂饰与裱糊工程需求、细部工程需求（如窗帘、橱柜、扶手、护栏、花饰、木护墙板等）、防水工程需求（如屋面、厨房及卫生间防水）、室内环境污染控制需求、住宅节能需求等内容。

办公设备台式电脑技术需求包括：中央处理器（CPU）、主板芯片、内存、硬盘、光驱、网卡、显卡、显示器、键盘、鼠标、操作系统及介质等。

办公设备空调类技术需求包括：制冷量、制冷功率、能量等级（按国家等级要求）、运行噪音、参考外形尺寸、电源、压缩机保修期及整机保修期等。

服务类软件开发项目技术需求包括：系统环境（包括支撑环境、开发环境和运行环境）、功能要求、技术开发文档等。

> 公共采购程序包括公共采购预算及计划阶段、公共采购实施阶段、公共采购合同签订及合同履约阶段和公共采购验收及支付阶段。公共采购方法是公共采购人员为实现公共采购目标而形成的各种专门技术手段的总称。如集中采购、竞争性谈判采购、询价采购等。

第六节　公共采购程序和方法

一、公共采购程序

程序是为进行某活动或过程所规定的途径。公共采购程序可以认为是公共采购组织和公共采购人员在实施具体采购项目时从开始到结束的整个过程采取的系统性工作步骤。不同类型的公共采购，其程序也有所不同。一般而言，公共采购程序包括四个阶段，即公共采购预算及计划阶段、公共采购实施阶段、公共采购合同签订及合同履约阶段、公共采购验收及支付阶段。

（一）公共采购预算及计划阶段

公共采购预算及计划阶段也称公共采购准备阶段，它是整个公共采购程序的起点。对于任何一项公共采购工作，为了如期实现公共采购目标，公共采购人员都必须在具体执行公共采购程序之前，制订科学、合理的预算和计划，开展采购，取得正确的采购目标。不同的公共采购项目，公共采购预算及计划的准备内容也不相同。就一般公共采购项目来说，主要包括以下内容。

一是编制公共采购预算。公共采购预算是各单位根据公共管理与事业发展要求编制并经规定程序批准的采购项目及资金使用计划。它是开展公共采购的前提。它一般包括采购项目名称及功能用途、采购资金来源、采购数量、规格型号和采购实施时间等。它可分为年度预算和追加预算。编制公共采购预算一般坚持法定性、政策性、真实性和效益性等原则。编制公共采购预算应与现行财政预算管理体制相适应，一般采取自下而上的方法和遵循“两上两下”的程序，具体包括自下至上逐级填报、汇总公共采购预算草案申请，自上至下审核、修改公共采购预算，由上至下重新编制公共采购预算表，由上至下批复下达公共采购预算等程序。

二是确定公共采购计划。公共采购计划是各单位根据公共采购预算，在具体实施采购前所做的计划。它是预算的细化，是采购实施前的准备工作。它应当确定以下内容：是单位采购计划还是主管部门综合采购计划；是集中采购计划还是分散采购计划；是月度、季度还是年度采购计划；是项目计划还是资金计划；是委托采购计划还是自行采购计划；采购方式选择计划；采购内容。公共采购计划编制完成后，一般由财政部门或主管部门进行项目、资金来源和资金预算的审核，有的还需要本级政府或本级立法机构审批通过才能执行。随着高效率的要求和专业化水平的提高，公共采购预算与公共采购计划将逐步融合。

（二）公共采购实施阶段

公共采购实施阶段是公共采购人员根据公共采购计划确定的内容为各种公共采购项目开展采购，并实现采购目标的过程。它包括市场调查、采购立项、采购方案及需求制定、采购文件制定及确认、公布采购公告、采购投标或报价文件接收、采购评审、资格预审或后审、下达采购结果通知书、编制采购报告等内容。

（三）公共采购合同签订及合同履约阶段

采购结果通知书下达后，公共采购人员与供应商根据采购实施过程的内容签订书面合同，明确双方权利和义务，并严格按照合同的约定履行。公共采购合同可以根据不同公共采购的内容和选择的采购方式制定不同的公共采购合同。公共采购合同对双方具有同等法律效力。合同一般包括双方名称及地址，标的，数量，质量，价款或报酬，履行时间、期限、地点和方式，知识产权，违约责任，解决争议方法，特殊条款等。

（四）公共采购验收及支付阶段

公共采购合同履约期间，公共采购组织就采购人员按照公共采购文件和公共采购合同所列的质量要求、技术条件和验收标准等对供应商进行验收，并提交验收报告。重大、复杂的采购项目应成立专门验收小组或专门检测机构进行验收和评估，并出具验收报告，同时承担相应法律责任。验收后，公共采购组织应按照合同要求，申请国库集中支付或自行支付。

二、公共采购方法

公共采购方法是指公共采购人员为实现公共采购目标而形成的各种专门技术手段的总称。公共采购方法贯穿于整个公共采购工作过程。公共采购方法包括一般方法和特殊方法两大类。一般方法又称之为通用方法，是一种程序性方法，具有通用性。特殊方法也称之为专门方法，例如电子采购、仓储采购、应急采购等。

（一）公共采购方法的选用要求

1. 公共采购方法的选用要服从公共采购目标

不同的公共采购目标决定了不同的公共采购方法。例如，为获得大批量日常物料或用品采用仓储式采购或长期协议供货；为获得国家政治效应开展海外采购等。

2. 公共采购方法的选用需要符合公共采购单位的实际情况

公共采购单位情况不同，需要选用的公共采购方法也不同。例如，公共采购单位采购项目较少，可以采用委托采购法；公共采购单位拥有自身的采购组织，则采取自行采购法。

3. 公共采购方法的选用要符合公共采购人员的能力

公共采购作为一项技术性很强的工作，既要求公共采购人员具有相应的专业知识和其他学科的专门知识，又要求公共采购人员具有丰富的实践经验、敏锐的观察力和职业判断力。因此，为充分发挥每个公共采购人员的业务能力，又能保证采购工作的实效，在选用公共采购方法时应考虑公共采购人员的素质。

4. 公共采购方法的选用要服从公共采购方式

公共采购方式不同，选用的公共采购方法也不同。如公开招标采购与单一来源采购属于不同的采购方式，其采购方法也不同。

5. 公共采购方法的选用要考虑成本效益原则

公共采购成本与公共采购效益都会影响公共采购方法的选用。公共采购人员既要考虑成本的限制，也要考虑由于降低采购成本而对公共采购结果产生的影响，应通过综合比较，再决定应选用的公共采购方法。

（二）公共采购一般方法

（1）按是否委托分为自行采购和委托采购。

（2）按是否集中分为集中采购和分散采购。

（3）按采购方式不同分为招标采购、竞争性谈判采购、询价采购和单一来源采购等。

招标采购是采购人根据已经或初步确定的需求，提出招标采购项目条件，邀请特定或不特定的供应商参与投标，通过综合比较，确定中标人的一种采购方式。它包括公开招标采购和邀请招标采购。公开招标采购具有公告范围广、竞争性强、程序规范严密等特点。它是公共采购的主要的和优先的采购方式。但公开招标采购也不是完美的，它的适用必须依赖于一定的条件。若采购市场竞争环境差、技术规格说明不清晰、采购时间紧急、采购金额较小、涉及专利创新性产品、涉及国家安全及秘密等均不适合采用公开招标采购。公开招标采购程序包括招标立项及审核、招标文件制定及确认、招标公告、招标答疑、开标评标、决（定）标、授予合同等程序。

竞争性谈判采购是指采购人通过与多家供应商（不少于三家）进行平等谈判，从中确定成交供应商的一种采购方式。它具有采购周期较短、采购成本较低、采购方式比较灵活、采购效益较好等特点。竞争性谈判采购主要适用于技术复杂或者性质特殊、用户需要紧急、价格计算比较复杂等情况。它应遵循竞争、公平、保密等原则。它包括成立谈判小组、制定谈判文件、确定邀请参加谈判的供应商名单、谈判、确定成交供应商五个步骤。

询价采购是指对几个供应商（通常至少三家）的报价进行比较以确保价格具有竞争性

的一种采购方式。询价采购主要适用货物规格标准统一、现货货源充足且价格变化幅度较小的公共采购项目。它包括成立询价小组、确定供应商名单、发出询价单、评价比较及确定供应商五个步骤。

单一来源采购也称直接采购，是指采购人向供应商直接购买的采购方式。通常是所采购的产品的来源渠道单一或属于专利、艺术品、秘密咨询、原形态或首次制造、合同追加、后续扩充等特殊的采购产品。这种采购缺乏竞争性，容易滋生腐败。这需要公共采购人员预测采购风险和加强采购过程控制。

> 公共采购风险一般是由于违反职业道德、信息故障、监管和运行出错、市场环境波动等引起的。公共采购内部控制一般通过控制环境、风险评估、信息沟通、控制活动、对控制的监督等要素来实现。

第七节　公共采购风险与内部控制

一、公共采购风险

（一）公共采购风险概念

公共采购风险可以认为是公共采购的预期目标与实际结果出现偏差的可能性，它是由于在公共采购过程中采购主体的专业性不足或意愿偏好，制度设计和运行失当，管理缺陷以及外部风险冲击等不确定性因素，出现采购争议或者采购失败，从而造成直接或间接损失的可能。公共采购风险具有隐蔽性、突发性和连环性等特点，是市场经济体制变迁中的必然现象。

（二）公共采购风险的主要表现形式

公共采购风险包括信用风险，即公共采购人员违反职业道德，在采购过程中滋生腐败行为而引发的风险。信息风险，即信息不公开、虚假陈述、内幕交易与信息误导或信息在机构内部或机构内外部之间产生、接收、处理、储存、转移等环节出现故障而出现的风险；监管风险，即由于法律、体制、制度和专业等原因使公共采购管理出现疏忽而产生的风险；执行风险，即在采购具体行为过程中出现的问题，例如采购信息不透明、采购政策不合理、采购委托失当、采购程序不规范、采购方式不恰当、评标过程不公平、合同管理不严格等公共采购行为不符合法律法规要求所导致的风险；市场预期风险，即由于市场外部环境不佳，如制度不健全、既得利益追逐、政策模糊、市场价格的不确定性或垄断性等客观原因，使采购目标不能达到质优价廉的风险。

（三）公共采购风险的防范与控制

加强公共采购风险防范与控制一般采取以下措施：健全法律、完善体制和合理化制度；营造公平合理、竞争有序的公共采购市场环境；完善公共采购人员职业道德和职业化水平；完善公共采购内部控制制度，健全公共采购机制；加强公共采购监督和法律责任；提高公共采购法律政策意识水平；提高公共采购风险预警能力等。

二、公共采购内部控制

（一）公共采购内部控制的含义

公共采购内部控制指公共采购组织在遵守法律法规的前提下为实现公共采购的最佳目标而设计和执行的政策和程序。良好的内部控制能保证公共采购的规范和完整，保证实现公共采购预期目标。公共采购组织和人员在进行采购时，应当研究与评价公共采购内部控制。

（二）公共采购内部控制的要素

公共采购内部控制的建立一般是根据公共采购特征和公共采购需求设计的。公共采购内部控制要素应该来源于公共采购主体并与公共采购管理和执行过程相结合。建立公共采购内部控制制度既是公共采购组织及其管理层的责任，也是公共采购人员的责任。公共采购内部控制要素具体包括以下五个方面。一是控制环境。这是公共采购内部控制的基础，也是其他控制要素的基础。公共采购组织和人员的品德与价值，管理理念与风格，员工的胜任能力与资源管理，管理层的参与程度、组织结构和职权与责任的分配都是控制环境的内容。二是风险评估。不同的公共采购人员、不同的公共采购组织都会面临各种不同的风险，必须建立持续的风险评估机制对风险进行评估。三是信息沟通。公共采购信息系统庞大复杂，公共采购人员通过市场信息、公共采购项目信息、公共采购过程信息、公共采购结果信息等来判断和控制风险。四是控制活动。它一般是指确保公共采购活动有效执行的政策和程序。控制活动具体可分为以下五类。第一类是与授权有关的控制活动，包括一般授权和特殊授权。一般授权是指公共采购组织内部普遍适用的政策。特殊授权是指对公共采购特定交易或活动逐一设置的授权。如采购人员不能单独接待供应商是一般授权，而超过合同的10%以内的追加采购需经单位领导同意就是特殊授权。第二类是与业绩评价有关的控制活动。第三类是与信息处理有关的控制活动，包括信息技术一般控制和信息技术应用控制。第四类是程序和方法控制，即通过一定的程序和方法强化内部控制。如集中采购程序、公开招标方法等。第五类是职责分离。这是按照不相容职务相分离原则，将采购市场调研与采购文件制作、采购评审及合同签订、合同履约、验收及支付等分配给不同员工，以防范同一员工在履行多项职责时可能发生舞弊行为或出现错误。五是对控制的监督。这是指公共采购组织评价内部控制在一段时间内运行有效性的过程。该过程包括及时评价机制的设计和运行，以及采取必要的纠正措施。公共采购内部控制系统作用的有效发挥离不开适当的、持续的监督。这种监督活动贯穿于公共采购日常活动与常规管理工作中。它包括例行的专门监督和履行职务所采取的行动。

（三）公共采购内部控制的基本方式

一个完整的公共采购内部控制主要包括采购授权控制、职务分离控制、业务记录控制、资产及服务安全控制、人员素质控制、内部监督控制和政策制度控制等。采购授权控制要求公共采购组织明确规定采购授权批准的范围、权限、程序、责任等内容。有效的内部控制要求每个采购过程或活动都应经过适当的授权。职务分离控制是将公共采购中不相容的职务进行分离，以减少任何部门或个人掩饰错误与舞弊的机会。业务记录控制指开展公共采购业务时必须采取一系列措施和方法，保证公共采购记录真实、及时和准确。公共采购记录包括公共采购文件、公共采购公告、公共采购投标文件、公共采购评审报告、公共采购合同、公共采购支付凭证等。资产及服务安全控制是指为保证公共采购后资产及服务管理安全所采取的各种方法和措施。人员素质控制是指采用一定的方法和手段对公共采购人员的思想品德、业务技能和工作能力进行控制，以保证各级人员具有与其工作相适应的素质，保证业务完成。内部监督控制是指应定期对公共采购活动进行独立的检查，以增强内部控制的有效性。政策制度控制是指在业务处理过程中，将公共采购政策、程序、要求等通过政策制度形式下发给各级采购人员，使之了解各项要求，在业务处理中参照执行，使职责更为明确。

> 公共采购救济由救济主体、救济对象和救济程序组成。应加强自我救济功能。公共采购法律责任包括民事责任、行政责任和刑事责任等。避免法律诉讼的有效方式是保持廉洁性、增强专业性、加强预见性和监督等。

第八节　公共采购救济与法律责任

一、公共采购救济

公共采购救济制度一般认为是公共采购当事人（主要指供应商）在公共采购合同签订前和公共采购合同履约过程中发生争议而寻求合理解决的制度。它由救济主体、救济对象和救济程序组成。公共采购救济制度的重要性体现在两个方面：一是透明竞争、公平廉洁是公共采购核心价值之一，必须有一套救济制度保证这种核心价值的实现。二是在公共采购中，一方面，采购人作为公共采购主体，体现公共利益性，但采购人的主导和优势地位在实践中可能容易侵害到供应商的合法权利，必须构建及时有效的纠纷解决机制，加强对采购人或采购程序的监督。另一方面，供应商具有私人利益性或者商业性。在公共市场竞争中，公共采购主体必须尊重平等交易主体的供应商的私人利益。公共采购救济应遵循有效、及时、合理的原则，既要注意供应商权利的救济效果，又要注重公共利益救济的合理性和时间效率。

公共采购合同性质对公共采购救济方式和途径非常重要。由于公共采购兼有公法和私法的特性，其合同性质历来存在民事合同说、行政合同说与混合合同说等争议。公共采购合同是主体性质特殊的民事合同。其特殊性主要体现在主体的公共性、资金的公共性和采购目的公共性。公共采购合同签订前，采购人按照一定采购方式、程序和原则确定中标供应商，准备签订合同这一阶段我们称为合同授予阶段，合同签订后合同各方按照法律法规和合同约定全面履行合同各方义务这一阶段我们称为合同履行阶段。以公共采购合同为分界点来确定供应商救济制度。公共采购合同签订前为公法，通过自我救济、行政救济和司法救济实现；合同签订后为民商法，通过自我救济、司法救济实现。这是充分考虑公共采购行为所兼有的公共利益和私人利益的特点以及当前公共采购法律实践后的综合判断。

行政救济和司法救济就是供应商在寻求救济时通过行政机关行政处理和司法机关诉讼的方式解决，比较容易理解。而自我救济与行政救济和司法救济明显不同，它是指供应商通过与采购主体或者采购代理机构的沟通、磋商、协商和询问甚至请求调解等方式更加主动、直接保护自己权利，较容易实现权益救济。自我救济体现在公共采购合同签订前后的全过程，比如供应商在面对采购项目技术需求存在倾向性、资格准入条件有限制性、评审不公正、采购过程存在虚假行为、采购人或采购代理机构违反程序、合同履约后出现合同争议等问题时开展自我救济。

二、公共采购法律责任

法律责任是指因违反了法定义务或契约义务，或不当行使法律权利、权力所产生的，由行为人承担的不利后果。公共采购法律责任可以认为是公共采购行为人由于自身的原因而导致委托人或有利益关系的第三方遭受损失而承担的后果。这种法律责任既包括违反法定责任，也包括违反约定责任；既包括过失行为责任，也包括欺诈或舞弊行为责任。

（一）公共采购法律责任种类

公共采购人员因违约、过失或故意欺诈等行为给委托单位或其他利害关系人造成损失的，按照法律规定要承担相应的法律责任。它包括民事责任、行政责任和刑事责任三个方面。民事责任是公共采购平等主体之间违反民事法律规范依法所必须承担的法律后果。如公共采购当事人的违法行为影响采购合同履行并给其他采购当事人造成损失的，由责任人承担赔偿责任。行政责任是指公共采购法律关系主体违反公共采购管理法规而应依法承担的行政法律后果。一般分为行政处罚和行政处分两大类。对个人而言，行政处罚包括警告、罚款、没收违法所得、暂扣或者吊销许可证等；对公共采购社会代理组织而言，行政处罚包括警告、没收违法所得、罚款、暂扣或者吊销许可证等。行政处分是指行政机关内部上级对下级、监察机关或人事部门对违反公共采购纪律的公务人员依法给予的惩戒。行政处分包括警告、记过、记大过、降级、撤职、开除六种。刑事责任是指由于重大过失、欺诈或舞弊行为而违反刑法规定所应承担的法律责任。刑罚包括罚金、拘役、有期徒刑等。

（二）公共采购法律诉讼的防范

如何避免法律诉讼，是公共采购主体非常关注的问题。保持采购廉洁性、增强采购专业性、加强采购风险预见性和强化采购监督应当成为避免法律诉讼的原则。在实际工作中，许多公共采购违法案例都是公共采购人员在丧失廉洁性的情况下发生的。有些案例是由于公共采购人员未严格遵循法律规定和业务规范要求，不执行适当的公共采购程序等专业性贯彻不够的情况下发生的。有些案例是对公共采购差错失察或监督失控情况下发生的。

公共采购过程中应当采取一些措施避免法律诉讼。这些措施包括严格遵循公共采购职业道德和专业标准的要求；建立健全公共采购专职机构质量控制制度；审慎选择委托采购单位，对采购人“未采先定”、倾向性强的采购项目尤其应注意；严格与委托人签订采购代理业务约定书；深入开展采购项目方案制订和市场调查等工作；认真执行采购过程和合同签订工作；聘请熟悉公共采购法律的律师等。

> 公共采购报告是公共采购组织或公共采购人员反映采购结果的书面文件，具有重要作用，一般包括前言、内容、结果及责任等方面。公共采购评价是为加强对采购过程和采购结果的监督，以及提高采购效率和效益需要而设立的。

第九节　公共采购报告与评价

一、公共采购报告

（一）公共采购报告的定义与种类

公共采购报告是指公共采购组织或公共采购人员在采购结束后，就公共采购实施情况和公共采购合同结果等向公共采购授权人或委托人提交的，反映公共采购结果，提出公共采购意见和建议的书面文件。

公共采购报告具有重要作用。它是公共采购工作的成果，可以反映公共采购人员的工作业绩。它是公共采购活动的结晶和客观描述，是公共采购工作质量的主要标志，可以控制公共采购过程。公共采购报告不仅是公共采购人员对公共采购经过和公共采购结果的全面总结，也是公共采购组织对公共采购事项做出的评价以及对违反国家规定的行为作出处理或移送的重要证据。

公共采购报告种类多样，按主体分可以分为公共采购人员报告和公共采购组织报告；按内容分可以分为公共货物采购报告、公共服务采购报告和公共工程采购报告；按报告详略程度分可以分为简单公共采购报告和详细公共采购报告；按采购过程阶段分可以分为合同前公共采购报告和合同后绩效评价公共采购报告等。

（二）公共采购报告基本内容

总体而言，公共采购报告应具备以下基本内容。

1. 公共采购报告标题

标题体现公共采购报告属于哪种类型，准确反映公共采购活动的主题，让公共采购报告的使用者清楚了解采购单位、采购时间、采购内容范围及过程、采购合同及采购效果等。报告标题一般由报告事由加文名组成，如“关于××局公共水利工程的采购报告”。

2. 公共采购报告的接受者和收受人

由于公共采购授权人和委托人的不同，公共采购报告的接受者和收受人也不同。如果是授权采购，公共采购报告的接受者往往是授权机构。如公共采购中心某工作人员根据中心授权开展计算机采购业务，那其出具的公共采购报告就应该送达采购中心领导。如果是委托采购，公共采购报告的收受人一般是公共采购业务的委托人。

3. 公共采购报告前言

公共采购报告前言主要说明采购主体、采购方式、采购时间、采购对象和采购范围等基本内容。如 2011 年 3 月 14 日，我中心接到××局委托的公共规划服务谈判采购立项，中心指派采购一部×××、×××负责前期采购工作，指派×××、×××负责中期采购工作，指派×××、×××负责后期采购工作，现采购完毕，报告如下。

4. 公共采购报告正文

公共采购报告正文是报告的重点表述内容，主要对前期采购工作（市场调查、采购需求确定、采购文件制作）、中期采购工作（采购公告、采购答疑及评审、资格后审、质疑等）和后期采购工作（合同及其签订、验收及支付、绩效评价等）进行描述。如市场调查内容包括项目品牌、价格构成、市场竞争情况、供应商情况等。采购文件制作要说明采购内容、数量和功能用途、准入条件、技术需求、商务条款和评审决策标准等。公共采购过程应遵循客观、真实和有效原则，恪守廉洁、公开透明、公平竞争和公正信用等原则。

5. 公共采购结果

公共采购结果的重点是就公共采购内容最终取得结果作出说明。它包括采购价格和中标（成交）供应商情况。

6. 公共采购责任

公共采购报告应当载明和分清公共采购人员的采购责任。公共采购人员应当按照公共采购准则，实施必要的公共采购程序，采用适当的公共采购方法取得价格合理、质量良好、服务优良的采购结果，并承担违反采购准则、采购程序和采购方法的责任。若委托采购，应当界定采购委托人和采购被委托人的相关责任。

7. 公共采购尾语

公共采购报告应由相关采购人员签名盖章，以明确相应法律责任。委托采购的还应载明公共采购代理机构名称和地址，并加盖公章，最后签署报告完成日期。

二、公共采购评价

公共采购评价又称为公共采购绩效评价，是运用一定的指标、标准或方法对公共采购主体和项目或总体进行分析判断，对其采购效果进行衡量和评判的过程。公共采购评价主要是加强对公共采购过程和结果的监督，同时也是为了提高公共采购效率和效益。

公共采购评价种类繁多。它可以对公共采购项目评价，也可以对公共采购需求评价；可以对公共采购主体评价，也可以对供应商评价，还可以对公共采购评审专家评价；可以对公共采购集中机构评价，也可以对公共采购代理机构评价，还可以对公共采购管理部门评价；可以对公共采购区域评价，也可以对公共采购行业评价，还可以对公共采购政策评价。

公共采购评价必须坚持科学发展观，即以人为本，同时必须坚持定量与定性相结合原则，将经济性、效率性和效益性的国际惯例作为公共采购评价基础。公共采购评价方法多样，可以有成本效益分析法、因素分析法、功能分析法和最低费用选择法等。

不同的公共采购评价，其评价指标构成也不同。以公共采购货物项目评价为例，其评价指标内容应包括：一是采购预算、计划和立项情况；二是市场调查情况；三是采购过程情况；四是采购合同情况；五是采购价格、质量、数量和效果情况；六是采购时间和成本情况；七是采购政策功能效果；八是采购廉洁性、程序和规则实施评估效果。

具体公共采购评价大概有三大程序。首先是准备程序。要设立专门的评价机构或评价小组，要有专门的评价专家库，并建立入库、出库、评价要求及风险责任承担等机制；要研究确定公共采购评价对象；要制订科学规范的公共采购评价指标体系；要采用恰当的公共采购评价方法；要制订详细的公共采购评价方案；要下达公共采购评价通知。其次是实施程序。通过各种方式收集公共采购评价对象信息，如实地调查、勘察、核对、询问、档案查询、取证等；收集数据信息后，依据公共采购评价标准和指标要求进行分析，提出初步评价报告；再以适当方法对评价指标进行周密计算和细化分析，形成评价报告，并由评价对象提出意见后报小组或机构确定。最后是结论应用。它主要是公共采购评价目标运用和持续改进公共采购绩效评价。

仍以公共采购货物项目评价为例，经过评价认为，最佳的公共采购货物项目评价效果应该是：价格合理、质量优良、服务良好，物有所值；采购过程依法规，体现透明、竞争、信用原则；采购时间符合要求且采购成本较低；采购主体满意度高，货物供应符合公共产品和公共服务要求；采购过程廉洁，体现政策功能。

本章小结

公共采购应用理论分为公共采购基本应用理论和公共采购具体应用理论两个方面。公共采购应用理论可以分为公共采购职业规范、公共采购组织、公共采购对象及需求、公共采购程序和方法、公共采购风险与内部控制、公共采购救济与法律责任、公共采购报告与评价等方面。

（1）公共采购职业规范包括公共采购准则和公共采购职业道德规范两方面。公共采购准则的结构内容应该包括一般准则、工作准则和报告准则。公共采购职业道德规范包括公共采购职业道德一般规范和专业胜任能力与技术规范。公共采购职业道德一般规范主要包括廉洁、独立、客观、公开、公平、公正、物有所值等原则规范。廉洁是公共采购职业道德第一性原则规范。

（2）公共采购组织是根据公共采购需要建立起来的专门机构。它是公共采购活动的实施者，是公共采购的核心。它既包括公共采购管理组织和公共采购应用（执行）组织，也包括公共集中采购组织和公共部门内部的采购组织，还包括公共采购社会代理组织。而具有采购权的国家机关、事业单位、社会团体及民间公益组织、国有企业、社会中介组织和基层群众自治组织等都属于公共采购组织。本章对公共部门内部的采购组织、公共集中采购组织等进行了分析。

（3）公共采购对象及需求是公共采购应用理论的基础；公共采购程序和方法是公共采购应用理论的重要内容；公共采购救济与法律责任是公共采购应用理论的有效保障。

（4）公共采购对象就是供应商。供应商参加公共采购活动应具备一定条件；公共采购供应商应当享有一定权利，履行相应义务，承担相应责任。公共采购需求分为公共工程采购需求、公共货物采购需求和公共服务采购需求三大类。确定公共采购需求应遵循一些原则。

（5）公共采购程序是指公共采购组织和公共采购人员在实施具体采购项目时从开始到

结束的整个过程采取的系统性工作步骤。公共采购程序包括四个阶段，即公共采购预算及计划阶段、公共采购实施阶段、公共采购合同签订及合同履约阶段、公共采购验收及支付阶段。

（6）公共采购方法是指公共采购人员为实现公共采购目标而形成的各种专门技术手段的总称。公共采购方法贯穿于整个公共采购工作过程。公共采购方法的选用要服从公共采购目标、要符合公共采购单位的实际情况、要符合公共采购人员的能力、要服从公共采购方式、要考虑成本效益原则。公共采购可以选用招标采购、竞争性谈判采购、询价采购和单一来源采购等方式。

（7）公共采购风险就是指公共采购的预期目标与实际结果出现偏差的可能性，包括信用风险、信息风险、监管风险、执行风险、市场预期风险等。公共采购内部控制是指公共采购组织在遵守法律法规的前提下为实现公共采购的最佳目标而设计和执行的政策和程序。公共采购内部控制要素具体包括控制环境、风险评估、信息沟通、控制活动、对控制的监督等。一个完整的公共采购内部控制主要包括采购授权控制、职务分离控制、业务记录控制、资产及服务安全控制、人员素质控制、内部监督控制和政策制度控制等。

（8）公共采购救济制度是指公共采购当事人（主要是供应商）在公共采购合同签订前和公共采购合同履约过程中发生争议而寻求合理解决的制度。它由救济主体、救济对象和救济程序组成。公共采购合同签订前为公法，通过自我救济、行政救济和司法救济实现；合同签订后为民商法，通过自我救济、司法救济实现。公共采购法律责任是指公共采购行为人由于自身的原因而导致委托人或有利益关系的第三方遭受损失而承担的后果。它包括民事责任、行政责任和刑事责任三个方面。保持采购廉洁性、增强采购专业性、加强采购风险预见性和强化采购监督应当成为避免法律诉讼的原则。

（9）公共采购报告是指公共采购组织或公共采购人员采购结束后，就公共采购实施情况和公共采购合同结果等向公共采购授权人或委托人提交的，反映公共采购结果，提出公共采购意见和建议的书面文件。公共采购报告包括公共采购报告标题、公共采购报告的接受者和收受人、公共采购报告前言、公共采购报告正文、公共采购结果、公共采购责任、公共采购尾语等内容。公共采购评价又称为公共采购绩效评价，是运用一定的指标、标准或方法对公共采购主体和项目或总体进行分析判断，对其采购效果进行衡量和评判的过程。公共采购评价种类繁多，方法多样。不同的公共采购评价，其评价指标构成也不同。具体公共采购评价一般要经历准备、实施和结论应用三大程序。

思考练习

1. 什么是公共采购应用理论，它有什么特点？
2. 公共采购应用理论的构成要素是什么，请画出它的框架构成图。
3. 简述公共采购职业规范内容。
4. 简述公共采购组织。
5. 简述公共采购对象及需求。
6. 简述公共采购程序和方法。
7. 简述公共采购风险与内部控制。
8. 简述公共采购救济与法律责任。

9. 简述公共采购报告与评价的内容。

推荐阅读

马海涛，姜爱华．政府采购管理［M］. 北京：北京大学出版社，2009.

第四章　公共采购管理理论

学习目的

掌握公共采购管理理论及其关注点。

熟悉公共采购管理特征。

了解公共采购管理主体及其责任。

熟悉公共采购管理内容及制度。

学习重点和难点

公共采购管理、公共采购管理理论、公共采购管理内容及制度是重点；公共采购管理理论关注点是难点。

学习名词

公共采购管理理论　公共采购管理　公共采购管理主体　公共采购管理责任　公共采购管理职业伦理　公共采购管理制度

学习文献

英国彼得·贝利等著的《采购原理与管理》一书分目标和组织、主要采购变量、应用以及系统、控制和人员等四个部分来阐述采购原理与管理，其中采购战略、采购结构和组织、采购人员可以说是管理的内容，但不是严格意义上的管理，仅仅可以称为日常管理。张照东著的《政府采购制度比较研究》一书有专门两章论述管理内容，分别是政府采购的组织管理和政府采购方式与信息管理。其中政府采购的组织管理主要阐述了政府采购集中与分散程度和政府采购管理体制问题；政府采购方式与信息管理是对国际组织和中国的采购方式与采购信息管理进行了研究。马海涛、姜爱华主编的《政府采购管理》一书分为政府采购基本理论、政府采购运作流程、政府采购规范管理和政府采购国际经验四个方面。其中第三部分政府采购规范管理属于严格意义上的管理内容。比如其提到的政府采购市场准入管理、政府采购信息管理、政府采购监督机制、政府采购绩效评价等是业务管理内容。曹富国、何景成编著的《政府采购管理国际规范与实务》对政府采购职能、政府采购管理的目标与原则、政府采购组织等进行了研究。

公共采购管理理论是对公共采购各项工作实施管理所应用的理论。它是由人们长期的公共采购管理实践并结合一定逻辑关系组合而成的，用于指导管理实践的理性知识体系。公共采购管理理论要坚持以习近平新时代中国特色社会主义思想理论为指导，从“新时代”的角度去把握它的背景和内涵，与新发展理念、高质量发展相协调。建立健全公共采购管理是中国特色社会主义制度的重要组成部分，是推进治理体系和治理能力现代化的重要体现。构建公共采购管理必须全面履行公共采购职责。为了实现经济和社会全面、协调、可持续发展，公共采购管理必须满足社会政治和经济生活的各种客观需要。公共采购管理理论研究需要突破、融合和结合。突破就是要实现以新的公共采购管理模式和管理技术取代旧的公共采购管理模式和管理技术；融合就是要整合已有的研究成果，将管理学、信息化的理论与经验融入公共采购管理中，产生新的公共采购管理研究成果；结合就是要把公共采购管理的理论研究成果应用于公共采购工作中，为公共采购管理实务所用。本章着重介绍公共采购管理理论，它包括公共采购管理含义、公共采购管理特性及公共采购管理理论关注点等基本理论；公共采购管理主体及分类、公共采购管理责任和公共采购管理职业伦理等主体理论研究；公共采购管理模式及内容和公共采购管理制度。

> 公共采购管理理论是对公共采购各项工作实施管理所应用的理论。公共采购管理理论需要突破、融合和结合。公共采购管理理论要关注采购管理理念、采购管理主体、采购管理环境、采购管理方法和采购管理目的等。

第一节　公共采购管理基本理论

公共管理是公共组织提供公共采购产品和公共服务的活动。它既关注组织提供产品和服务的过程，也关注组织提供产品和服务的结果，更关注过程和结果的责任。过程就是程序，结果就是价值。也可以说，公共管理就是公共组织通过公共程序实现公共利益价值的活动。公共管理包括公共人事管理、公共职能管理和公共采购管理以及三者相互之间衍生的管理行为。中国正在进行的干部人事制度改革、行政审批制度改革和政府采购制度改革都是为了促进公共治理型和服务型这一公共管理本质行为而开展的制度创新活动。在这些创新活动中，“以人为本”的干部人事制度改革是核心，行政审批制度改革是“软刀子”改革，破解“既得利益和权贵思想”的政府采购制度改革是“硬刀子”改革，公共采购管理制度创新是其中的重点和难点。

一、公共采购管理含义

公共采购管理可以认为是公共组织为实现公共利益对采购主体、采购行为和采购标的等进行管理和监督的活动。公共采购管理的定义一般包括以下含义：它指明了公共采购管理活动的主体是公共组织；公共采购管理的对象是公共采购组织及其公共采购行为；公共采购管理的目的是促进公共利益及社会协调发展，具体是提供公共产品和公共服务；公共采购管理的途径是采购观念、采购手段、采购方式和采购方法的不断创新；公共采购管理活动的主要内容是对管理对象及行为进行调节、规范、控制和监督的过程。

二、公共采购管理特征

（一）公共采购管理过程的规范性

公共采购管理主要是对公共组织和组织行为进行管理。它主要包括以下内容：要以人性的理解和各项管理制度的有效设计来把握采购管理活动规律；要对采购组织、采购沟通与协调、采购规划、采购决策、采购预算与计划、采购控制与监督等管理环节进行规范，把握采购管理活动过程；要追求采购效率、采购效果和采购绩效以实现采购管理活动目标。这其中采购管理活动过程的规范尤其重要。这就需要强调公共采购管理部门要开放视野，广泛借鉴成功的管理机制、管理技术和管理手段。

（二）公共采购管理手段的多元性

在一定程度上讲，公共采购组织就是凭借对公共权力的垄断来提供公共产品和公共服务。所以，需要采用多元的管理手段来实现公共产品和公共服务的公平。如更多运用法律的、行政的、规则的和政策的手段；如充分采用公开招标、竞争性谈判等竞争性的引入市场机制的采购手段；如奖优罚劣的、行政的、司法的激励和惩罚手段等。

（三）公共采购管理内容的三分式

作为具有政府与市场双重属性的公共采购，其行为既能发挥政府指导和调控作用，又能发挥市场所应有的竞争、公平和透明的经济调节作用。公共采购管理内容可以采用微观管理、中观管理以及宏观管理方式进行区分，对个体、集体（行业或产业）或总体（社会与国家）及其行为进行管理和监督。如在微观管理层面主要对公共采购主体及其行为职能进行管理分析，实现物有所值的基础功能管理目标；在中观管理层面开展行业、产业和区域的公共采购管理分析，实现规范行为、规模效益等制度功能管理目标；在宏观管理层面进行公共采购规模或乘数效应对国家、社会和政府公共政策功能影响等研究管理分析，实现政策功能管理目标。无论微观管理、中观管理还是宏观管理方式，其价值在于促进公共利益的最大化。

（四）公共采购管理目标的多元性和多重性

公共采购管理目标的多元性是指公共采购管理需要兼顾政治、经济、社会等多个方面的目标。公共采购管理目标的多重性是指公共采购管理需要兼顾中央、地方、部门、行业等不同层级的目标。公共采购组织作为提供公共产品的组织，它的管理根本目标是最大限度实现公众利益。一方面，现代社会环境的不断变化和发展使公众对公共产品的需求呈现多样性和多层次性特征，也使公共采购管理目标具有多元性和多重性。另一方面，由于公共需求的产生受主观因素和时代因素影响，同一时期不同地区的公共需求的产生手段、实现形式又有不同，这也决定了公共采购管理目标的多元性和多重性。

三、公共采购管理理论关注点

（一）公共采购管理理论要关注采购管理理念

公共采购管理理论既要关注采购效率及采购管理效率，即其内部管理效率，也要关注采购管理的绩效，即包括经济、效率和效益在内的多元价值。例如，低额的日常物料采购使用公开招标方式会降低采购效率。财政部门不建立某一类专家库使该项目专家评审专业性不强，这是管理部门效率低的表现。再如，未有效管理或指导下一级公共采购工作使其管理的经济性、效率性和效益性降低。

（二）公共采购管理理论要关注采购管理主体

公共采购管理理论既要关注政府组织及部门，也要关注提供公共产品和公共服务的其他公共组织。关注不同层级、不同部门以及同一部门的内部管理系统有利于公共采购管理价值的有效实现。关注公共采购对象，如供应商的管理行为，有利于优化公共采购市场环境。

（三）公共采购管理理论要关注采购管理环境

公共采购管理理论既要关注管理组织内部环境，也要关注外部政治经济环境。特别关注采用制度性回应、制度性互动等手段联结内外部环境的良性互动和发展。

（四）公共采购管理理论要关注采购管理方法

公共采购管理理论既要关注行政式、法律式的以命令和服从为基本特征的强制力方法，也要关注政策性的、战略性的和外在性的管理工具、技术和方法的运用。

（五）公共采购管理理论要关注采购管理目标

公共采购管理理论既要关注管理组织内部运作程序，即行政层级过程及程序，也要关注管理最终结果以及为达到结果而承担的责任。

根据关注点可以得出：公共采购管理理论是关注采购管理理念、采购管理主体、采购管理环境、采购管理方法和采购管理目标的综合性理论。

> 公共采购管理主体是对公共采购主体及其行为活动进行管理及监督的主体，一般包括独立主体、内部主体和社会主体。管理主体具有职业伦理，承担管理责任。

第二节　公共采购管理主体及其责任

一、公共采购管理主体及分类

政府采购管理主体按照法律规定包括国家机关、事业单位和团体组织，这是外延扩大了的政府采购管理主体。严格来说，政府采购管理主体只包括政府及各职能部门。那么公共采购管理主体是哪些呢？界定公共采购管理主体主要取决于以下方面。

（一）充分认识公共采购管理主体的目标和功能

从原始价值和最终体现来看，公共采购管理主体的目标也是提供公共产品和公共服务，这也是组织存在的合法性基础。因此，公共采购管理主体必须以公共利益代表者的身份通过一定规则程序来承担和履行这种使命。

（二）充分认识公共采购管理主体作为公共利益代表者，对公共采购事务的治理承担最终责任

公共采购管理主体是公共采购主体通过购买、租赁、委托、雇用、特许经营、行政合同、签约外包、政府补助、竞争性供给等不同采购方式进行运作，从而实现对其所提供的公共产品和公共服务承担规划、组织和监督的责任。

（三）充分认识公共采购管理主体与公共采购主体地位是不一样的

公共采购主体主要是公共采购具体行为活动的主体，公共采购管理主体是对公共采购主体及其行为进行管理和监督的主体。它们是管理与执行两个不同的角色。

公共采购管理主体可以分为以下三类。

第一类是独立的公共采购管理主体，也可以称为公共采购管理机关。按照决策、执行和监督相分离又相统一原则，它承担公共采购管理职能，对所有公共采购主体及其行为进行管理与监督，但不承担采购执行职能。就目前中国法律制度而言，招标投标体制没有独立的公共采购管理主体，政府采购体制也没有独立的公共采购管理主体，政府采购管理主要在财政部门设立内部机构，并开展管理与监督工作。

第二类是公共采购内部管理主体。它包括以下两个方面。一个方面是公共采购人员的内部管理。公共采购人员主要指行使独立公共采购权的各种公共采购主体，包括政府各部门、国防组织、社会团体、事业单位、国有企业、社会中介组织、民间公益组织、基层群众自治组织等。它们在从事具体公共采购行为中的内部管理行为也称之为公共采购内部管理主体，是公共采购管理主体的一部分。如某省水利部门对水利工程采购进行管理。另一方面是具有集中采购权的公共集中采购机构或部门集中采购机构。如某地区政府采购中心的内部管理机构。

第三类是公共采购社会管理主体。它主要指社会招标采购代理机构的内部采购管理。

二、公共采购管理责任

从法律角度来看，公共采购管理责任主要是违背或侵害了宪法、公共采购法、公共采购当事人合法权益等的过程中应实施的法律责任追究及救济。公共采购管理责任一般由三个要素组成，包括公共采购管理责任主体、公共采购管理责任内容和公共采购管理责任客体或对象。公共采购管理责任主体是公共采购管理机构和公共采购管理人员；公共采购管理责任内容包括公共采购管理责任主体为追求公共利益的责任与义务、公共采购管理行为内容及监督、公共采购管理违法或不当行为结果承担的相应责任。公共采购管理责任包括以下三种。

一是法律责任。公共采购管理主体必须依法实施采购管理，其管理活动必须在法定权限内依法定的形式和程序施行。出现违法、不当或损害行为时，公共采购管理主体要承担行政赔偿责任。公共采购管理法律责任的主体是公共采购管理机构和公共采购管理人员，负责对象是司法机构，手段是司法审查，目的是保障公共采购行为合法。

二是行政责任。公共采购管理行政责任是公共采购管理部门内部自我控制或约束的责任关系，主要反映公共采购管理组织内部和其上下级之间的责任关系，具体表现为违反公共采购行政规则时应承担的行政责任。

三是道德责任。公共采购管理主体要遵守公共采购职业道德，自觉实现和维护职业伦理的要求。公共采购管理人员不仅要按照法律和政治要求行使权力，还要具备娴熟的公共采购政策执行技术与管理能力，同时也具备高度的公共利益性与良好的职业态度和素养，如正直、公正、诚实、责任感、使命感等。

公共采购管理责任的实现机制同样有法律机制、行政机制和道德机制三种实现方式。

三、公共采购管理职业伦理

（一）公共采购管理职业伦理的必要性

我们既要建立公共采购人员的职业道德规范，也要建立公共采购管理职业伦理规范，两者并不矛盾。对公共采购管理主体提出公共职业伦理的要求，主要基于以下考虑：一是公共采购管理职业的特殊性。公共采购管理者有维护公共利益和价值的责任与义务，以赢得社会公众的信任。二是公共采购管理者往往面临着公共采购权力冲突、角色冲突和利益冲突，需要职业伦理予以规范和约束。权力冲突指法律、领导、官员和公众等不同权力主体之间的矛盾；角色冲突指公共采购管理主体与公共采购管理对象等各种角色之间的冲突；利益冲突指公共采购管理主体的公共利益、部门利益和私人利益之间的冲突。三是公共采购管理虽然有外在法律制度机制，但仍需要内部控制制度弥补。只有维持内部职业伦理的自我软性约束与外部制度环境的感性约束相结合的平衡，才能保证公共采购管理责任的完整。

（二）公共采购管理职业伦理的基本要求

公共采购管理职业伦理的基本要求应当包括以下内容。

一是为公共采购利益服务。基于为公共采购对象服务的宗旨，公共采购管理职业人员应致力于促进公共采购行为良性科学发展，为推动公共采购发展而正当合理行使权力，不断促进公共采购与公共政策的发展，维护公共采购当事人的权利及其合法权益；接受公众了解、参与并监督公共采购的权利等。

二是规范。具体做到：①熟悉与公共采购职业工作有关的法律和政策规则；②努力改进或改变消极或过时的公共采购政策规则，并提出建议；③努力消除公众对公共采购的不良反应；④建立和维持严密的公共采购管理控制，防止公共采购不良行为的发生；⑤鼓励和帮助公共采购中合法的异议行为，保护和支持公共采购的质疑权、监督权、投诉权和检举权，谨慎适当运用查处权；⑥推动保护公共采购权利中的廉洁、透明、竞争和信用等基本原则。

三是为社会树立公共采购管理典范，努力达到公共采购管理活动中的最高标准，增强公众对公共采购服务的信心和信任。具体做到：①实事求是，诚实守信；②充分肯定和尊重他人的公共采购工作与贡献；③严防公共采购利益冲突，不得滥用公共资源，不得出现与公共采购利益冲突的不当行为等；④尊重自身周围的相关人员和社会群体；⑤为自己的公共采购管理过失、错误承担责任；⑥执行公共采购管理行为时不偏私；⑦努力追求公共采购管理最高境界。

四是促进道德的组织化。具体做到：①强化公共采购管理组织的公开交流、创新，提高其奉献能力；②公共采购管理组织利益要服务公共利益；③建立推动公共采购道德行为机制；④为组织成员提供提出异议的行政渠道；⑤提倡绩效原则；⑥通过适当的控制和程序促进组织责任行为实施；⑦鼓励组织采用、发布和定期审视有效的公共采购伦理准则。

五是追求卓越的专业表现。为拓展公共采购个人能力和职业发展，要求做到：①支持和鼓励公共采购专业能力的提高；②解决时代发展中的公共采购新问题及潜在问题，并将之视为个人的职责和义务；③鼓励公共采购人员参加职业化素质活动；④加强公共采购理论和应用研究。

（三）公共采购管理职业伦理的实现机制

在公共采购管理中，维护和实现公共采购管理职业伦理并不容易，它既需要良好的外在环境与约束机制，也需要公共采购管理主体的道德自觉。当然，为谨防公共采购管理过程中出现道德危机，应该采取一定伦理措施来控制公共采购不良行为或激励公共采购良好行为，如良好的政治保障、健全的公共采购法律制度、规范的公共采购操作行为、有效的公共采购问责机制、公共采购职业社会化机制、良好的公共采购服务条件、公共采购管理职业伦理协调机制的建立，以及社会公众对公共采购的良性监督等。为了达到完善健全的他律与自律相结合的公共采购职业伦理要求，必须做出以下努力：第一，不断进行公共采购管理职业伦理的反思，并将其与公共采购管理改革联系起来。应重视公共采购管理职业伦理工作，将公共采购管理制度创新工作从采购过程与程序关注向采购结果、效率和责任问题关注方向转移。应该开展提升公共采购管理质量、改进公共采购管理服务满意度等活动促进和提高公共采购管理职业伦理道德水平。第二，制定公共采购管理职业行业规范，实现公共采购管理职业伦理的制度化。第三，强化公共采购管理职业伦理的管理与监督，使自我监督、行政监督、社会监督和公共采购监督有机结合起来，促进职业伦理发展。建立专门的公共采购管理职业伦理管理机构，提出公共采购管理职业伦理规范及其解释，提供关于公共采购管理职业伦理方面的建议和指导，组织公共采购管理职业伦理培训，开展公共采购管理职业伦理规范执行情况调查，提出公共采购管理职业伦理改进措施等。第四，注重公共采购管理组织文化培育与职业伦理的训练，建立公共采购管理职业社会化的机制。通过公共采购管理职业伦理教育培训，使公共采购管理人员理解职业伦理指南和道德规范，提升公共采购管理人员职业伦理意识。第五，使公共采购管理人员在公共采购管理行为职责和义务履行过程中逐渐形成强烈的责任感和使命感，形成正确的自我评价能力、行为选择能力和行为矫正能力。

> 公共采购管理内容一般包括公共采购主体管理、公共采购业务管理和公共采购环境管理等内容。建立完善的公共采购管理制度应注重法治、人才、制度、技术、方法和文化等方面。

第三节　公共采购管理内容及制度

从我国公共采购组织的管理内容出发，公共采购管理的模式具有公共管理性质。公共管理是对公共事务的管理，它包括政治性公共事务（如军事、外交、司法、维护公共安全等）和社会性公共事务（如教育、科技、公共交通、医药卫生等）。公共管理改革和转变政府职能都强调政府职能的服务公共性质。

一、公共采购管理模式及内容

公共采购管理模式有公共采购职能管理模式，也有公共采购业务管理模式，可根据不同的需要进行选择。公共采购管理内容与公共采购管理模式具有交叉性。

公共采购职能管理，按其作用可分为：公共采购组织管理、公共采购法规管理、公共采购政策管理、公共采购人力资源管理、公共采购职业道德管理、公共采购教育管理、公共采购理论体系研究管理以及公共采购信息管理等。

公共采购业务管理，按其性质可分为：公共采购战略管理、公共采购预算及计划管理、公共采购项目管理、公共采购程序管理、公共采购方法管理、公共采购质量管理、公共采购合同管理、公共采购风险管理、公共采购绩效管理、公共采购公告管理、公共采购行政救济管理以及公共采购监督管理等。

公共采购管理内容所涉及的范畴很广，包括内部管理与外部管理，职能管理与业务管理，任务管理与资源管理，公共采购中央部门管理与地方部门管理，通用公共采购管理和行业公共采购管理，公共采购决策管理和公共采购执行管理，以及预测、计划、指导、控制和协调管理等。大体可以将公共采购管理内容分成三类：公共采购主体管理、公共采购业务管理和公共采购环境管理。公共采购主体管理就是规划、组织、监督、考核公共采购管理的当事人；公共采购业务管理就是实施公共采购管理所指向的事物，是公共采购管理主体的对象及内容；公共采购环境管理是公共采购管理主体和公共采购管理客体所处的政治、经济、社会、政策、法律和文化等环境，是公共采购管理行为所信赖的现实条件。它们之间相互联系，相互依托，相互制约。

二、公共采购管理制度

建立一套主体明确、权责清晰、运行通畅、管理科学，使政府性与市场性相结合，符合社会公众利益的公共采购管理体制有重要的现实意义。公共采购管理制度有效运行必须有一系列制度保障，具体应包括以下几个方面。

第一，构建公共采购法治建设框架。公共采购法治建设框架的逻辑起点和指导思想是民主的法治、权力制法、依法办事等理念。民主的法治理念决定公共采购的性质及其所要达到的目标，民主的理念要求公共采购必须代表公众利益，将公共采购过程的隐蔽行为公开化，使公众能够了解政府的行为，维护公众财富不被滥用并有效增值。同时权力配置也要根据公共采购的终极目标来确定，以保证公共采购的权力配置所具有的权威要素和权力结构能够实现法治理念赋予的目标。不同的公共采购目标，应有不同的权力配置模式。科学合理的判定标准，是权力结构保证公共采购目标实现的前提。

公共采购理念决定公共采购法律体系建设不仅要符合公共采购法律内在特征要求，还必须体现法治精神要求，但不能体现部门或集体利益。同时，公共采购目标的实现和公共采购权力的行使需要公共采购组织依法履行。

在逻辑框架上，公共采购法治的建立应是先设定公共采购目标，然后根据公共采购目标安排公共采购机关的权力结构，再按既定的公共采购目标和权力格局建立公共采购组织制度。公共采购组织制度状况影响公共采购权力行使，权力行使状况又影响公共采购目标的实现，三者之间存在相互制约的关系。公共采购法律规范是公共采购目标、公共采购管理权和公共采购组织制度的载体，公共采购目标、公共采购管理权和公共采购组织制度是公共采购法律规范的内容，公共采购组织根据公共采购法律规范履行公共采购管理权，并以实现公共采购目标为宗旨。公共采购法律规范包括了宪法中有关确立国家及经济制度的基本规定，与公共采购有关的法律、政府颁布的行政法规、地方权力机关颁布的地方性法律、法规以及部门规章。其中核心部分是公共采购法，它是有关公共采购目标设定、公共采购权力安排和公共采购组织制度构建的实体法律规范，包含了有效的实质性规则，是整个公共采购法律规范的最为重要的核心内容。

第二，建立公共采购人力资源管理系统。以人为本是科学发展观对公共采购管理工作的要求。建立公共采购人力资源管理系统主要是建立独立的公共采购管理部门及负责人的任免制、公共采购管理人员的激励制、公共采购管理人员法律责任制和公共采购管理人员的后续教育制。建立独立的公共采购管理部门及负责人的任免制主要就是应当设立独立的公共采购管理部门。隶属于本级人民政府、地方级公共采购机关正职和副职负责人的任免，应当先征求上一级公共采购机关的意见，保证公共采购机关独立开展工作。建立公共采购管理人员的激励制必须注重公共采购人员的绩效评价与报酬。有效激励正是通过科学的绩效评价体系与报酬机制来实现的。应当设计出与公共采购人员各种不同需求相契合的报酬形式，并与绩效评价机制有效结合以发挥其激励作用。要建立公共采购人力资源管理创新机制，首先要树立公共采购理念，创新公共采购人员的思维。其次要不断增强公共采购人员的学习力、执行力、创新力和公信力。最后要优化公共采购人员结构，持续开展公共采购职业化建设。

第三，建立完善的公共采购体制制度体系。设立公共采购管理委员会，该委员会主任应由政府一把手担任，由各部门人员组成，负责指导和协调公共采购全局性和重大性问题，将各部门招标投标或政府采购管理权归一，并独立行使公共采购管理权。建立以集中采购机构为主、部门集中采购机构和社会采购代理机构为辅的公共采购执行体系。建立完善的公共采购运行机制，重点解决公共采购全过程执行和控制问题。明确采购权，体现采购权利、义务、责任相对等问题和采购内部程序规范化、标准化问题等。

第四，采用先进技术，创新公共采购管理方法。公共采购管理创新必须顺应并指导公共采购实践的发展，无论是新思路的推出，新方法的施行，还是新制度的出台，都应该符合先进性、针对性、可操作性、实效性、持续性等基本要求。开展公共采购管理创新应从推动管理理念创新，完善现有领导体制，整合公共采购资源，深化公共采购工作流程管理，推行全面质量管理和风险控制，推进信息化管理，创建学习型组织，构建先进的公共采购文化等方面入手。在技术管理上，要重视计算机技术在公共采购管理中的应用，把现代科学技术与公共采购结合起来，不断提高公共采购管理水平。应积极利用“金采工程”（即公共采购部门运用计算机网络、数据库等现代技术、方法和手段，实施公共采购，实现公共采购工作规范化、数字化、网络化的公共采购信息系统）成果，实现在计划管理、质量控制、成本管理、资源整合、公共采购方法和公共采购成果运用等方面的信息化，全面实现公共采购工作的系统化、规范化。此外，还要开发出满足公共采购业务需要的专门应用软件和信息资源系统，在公共采购部门之间、公共采购部门与政府各部门之间以及市场主体如供应商之间实现有效的网络通信，实行电子政务，进一步提高公共采购工作的效率和质量。

第五，发展先进的公共采购文化。组织文化建设对凝聚团队精神，实现组织目标具有举足轻重的作用。公共采购文化建设的目标之一就是培养、树立和弘扬公共采购精神。在公共采购改革不断深化，社会主义市场经济体制不断完善，公共采购市场秩序不断规范和健全的情况下，保持和发扬这种精神，对做好公共采购事业有着十分重要的现实意义。公共采购精神中很重要的一条就是公共采购廉洁文化建设，这是从事公共采购工作抵制各种诱惑的职业道德和操守的防线。

本章小结

本章采用管理学的研究方法对公共采购管理理论进行研究。目前业界还没有形成统一的公共采购管理理论。公共采购管理理论是指对公共采购各项工作实施管理所应用的理论。公共采购管理是指公共组织为实现公共利益对采购主体、采购行为和采购标的等进行管理和监督的活动。公共采购管理具有过程的规范性、手段的多元性、内容的三分式、目标的多元性和多重性等特点。公共采购管理理论要关注采购管理理念、管理主体、管理环境、管理方法、管理目标等内容。

公共采购管理主体是对公共采购主体及其行为活动进行管理及监督的主体。它可以分为三类：一类是独立的公共采购管理主体；一类是公共采购内部管理主体；一类是公共采购社会管理主体。公共采购管理责任一般由三要素组成：公共采购管理责任主体、公共采购管理责任内容、公共采购管理责任客体或对象。公共采购管理职业伦理的基本要求应当包括：为公共采购利益服务、规范、为社会树立公共采购管理典范、促进道德的组织化、追求卓越的专业表现等。应建立健全他律与自律相结合的公共采购伦理措施维护和实现公共采购管理职业伦理。

公共采购管理模式有公共采购职能管理模式，也有公共采购业务管理模式。公共采购管理内容可分成三类：公共采购主体管理、公共采购业务管理和公共采购环境管理。

要采取一系列制度保障公共采购管理制度：构建公共采购法治建设框架；建立公共采购人力资源管理系统；建立完善的公共采购体制制度体系；采用先进技术，创新公共采购管理方法；发展先进的公共采购文化。

思考练习

1. 什么是公共采购管理，它有什么特征？
2. 什么是公共采购理论？
3. 简述公共采购管理主体和责任。
4. 公共采购管理模式有哪些？
5. 公共采购管理制度包括哪些内容？

推荐阅读

彼得·贝利，大卫·法摩尔，巴里·克洛克，等. 采购原理与管理［M］. 11版. 王增东，王碧琼，译. 北京：电子工业出版社，2016.

第五章　公共采购发展理论

学习目的

掌握公共采购发展理论的特点。

了解公共采购发展理论的关注点。

熟悉公共采购发展理论的影响因素。

掌握公共采购发展理论的构成要素和具体内容。

学习重点和难点

公共采购发展理论的特点、公共采购发展理论的构成要素和具体内容是重点；公共采购发展理论的影响因素是难点。

学习名词

公共采购发展理论　公共采购理念创新　公共采购体制创新　公共采购管理创新

我国改革开放进入新的历史阶段，国内国际政治、经济、社会、文化、军事形势正在发生着深刻而复杂的变化，旧的思维、工作和生活方式已经越来越不适应新的形势。知识更新的速度明显加快，世界经济日趋一体化、国际化、数字化。面对历史的机遇和挑战，发展显得尤为重要和紧迫。公共采购理论是一门极具生命力的学科理论，也是一门不断发展的学科理论。公共采购理论的发展和创新同样重要，要站在时代和历史的高度看待公共采购发展理论，既要了解公共采购理论发展内容和发展趋势，也要探讨未来公共采购理论框架变化和理论发展方向，推进公共采购理论进一步完善。

公共采购发展理论极具生命力且潜力无限。公共采购发展理论必须关注公共采购实践，关注其他学科变化，关注经济社会发展，关注科技信息的利用，关注自身领域的拓宽和体系的深入。

第一节　公共采购发展理论的特点及关注点

一、公共采购发展理论的特点

公共采购发展理论是回顾公共采购产生的历史，立足当今公共采购成果，展望公共采购未来的创新性公共采购理论。公共采购发展理论应以公共采购基础理论为基础，以公共采购应用理论和公共采购管理理论为主体，以公共采购未来发展方向为对象，探讨和挖掘公共采购理论发展趋势，揭示未来公共采购理论根本问题。它是公共采购基础理论、公共采购应用理论和公共采购管理理论的不断推进和发展，是公共采购理论中最富生命力、最具有时代气息的理论内容。

公共采购发展理论具有以下主要特点：一是公共采购发展理论的过程性、连续性。公共采购发展理论与公共采购历史、公共采购实践密切相关，不能割裂或孤立地看待发展理论。二是公共采购发展理论的先进性、前瞻性。公共采购发展理论是探究公共采购未来发展趋势的理论，势必具有先进性和前瞻性特点。三是公共采购发展理论的科学性、指导性。公共采购发展理论对于指导当前公共采购实践工作科学推进具有重要意义。四是公共采购发展理论的国际性、通行性。公共采购发展理论与国际公共采购发展理论具有一致性，在一定程度上甚至引领国际公共采购理论潮流。

二、公共采购发展理论的关注点

公共采购理论模式的形成离不开经济的发展和社会的进步。公共采购发展理论需关注以下几点。

（1）公共采购理论是随着公共采购实践工作的开展而发展的，公共采购发展理论研究也需要把握公共采购实践发展的变化，从而探索理论的发展方向。

（2）公共采购学是一门动态学科，是由多种学科模式与层次结构组成的立体式学科。因此，公共采购发展理论与其他社会学科、自然科学的发展变化分不开。特别应当关注公共经济学、公共财政学、公共管理学、公共法学和公共商学的发展方向。

（3）随着经济的发展和社会的进步，社会细化程度不断加深，公共采购学科也将不断深入发展，从而丰富公共采购理论内涵，为公共采购发展理论提供更加全面具体的内容。

（4）公共采购本身具有主体广泛、对象多样、内容复杂等特点。随着公共采购理论的深入，研究领域的不断拓宽，公共采购从单一理论向多学科理论发展将成为必然趋势。公共采购理论更加丰富，结构更加复杂，也更加贴近社会实践。

社会文化、民主政治、经济发展、科学技术等因素都对公共采购发展理论产生影响。

第二节　公共采购发展理论的影响因素

社会文化因素、民主政治因素、经济发展因素、科学技术因素等都对公共采购发展理论产生很重要的影响。

一、社会文化因素

社会文化因素取决于一个国家、一个地区宏观环境的变化，不同国家上层建筑和经济基础的变化，同样影响公共采购发展理论研究。从全球范围看，社会文化形态的变化对公共采购理论体系探讨产生重要影响，社会各阶层和文化变迁都可以影响公共采购理论体系发展方向。但随着全球一体的深入、知识经济的融合，各国各地区社会经济文化的差别缩小，公共采购发展理论研究逐渐趋同。从一个国家来看，一个国家的性质及其社会文化发展方向决定着公共采购理论体系研究的方向，因为公共采购受政治影响较大。

二、民主政治因素

不同的国家有着不同的国体和政体。无论是资本主义国家，还是社会主义国家，在走向现代国体和政体时均追求从专制制度向民主政治的转化。对一个国家来说，民主政治因素对公共采购发展理论影响最大。公共采购制度就是通过行政主体的有效分权和采购过程的权力制衡来实现民主政治的有效治理。在封建社会，由于其专制性强于民主性，公共采购效用非常低下，而社会主义社会则追求民主政治，公共采购受其影响，作用更大。

三、经济发展因素

经济发展是学科发展的基础。随着经济进一步发展，社会结构发生了根本性的变化，经济成分不断变更，经济行为也不断改变，公共采购实践活动也会发生根本变化。这就要求公共采购理论适应公共采购实践工作而变化，公共采购理论要素、公共采购理论体系也会随之发展。

四、科学技术因素

科学技术是第一生产力。科学技术的进步可以带动社会、经济、文化及政治的变化，从而影响理论的研究。随着科学技术的进步，社会科学与自然科学的融合在许多方面成为必然。学科间的界限也越来越模糊，边缘学科的形成与发展将成为趋势。因此，公共采购理论要适应专业学科在经济变化中的应用，将公共采购与其他学科有机地结合在一起并对其进行探索。特别是公共采购电子学、数字公共采购学、公共采购网络学、公共采购信息学、公共采购数据学等新型学科，它们会对公共采购创新理论产生重要影响。

除此之外，管理活动、法律等因素也会从不同方面对公共采购发展理论产生影响，从而影响公共采购活动，促进公共采购职业的进一步发展。

> 公共采购本质、公共采购环境、公共采购程序和方法、公共采购行为和管理、公共采购创新等是公共采购发展理论的基本要素。公共采购环境创新、公共采购理念创新、公共采购体制创新、公共采购主体创新、公共采购内容创新、公共采购方法手段创新、公共采购管理创新是公共采购创新理论的主要内容。

第三节　公共采购发展理论的构成要素和具体内容

一、公共采购发展理论的构成要素

公共采购发展理论一方面是客观形势发展的需要，另一方面也是学科理论进步的必然结果。随着时代发展，社会经济、政治、法律环境发生变化，公共采购学科理论也将得到充实。未来公共采购理论要发展，也离不开公共采购本质、公共采购环境、公共采购程序和方法、公共采购行为和管理及公共采购创新等基本要素的发展。

公共采购本质是公共采购发展理论最根本的要素，是公共采购理论发展的逻辑起点。公共采购本质受公共采购环境的影响。公共采购环境是指社会经济、文化、政治、科技等外部环境和公共采购理论体系学科变化的内部环境，这些环境理论会从根本上改变公共采购理论方向。

首先，公共采购环境影响公共采购本质，促进对公共采购本质认知的进一步深入。随着人类社会的进步，公共采购以公共选择支出行为为本质的状况必然会发生变化，并且逐渐被新型关系和手段所代替。

其次，公共采购环境对公共采购行为主体、公共采购管理模式与公共采购程序和方法产生重要影响。如高科技的发展促使公共采购行为的适应性更为广泛、公共采购方法更加全面；如政治体制变化和社会经济发展使公共采购管理模式产生变化；如自然科学与社会科学的紧密结合使公共采购学科发生根本变化。电子公共采购、网络采购、虚拟采购将成为公共采购理论探索的重要内容。

最后，公共采购环境变化对公共采购创新产生新的推动力，公共采购创新理论将在公共采购程序和方法、公共采购主体和管理理论基础上适应未来变化的需要，成为公共采购理论的又一重点理论。公共采购程序和方法、公共采购行为和管理是公共采购创新的重要依据。公共采购创新理论会随着公共采购环境变化而不断发展。而公共采购创新理论又是与社会进步、技术创新和人类发展相适应的学科创新，为公共采购理论增加新的要素。

二、公共采购发展理论的具体内容

公共采购发展理论的主要内容为公共采购发展史理论和公共采购创新理论。公共采购发展史理论主要研究公共采购产生和发展的历史。以史为鉴，总结历史发展的经验教训，为现代公共采购发展提供借鉴和参考。公共采购创新理论主要研究公共采购环境创新、公共采购理念创新、公共采购体制创新、公共采购主体创新、公共采购内容创新、公共采购方法手段创新、公共采购管理创新。

（一）公共采购环境创新

公共采购环境包括内在环境和外部环境。通过拓展公共采购领域，扩大公共采购影响，特别是强化高层次公共采购监督为国家宏观经济服务，加强公共采购在公共管理和廉洁行为管理方面的作用，改善公共采购的政治经济环境；通过建立健全公共采购法律法规，加快与电子化、数字化、网络化和国际化相适应的公共采购法规的制定，完善公共采购法律环境；通过公共采购主体素质的优化以及公共采购职业道德素养的提高塑造公共采购组织新形象，提高公共采购知名度，改善公共采购社会环境；通过采用最新公共采购技术和方法，提高公共采购技术含量，改善公共采购的技术环境。

（二）公共采购理念创新

公共采购理念创新包括公共采购理论体系创新和公共采购观念创新。公共采购理论体系的创新来源于公共采购实践，从公共采购实践创新中获得源泉、得到发展。同时，公共采购理论体系的创新反过来又指导公共采购实践的创新。公共采购理论体系的创新主要是对传统的公共采购理论体系的不断检验和鉴定，以较高的频率更新公共采购理论体系内容。在加强对公共采购应用理论、公共采购发展理论研究的同时，特别要加强对公共采购基础理论的研究。如对公共采购的定义、职能、任务和作用，公共采购主体和客体，公共采购的程序和方法等的重新认证。通过理论研究适时解决公共采购实践中遇到的困惑和产生的矛盾，从而推动公共采购实践的发展。公共采购观念创新主要是要摒弃传统的程序意识，提升对招标投标、政府采购等思想认识，逐步建立接轨观念、超前观念、风险观念、竞争观念、效率观念、效益观念、服务观念，以新视角、新层面、新观念来审视公共采购工作，发现、分析并解决公共采购工作面临的新情况、新问题。

（三）公共采购体制创新

全面回顾和总结我国现行公共采购管理体制，对于招标投标体制模式和政府采购模式做出公正客观的分析评价，并借鉴国际公共采购体制改革的有益经验，调整法律，改革公共采购体制模式，提高公共采购管理部门的独立性和权威性。改进公共采购管理与执行部门的隶属关系，赋予公共采购组织更多、更有效的经济权力，发挥公共采购应有的作用，推进公共采购事业发展。

（四）公共采购主体创新

公共采购主体创新主要是主体素质的不断优化。公共采购人员的素质将从招标程序型向采购复合型转变，人员的知识结构、专业结构、职称结构、年龄结构不断发生变化。公共采购工作的完成不再完全依靠人员的简单数量，更重要的是依靠人员的素质和能力。公共采购人员的培养模式也将随之转型，知识型、智能型、复合型、自我更新型的人才培养目标将逐步确立。公共采购人员要求具有技术专长与创新能力、想象能力、组织协调能力、人际交往能力等基本能力素养。公共采购教育也以此为基准进行改革和调整。公共采购人才的培养呈现出多渠道、多元化的态势。

（五）公共采购内容创新

公共采购对象从有形转向无形，从产品向服务推进。合同能源管理、新基建、“云计算”等新型服务采购项目不断出现。公共采购的重点将出现多元化的格局，电子公共采购知识和信息的公共采购、公共环境服务采购（绿色采购）、人力资源采购、无形资产的公共采购、公共采购绩效与评估、公共采购信息系统功能和程序的合理性分析、公共采购数据集成制度创新等将成为公共采购的重要内容。

（六）公共采购方法手段创新

公共采购方法手段创新是公共采购环境和公共采购内容创新的必然产物。公共采购方法手段创新的基本方向是线下公共采购将逐步转向电子公共采购。本土化、区域化公共采购转向媒体网络化公共采购。公共采购关注重点从采购功能转向采购前的预算计划、采购中的组织实施、采购后的履约支付和资产管理等，公共采购效率大大提高。公共采购模式将从规范行为、节约资金向注重基础、制度和政策功能及风险控制等方向发展。

（七）公共采购管理创新

以系统的观念规划配置公共采购资源，以科学管理方法实施公共采购工作。公共采购人员原有的分工概念将被打破，公共采购人员业务的专一性将被适应性和灵活性取代。领导人员的管理决策作用将被强化。公共采购程序中的实施阶段的时间由于公共采购手段的更新将大为压缩，而采购准备阶段的时间将明显增加。公共采购风险与控制将成为公共采购管理的主要内容。

公共采购发展创新理论在时间上是继起的，空间上是并存的。创新永无止境。公共采购发展理论不断丰富和发展了公共采购基础理论、公共采购应用理论和公共采购管理理论，并推进其不断提高自身层次和水平。公共采购基础理论、公共采购应用理论和公共采购管理理论为公共采购发展理论进一步发展创新准备了素材和依据，同时也提供了动力和方向。所以，公共采购基础理论、公共采购应用理论、公共采购管理理论和公共采购发展理论构成了公共采购理论体系的内在联系和自我的循环。公共采购基础理论为公共采购实践定位，公共采购应用理论和公共采购管理理论指导公共采购实践，公共采购发展理论与时俱进地提升公共采购理论体系和实践水平。它们之间形成自我完善、相互促进及更新的良性循环机制。

本章小结

本章从发展的角度，对公共采购发展理论进行探讨，主要探讨公共采购理论发展内容和发展趋势，也探讨未来公共采购理论框架变化和理论发展方向。

（1）公共采购发展理论具有以下特点：过程性、连续性；先进性、前瞻性；科学性、指导性；国际性、通行性。

（2）公共采购发展理论模式要注重实践、加强动态分析、紧贴经济的发展和社会的进步以及关注公共采购自身等。社会文化因素、民主政治因素、经济发展因素、科学技术因素等都对公共采购发展理论产生很重要的影响。

（3）公共采购发展理论的主要内容为公共采购发展史理论和公共采购创新理论。公共采购创新理论主要研究公共采购环境创新、公共采购理念创新、公共采购体制创新、公共采购主体创新、公共采购内容创新、公共采购方法手段创新、公共采购管理创新。

思考练习

1. 学习习近平新时代中国特色社会主义思想中的新发展理念，思考新发展理念与公共采购发展理论的关系。

2. 公共采购发展理论的特点是什么？

3. 影响公共采购发展理论的因素有哪些？

4. 公共采购发展理论的构成要素和具体内容是什么？

5. 选择公共采购发展创新内容之一，举例说明。

推荐阅读

1. 杨启国．创新发展论［M］．北京：人民出版社，2014.

2. 任丽梅．新发展理念［M］．北京：人民日报出版社，2020.

第六章　公共采购理论建设

学习目的

了解公共采购新理念。

分析掌握建立中国公共采购理论学科的意义和必要性。

熟悉构建中国公共采购理论学科。

学习重点和难点

公共采购理论学科建设是重点与难点。

学习名词

公共采购　公共采购学　公共采购理论学科建设

> 公共采购涵盖招标投标和政府采购的理念。若要建立和推进公共采购制度改革，必须从更高视角、更深层面认识公共采购。

第一节　确立公共采购新理念，加快公共采购制度创新

当前，招标投标与政府采购在不断发展的经济社会生活中发挥着越来越重要的作用，一方面，在规范采购行为、节约财政性资金和提高资金效益、发挥政策功能、促进廉政建设和维护社会公平正义等方面取得显著成绩。但另一方面，招标投标和政府采购的现状并未使社会大众普遍满意。不断出现的各种问题在考验着公共采购制度，迫切需要确立公共采购新理念，加快公共采购制度创新。

一、招标投标与政府采购目前存在的突出问题

招标投标与政府采购目前存在的突出问题包括以下四个。一是法律制度问题。《中华人民共和国招标投标法》（以下简称《招标投标法》）和《中华人民共和国政府采购法》（以下简称《政府采购法》）对同一行为作出不同规范，在理论、法律规范、政策和实践适用上都存在交叉和重叠，由此产生的一些问题受到各界关注。按《招标投标法》，国家

发展改革委有权审定招标方式，各建设、交通运输、水利、工业和信息化等部门承担工程及设备管理监督和具体招标职能。按《政府采购法》，财政性资金的货物、工程和服务都属于政府采购管理监督范围，由财政部门监管。从法律上看，财政性资金的货物、工程和服务的管理和操作没有明确界定，各行政监督部门出台的法规规章都是指导同一采购行为，由此带来许多实际问题。二是管理体制问题。工程招标投标领域存在行政监督部门既是招标主体或主管理部门又是监督管理部门等错位、重位现象。监督管理部门多且交叉重叠，监督管理力量薄弱。法律明确规定了政府采购监督和执行的关系，但无操作性，致使出现协调难现象。当前招标投标和政府采购监督管理部门的层级、人员和专业性都很难适应现有工作局面。三是操作机制问题。比如，在具体的货物、工程和服务中，就存在招标采购主体、招标采购社会代理机构、公共资源交易中心等各种机构难以界定职能的问题。仅以政府采购中心为例，全国就有九种模式，其职能定位、隶属关系、行政级别和业务内容各不一样。政府集中采购属于行政职能还是事业职能或者企业化管理，是多年来一直没有理顺的关键问题。四是行为规范及操守问题。在现行运作模式中，由于法律和制度设计原因，采购人的采购权割裂和分散，采购人（招标人）权责利不统一，在制度不健全、监督不完善情况下，各方可操作空间大；评审委员会作为临时决策组织，权责利不配比，导致采购决策失当，影响采购目标实现；招标采购项目过于注重评标和采购程序环节，采购前需求制定和采购后履约验收等环节缺乏有效规范；供应商缺乏管理，出现无序竞争；在前期方案中设定机关、拉拢采购人和评委会、围标串标、乱质疑、乱投诉等现象不断发生；采购和招标过程缺乏全局化、标准化和专业化概念；采购功能、实体需求、质量、价格、服务和程序没有实现有机结合。

二、确立公共采购新理念

在当前形势下，如何寻求一个更好的理念或模式来统领招标投标和政府采购工作，确保对招标投标和政府采购进行统一规范管理，形成有利于决策、监督和执行的有效机制，公共采购这一新理念应运而生。公共采购涵盖招标投标和政府采购的理念。建立和推进公共采购制度改革必须从更高视角、更深层面认识这一新生事物。

明确公共采购定义。公共采购的定义是指公共部门使用公共资金通过招标、谈判或询价等方式获得货物、工程和服务的行为。它有如下特征：一是主体的公共性。主体是公共部门，包括国家机关、政府、国有企业、事业单位、社会团体等部门。二是资金的公共性。预算、非预算、自筹资金，甚至贷款、国外援助和捐赠等都具有公共性。三是对象的广泛性。公共采购的对象既包括工程，也包括货物和服务。四是取得方式的法定性。由于公共采购的公共性，必须体现公开透明、公平竞争、公正信用原则，通过招标、谈判、询价等方式进行。五是方法的多样性。采用购买、租赁、委托或雇用等形式取得。六是行为和管理的完善性。必须着重指出的是，公共采购涵盖现实中的招标投标和政府采购。招标投标只是公共采购的一种取得方式。目前法律调整的政府采购局限了国有企业采购和集中目录或限额以下采购，政府采购定义相对局限。而公共采购的核心是采购时所遵循的公共利益性。公共采购包括采购预算或计划、市场寻源、询价招标、谈判过程、合同签订及履约支付等过程，也是包括公共采购政策、公共采购方式及公共采购管理在内的公共采购行为的总称。它是与个人采购、企业采购相对而言的一种采购行为。

公共采购要把握采购基本目标。该目标包括以采购功能用途、质量、价格和服务以及物有所值为宗旨的实质性要求，而这些要求是在注重公平、公正和公开（以下简称“三公”）原则的基础上实现的。两者相互统一，不可只侧重一方面。必须将程序作为采购实质要求的附属规定工作融入采购主体的采购过程中，使采购主体真正获得采购权的同时又注重程序要求。

在通过程序把握采购实质性要求的目标建设中，要确立公共采购价格体系。从理论上说，定价定天下。在一个采购项目中，采购内容、质量和服务合成采购价格。采购价格科学了，腐败也减少了，市场也规范了，也不会过分依赖采购程序特别是招标投标了。一个产品在同一地方不同时期价格不同，在同一时间不同地方价格也不同。同一产品不同档次其型号和价格也不同，所以价格是动态的也是规律性的。建立公共采购价格体系是一项长期的、复杂的、科学的、非常有意义的工作。

公共采购要真正明确采购主体采购权。在现行招标投标和政府采购过程中，制度设计最大的一个问题就是采购人职责模糊。采购人和采购中心的采购权重叠。招标投标和政府采购的最终决策权给了临时机构评审委员会而不是采购人。而“哑巴”评标更将过于注重程序化工作发挥到极致。公共采购制度创新必须真正明确采购中心是通用采购主体，各部门是专用采购主体且充分享有采购行为权利、承担采购行为义务和责任。此种行为包括透明、竞争、信用以及物有所值等原则下的权利、义务和责任。在这样的要求下，专家自由裁量权将逐步缩小，专家的作用将真正体现为参谋和咨询建议作用而不是主要决定作用。

公共采购要加强采购供需双方行为规范建设和采购标的标准建设。采购人在拥有充分采购权的同时必须加强采购行为和责任规范，具体包括采购人采购管理、采购预算、采购计划、采购市场调查、采购委托、采购功能和需求制定、采购程序、采购评审、采购结果确定、采购合同、采购履约及支付、采购档案、采购监督检查及绩效评估等行为规范。供应商作为公共采购重要一方应加强自身诚信管理，供应商与采购人接触行为规范，供应商投标或谈判、中标和合同行为规范，供应商履约验收行为规范，供应商标的技术标准规范，供应商管理与监督行为规范等。采购标的标准建设必须由采购协会与标的专业行会共同制定，由公共采购管理部门发布。

三、公共采购制度创新内容和思路

要开展公共采购制度创新，就必须在体制、制度、机制上进一步创新和完善。在制度上尽快制定《公共采购法》，并将其作为公共采购母法，统一目前的《招标投标法》和《政府采购法》。在《公共采购法》母法框架下，制定货物、工程和服务法以及管理、执行、政策功能等法律规章制度，尽快健全、理顺公共采购法律制度体系。

参考国际通行做法，建立采购管理与采购执行既统一又内部分离的制度，确保有机协调和制约。按照公共采购的理念，实行管采（采购管理和采购实施）分离，采用（采购和使用）机构分离，确保公共采购的各种目标落到实处。公共采购管理权集中、采购权适当分离（采购标的标准包括国家标准、行业标准、团体标准和地方标准等，可以由相关行业组织制定，公共采购管理部门发布）、采购监督权多角度、集中采购和分散采购相结合。可以设立各级公共采购管理委员会，由政府主要领导担任，各部门组成，负责指导和协调公共采购全局和重大性问题。在已有改革基础上，将各部门招标投标和政府采购管理权归一。各部门独立行使公共采购管理权，履行公共采购政策法规制定，货物、工程和服务采购管理，监督投诉及违法行为查处，采购计划制订及采购标准制定，管理采购人、采购中心（含部门采购中心）和专家及供应商等职能。公共采购管理委员会下设政府（公共）采购中心，代表本级政府实施通用货物、工程和服务的集中采购，具有采购权，具有上下级行业指导作用。政府采购中心可以由公共采购管理部门代管。各职能部门和各国有企业代表本部门或本单位，实施专用货物、工程和服务的为本职能部门服务的采购，具有采购权。一级政府设立公共采购网，由政府采购中心统一组织实施和维护，同时建立本级政府供应商会员库和专家库。例如，所有部门的采购房屋、信息化等通用工程，电脑、办公家具、空调等通用设备，物业管理、差旅、办公租赁、监理服务和日常物料等由公共集中采购中心负责采购，供部门使用。水利部门的水利工程、市政部门的市政建设、建设部门的建设工程、规划部门的规划服务等由各部门作为采购人行使采购权，但采购程序在政府采购中心（可以是部门采购中心）或交易中心统一进行。

公共采购制度创新必须发挥行业协会的重大作用。行业协会可以积极配合政府各有关部门，团结、调动各方面力量，以服务为宗旨，做好自律、协调、监督工作。具体来讲，一是为采购人、采购代理机构和投标人等提供政策法律咨询、培训、联络、交流、信息发布等服务；二是发挥桥梁纽带作用，反映当事人的呼声、意见和建议，传递政府政策意向，维护当事人的合法权益；三是协助政府部门开展行业管理，规范公共采购活动；四是制订并组织实施公共采购行业的行规、行约，建立行业自律机制，提高行业整体素质。

公共采购制度创新必须把握专业化和电子化的要求。不单是采购行为规范、采购运行专业化，管理监督也要专业化。在公共采购管理和业务队伍建设方面，以构筑阳光采购为宗旨，以打造职业化队伍、建设一流采购服务为目标，确立采购管理和采购执行队伍廉洁、行事专业、业务规范标准、执行和监管实施电子化的原则。在机构职能机制制约的基础上实施队伍廉政绩效内部和外部考核；采购管理和执行人员实行资格认定，保证专业化要求；业务程序和采购标的逐步实现标准化、规范化，适当时候引入国际项目管理理念，建立货物、工程和服务采购项目管理制度；加强对供应商管理标准和采购项目标准的制定。采购实施和监督管理需建立电子化采购和监管平台，力争采购计划、采购发标、采购接标、采购评审、采购确定、合同签订、履约验收、支付评价、监督管理实现全程电子化。

公共采购制度建立必须更加注重公开透明、公平竞争和公正信用原则，更加注重监督、监察和廉洁。纪检监察部门负责对人的监察。审计部门负责对采购业务的定期审计。公共采购管理部门和政府采购中心除了内部职能制约、业务分离和专业化、电子化等在制度上保证“三公”原则和廉洁要求外，应该建立严格廉洁服务和廉政绩效考核制度。内部设立廉政绩效专员，对人员进行定期考核；外部由政府、中共中央纪委等进行廉政绩效考核。实行严格奖惩机制，保证廉洁性要求。

在具体实施公共采购制度创新过程中，必须积极稳妥进行，注意方式方法。可以在出台《公共采购法》及其细则前由全国人民代表大会（以下简称人大）对《招标投标法》和《政府采购法》做出解释，使之向公共采购方向靠近，厘清当前两者之间存在的突出问题，并向国际化靠拢；尽快统筹协调建立公共采购管理部门，统一规范公共采购中心建设；特别注意人才队伍的选择，可以在现有集中采购机构以及招标代理机构选拔优秀人才充实采购管理机构和政府采购中心队伍；可以将招标投标协会和政府采购协会改组合并成为公共采购协会；可以参照律师和注册会计师的成熟的建制流程，尽快开展公共采购专业化队伍、职业道德和法律责任体系建设；可以设立中国公共采购学院，加强学科建设、理论与实务水平工作，提升队伍专业化能力；可以委托第三方参与电子化建设，促进全国公共采购统一大市场尽快形成。根据政府采购中心和采购人均为公务管理的原则，按公共采购行为内容、采购本质及政府与市场中介组织职能分工要求，妥善区分哪些应属于公共采购权专业化内容，哪些可以成为委托中介代理职能。

随着改革的深入，我们逐渐意识到，政府采购的许多现实问题涉及政策、经济、法律、管理体制等深层次问题，必须通过理论的深入研究予以解决。

第二节　探索推进“政府采购学”学科建设

我国当前普遍开展并受到中央和国家领导人重视的政府采购制度起源于国外，在中国实行时间不长。然而，其成效和影响都十分显著，甚至大于其他国家在当初发明和建立该制度时的效果。其中的原因是什么？政府采购改革在我国政治、经济、文化和社会建设中还将发挥哪些潜力和作用？笔者认为，无论是理论方面还是应用方面，都有深入研究的必要。这就使在中国设立政府采购学成为可能。

一、研究和形成政府采购学的必要性

首先，政府采购学是包括多学科、多领域的综合性学科。从狭义的定义看，政府采购只不过是涉及公共利益的部门，利用财政性资金，遵循公开透明、公平竞争和公正信用原则，购买或租赁货物、工程和服务的行为。但从广义角度分析，从采购行为所涉及的领域看，政府采购的制度与管理涉及政府经济、公共财政、经济管理、行政管理、法律、商务与贸易、专业技术、社会政策等多方面问题，是一门综合性、交叉性学科。此外，研究政府采购理论建立科学、规范、高效的管理和操作运行机制、提高财政性资金使用效率、促进廉政建设有着非常重要的意义。可以看出，政府采购问题不是通过研究某一个单一学科领域可以解决的。

其次，我国政府采购理论研究必须及时跟上时代的发展。我国政府采购制度建设和探索蓬勃开展，相比之下，中国政府采购理论研究滞后于实践，工作中许多创新性的、极富中国特色的做法和经验没有得到及时总结和提炼。

当前中国政府采购已起步发展了十年甚至更长的时间，成效斐然。但也存在不少问题。如法律交叉衔接问题、部委采购招标职能划分问题、管理与操作有效定位问题、政府采购行为规范问题、政府采购队伍专业化和采购意识及政策功能发挥问题等。在政府采购改革探索之初，许多问题被归咎于政府采购的程序和做法的不规范。随着改革的深入，我们逐渐认识到，政府采购的许多现实问题涉及政策、经济、法律、管理体制等深层次问

题，必须通过理论的深入研究予以解决。而且，政府采购改革走到今天，不会因为改革过程中出现的某些问题而倒退回起点。我们在遇到深层次问题时，加紧进行理论研究也就成为一项迫切的任务。因此，在中国创立一个涵盖众多学科和专业的新兴学科——政府采购学有其广泛的实践基础。

更为重要的是，如今的政府采购工作走到了发展的瓶颈地带。为什么采购中心没职权但社会都认为它会集中腐败？为什么用户总在抱怨买不到自己中意的产品，且价高、质次、效率低？为什么整个社会过多专注采购程序而忽略了采购本质？为什么按招标文件要求进行投标评审，其结果仍不能令人满意？为什么管理和执行分离后难以完全实现协调一致性？为什么供应商采取非常手段赢得合同的现象屡禁不止？质疑投诉大量发生是受法律环境的影响，还是工作责任制的问题，或者是工作水平的问题？所有这些问题的回答，直接关系到政府采购进一步改革的深入。下一步改革的成功，需要实践工作者和理论研究专家认真分析，提出解决办法。

2008 年，中国正式加入世界贸易组织《政府采购协议》谈判。谈判准备工作必须依托于相关政府部门和高校、研究机构的专家广泛、深入、细致的研究。虽然我国不会很快完成加入的谈判而签署《政府采购协议》，但目前不争的事实是，我国的政府采购市场是一个未受到有效保护的比较开放的市场，全面地研究国际政府采购制度，完善我国相关法律体系，对于维护国家经济安全、制定和执行国家宏观经济政策、强化行政管理体制改革，有着十分重要的意义。

二、政府采购学科建设的基础和可行性

为适应我国政府采购事业建设和发展的需要，我国一些高校比较早地开始了政府采购理论体系的建设和课程的开设。如武汉大学 1985 年在余杭教授的主持下开展了硕士研究生层次的有关招标竞争课题的研究；1993 年，在国际关系学院刘慧教授的带领下，国内高校陆续开设政府采购、国际招标投标的研究生和本科生系列课程，培养政府采购专业方向的硕士研究生和博士生；中央财经大学 2003 年出版了《政府采购管理》教材，也开设了政府采购选修课；2005 年南开大学为经济法研究生开设了政府采购课程，并且准备开设本科课程。2009 年年初，广东财经大学开设了政府采购学、政府采购实务、政府采购法律等课程；2018 年启动了教育部校企协同育人项目，设立政府采购电子实验室，着手政府采购电子化全流程教学；2020 年编制公共采购课程教材，开始公共采购教学。

与此同时，有关政府采购问题的理论研究在我国高校中蓬勃展开，各高校从院校自身特点出发，从法律、公共财政、工程、物流等不同角度对政府采购进行研究。如中央财经大学的政府采购与公共工程研究中心，国际关系学院的公共市场与政府采购研究所均是专门从事政府采购和招标投标理论研究的机构。高校中还产生了一大批专门从事政府采购理论研究的专家、学者，他们参与了我国《招标投标法》和《政府采购法》的起草工作。这些研究所和研究人员与国家部委长期保持联系，进行课题项目研究，从理论上解决政府采购的现实问题，并取得了一系列填补国内空白的研究成果。此外，国内许多院校的研究生和博士生将政府采购作为其研究对象，从不同角度进行研讨和论文撰写。十余年的时间内，我国有关政府采购和招标投标的理论著作成果丰硕，包括《国际招标与投标》《世界贸易组织〈政府采购协议〉导论》《政府采购制度的发展与立法》《政府采购法律制度理

论与实务》《政府采购：理论与实践》和《招标投标实务》。

全国一些省市的政府采购机构根据工作经验和需要，编写了政府采购文件和规章制度汇编以及培训教材。长期从事政府采购管理和操作的工作人员从实际工作出发撰写了大量的文章，使我国政府采购理论和实践取得了一个又一个的突破。

为解决全国急需政府采购专业人才的问题，有些院校很早就在国内培养政府采购研究生和开办政府采购、招标投标专业方向研究生班，创新建立政府采购理论与实务研究合作基地。这些工作的开展为中国高校创建政府采购学科奠定了坚实的基础。

三、以政府采购改革和探索为目标，创新我国高校学科、专业模式

政府采购是新兴的学科，它的建设与运行需要创新的模式。

（一）政府采购学科的设立需要形式和观念的创新

政府采购学是研究公共市场领域的政府采购问题的一门学问。其目标是通过从西方引进基础概念和规范制度，在中国十余年实践探索积累的基础上进行研究，使其更适应中国国情。从科学发展的角度出发，达到和谐政府采购的目的。研究可以从学理型、探究型的政府采购学理论出发，注重实证分析和实践应用。

中国政府采购学的设立，首先需要该领域研究理论的先驱的不断探索，更需要实践部门和专业人士的参与和贡献。没有理论的政府采购工作只能停留在一般性操作程序上，根据经验操作或重复错误的操作；没有实践的政府采购研究也不会找到正确的方向，失去学科存在的价值。可喜的是，我国当前已经有一批具有深厚功底的政府采购学术专家和具有丰富经验和业内影响力的专业人士，现在缺少的是学术界对于这一研究领域的认可和相对独立的研究平台。与传统学科相比，这一学科还缺少普遍性，未被一些学术专家所承认，造成一些年轻的、对政府采购研究充满渴望的学者进了这个领域之后，又走了出去。因此，从事这一领域研究的学者和专业人士需要形成合力，怀着创新的理念，全面传播政府采购学科的价值和成就，营造学科研究的氛围。

（二）政府采购学的建设需要不断进行内容的创新

政府采购在中国本身就是一项改革的事业，在从无到有的发展过程中始终走着探索之路。我们探索它的基本概念，探索它在中国的运行规律，探索它的管理规范，探索它的法律体系。甚至，在中国这样的发展中国家，还要探索它在消除腐败方面的重要作用。探索的过程就是创新的过程。政府采购学科建设需要从研究的内容和课程的内容上创新。

首先，在理论研究方面的探索。一是国际政府采购制度与中国政府采购制度的比较与关系。它包括世界贸易组织、联合国、区域性国际组织、世界银行等国际金融组织和各国政府采购规范与制度。二是我国政府采购制度建设与公共财政改革问题。政府采购制度建设包括其自身的标准化和规范化。此外，公共财政改革问题包括财政支出改革和政府采购改革的作用以及它与部门预算、国库集中支付有效衔接的方式。三是政府采购与公共管理和社会政策密切相关。政府采购有着独特的社会政策功能。但其作用的发挥需要相关的政策和制度配套，并且使用适度，否则会适得其反。因此，需要科学地研究政策和制度的因果关系，为更好地利用政府采购的政策功能进行国家宏观调控。四是关于政府采购的法律体系。该法律体系包括《招标投标法》与《政府采购法》，政府采购改革过程中、政府采

购标准化过程中、政府采购市场竞争过程中和开放过程中的法律规章。五是中国即将面临的政府采购市场开放的具体问题等。

（三）政府采购学科在高等院校中的课程设置

根据政府采购学科交叉和综合的特点，其课程设置应是经济学、对外贸易、公共财政、管理学、法学等专业课程的有机结合。其跨度大，对学生的研究能力和创新能力要求高，又要求学生具有一定的实践基础。从难度来说，其更适合在硕士及以上层次开设课程。因此，其课程体系的设计是十分关键的。从国际上看，世界上有些大学在硕士和博士层次已经开设了相关专业方向，但多数还是偏重于某一个传统学科，如法学下的政府采购法律研究等。

中国政府采购的改革一直走在中国行政改革的前列，从某种意义说，它带动了我国政府行政体制、法律制度、公共经济与管理、反腐败制度等一系列改革的探索。中国的政府采购是改革开放过程中的一个特有现象，具有特殊的规律和问题，需要我们用创新的思维开创这个新的研究领域。

> 公共采购理论作为新兴创立的经济学学科理论之一，已被深入研究并逐渐成形，在学科性质、学科对象、研究范围、研究方法等方面实现了重大突破。

第三节 中国公共采购理论研究与学科建设

公共采购理论是有中国特色的经济学理论之一，今天的公共采购理论是新中国成立后随着计划经济体制的建立而确立和发展起来的，以马克思主义政治经济学为指导理论，将社会分配与商品交换理论作为其最初的基础理论资源。它的研究对象和研究内容是商品交换的过程及运动规律。自有货币及商品交换以来，人们对于公共采购问题的思考和探索就没有停止过。我国汉代的平准均输制度、宋代的市易制度和买扑制度、20 世纪 60 年代的控购制度、改革开放时期的重大机电设备进口及工程建设招标投标制度、1995 年开始的政府采购制度等，这些分别为公共采购的溯源、萌芽及初期阶段。政府规模采购中较低的交易成本和较高的交易效率也深化了制度经济学理论。而贸易自由化理论为政府采购市场由封闭走向开放提供了理论基础。规范的现代公共采购理论应该说是从西方政府采购制度理论发展过来的。但随着社会的发展以及理论科学化的深入，以及对这一理论的前瞻性认识，独立的中国公共采购理论还未进入到成熟期。在丰富的历史和现实面前，如何“洋为中用”“古为今用”以确立中国公共采购理论，成为我们必须思考的重大理论和现实问题。伴随着我国“十四五”规划的不断推进，研究新形势下的公共采购理论对于科学发展社会经济以及系统建设公共采购理论学科具有深远的理论和实践意义。

一、公共采购理论的确立

目前，我国公共采购理论的学科地位面临重大机遇，其实这是公共采购理论与其他经济管理学科及其相关研究领域之间复杂关系的一种体现。为了确立公共采购理论的学科地位，我们必须科学认识公共采购理论与国际贸易学和世界经济学、宏观经济学和公共经济学、公共财政学、公共管理学以及公共法学等的区别与联系。

（一）公共采购理论与国际贸易学和世界经济学的关系

公共采购理论是国际贸易学和世界经济学的一个分支，但不同于国际贸易学和世界经济学。国际贸易学是研究国际间商品与劳务交换过程中的生产关系及其上层建筑发展规律的科学。世界经济学是研究世界经济运动规律的科学。它们的研究对象既包括国际贸易或世界经济的基本理论，也包括国际贸易或世界经济政策以及国际贸易或世界经济发展的具体历史过程和现实情况。公共采购理论的国际渊源可以说是这两门学科在实践中衍生出来的。它们是公共采购理论建立的有力武器和体系提升的重要法宝。一方面，中国现代的招标投标和政府采购制度是从国外引进的，属于舶来品。世界贸易组织颁布的《政府采购协议》、联合国颁布的《贸易法委员会货物、工程和服务采购示范法》、世界银行颁布的《采购指南》以及西方国家运行一百多年的政府采购制度给中国公共采购理论的产生和发展提供了丰富的理论借鉴。另一方面，在全球化、贸易自由化的倡导下，公共采购市场对外开放步伐加大，开放领域更宽，开放内容更多，开放类别更全，开放门槛更低。公共采购市场的开放促进了国际贸易自由化的发展，公共采购市场成为世界经济体系的有机组成部分。政府采购的有效作用使其在国际金融危机及世界经济衰退中成了“明星”。如中国正是通过4万亿元投资及政府采购和赴海外采购缓解经济危机和树立国际形象的。当前，中国正处于加入GPA谈判的关键时刻，进一步开放中国公共采购市场即将成为必然。中国加入GPA将对国际贸易或世界经济产生什么影响？如何利用国际贸易或世界经济理论促进中国公共采购理论的发展？这是很大、很深的问题。

（二）公共采购理论与宏观经济学和公共经济学的关系

公共采购理论是宏观经济学和公共经济学的一个分支但不同于宏观经济学和公共经济学。宏观经济学是使用国民收入、经济整体的投资和消费等总体性的统计概念来分析经济运行规律。它是以国民经济总过程的活动为研究对象。公共采购理论反映了经济学领域的一种经济运行规律，它应该成为宏观经济的主要理论之一，应该是宏观经济政策实施的主要依据之一，也应该通过建立公共采购计量模型为宏观经济理论验证、经济预测、政策制定以及政策效应检验而服务。公共经济学是通过经济学的方式研究政府及其行为的学科。经济制度理论是它的主要研究方法之一。在公共采购理论基础中已详细探讨公共采购理论与公共经济学的关系，值得深入思考。

（三）公共采购理论与公共财政学的关系

公共采购理论是公共财政学的一个主要分支，但不同于公共财政学。公共财政学研究与政府预算有关的经济行为。公共采购理论在许多方面体现了公共财政学的特性。首先，公共采购理论体现公共财政职能理论诉求。公共财政主要通过社会资源的行政化和市场化合理优化配置为社会提供公共产品和公共服务，公共采购理论是提供这一公共产品和公共服务的主要载体和工具。公共财政所具有的调整收入分配结构或财政转移支付等职能也需要通过公共采购行业实现。对于公共财政来说，它具有的调节社会总需求、纠正市场失灵、保护民族产业和维护市场秩序、稳定物价和促进就业等职能，同样需要通过公共采购制度及政策执行达到相关目标。其次，公共采购制度行为体现公共财政特性。公共财政内在要求体现了市场竞争和社会公平、公正等要求，公共采购理论本身所具备的公开透明、公平竞争、公正信用和廉洁规范等原则恰好可以贯彻和体现公共财政的特性。健全的公共采购法律制度体系可以体现公共财政的规范化要求。公共采购理论的存在与发展以及贯彻的有机结合和分离，体现了公共财政改革及其科学化、精细化的要求。公共采购理论作为公共财政学的重要分支理论，和税收理论一样起着关键作用。公共采购是预算执行的主要方面，它如何与公共预算、国库支付甚至资产管理有机结合，也是该理论与公共财政学需要解决的问题。

（四）公共采购理论与公共管理学的关系

公共采购理论是公共管理学的一个重要分支，但不同于公共管理学。公共管理学是公共组织基于公共利益管理公共事务的一门学科。公共管理实际上是通过公共组织提供公共产品和公共服务的活动。而公共采购是研究公共组织使用公共资金开展采购的活动，采购的目的就是提供公共产品和公共服务。在公共采购理论基础中已详细探讨公共采购与公共管理学的关系。

（五）公共采购理论与公共法学的关系

公共采购理论是公共法学的一个特别分支，但不同于公共法学。法学（又称法律学或法律科学）是研究法、法的现象以及与法相关问题的专门学问，是关于法律问题的知识和理论体系，是社会科学的一门重要学科。目前公共法学并未成为一个独立学科进行研究，但公共采购理论与公共法学关系密切。公共采购为实现日常政务职能及为社会提供产品和服务一般通过立法行为予以规范，简称公共采购法律制度。它具有公法与私法兼具的双重行为属性，过程的规范、廉洁、透明、公平性，目的的公共性等法律特征。目前中国公共采购法律体系由法律、法规、规章及政策制度等构成，主要法律是《政府采购法》和《招标投标法》。两者虽然有时间先后，有程序和实体之分别，但基本规范同一采购行为。这给实际运作带来一定影响，需要研究予以解决。公共采购行为注重的是采购过程，但最终履行是通过缔结合同来实现的，所以《中华人民共和国民法典》是公共采购理论不可或缺的法律支撑。但公共采购合同到底是行政合同、民事合同还是混合合同，是理论争议的难点。再者，公共采购具有行为性，必然产生主体行为。所以，行政类、经济类和民商事类及相关法律需要对公共采购主体法律制度、权利义务法律关系、救济保障法律制度展开研究。除此之外，《建筑法》《价格法》《反不正当竞争法》《诉讼法》《对外贸易法》《电子签名法》等也成为公共采购理论的有机组成部分。基于公共采购本身的特性，其法律性质也有民事行为说、行政行为说、经济法行为说或公私法兼容说等观点，这需要公共采购理论进一步解答。

厘清了公共采购理论与相关学科范畴的关系，我们再来分析对公共采购理论的两种观点。一种观点可以称为“无用论”。该观点认为公共采购理论只不过是将政府采购理论有关内容重复一遍，没有自己的独特内容，这实际上是对公共采购理论的极大误解。另一种观点可以称为“取消论”。该观点认为公共采购理论是过于理想和超前的产物，在今天的市场经济条件下还没有研究的必要，根本没有容身之地。而笔者认为，在完善社会主义公共市场经济和建设公共服务型政府的今天，公共采购理论的存在和发展，不仅有重大的理论意义，而且有鲜明的现实意义。

首先，就目前的教学科研实际而言，公共采购理论作为一门新兴学科，已经开始探索研究独立的理论体系，不但确立了独立的研究对象，而且发展了一系列特有范畴，并探索了公共采购的一般规律，可以说已经具备了一门学科独立存在的基本条件。并且，理论及实践中形成的招标投标以及政府采购学科建设给公共采购理论的形成奠定了扎实的基础。

其次，公共采购理论既然以采购为研究领域，它就与政府、市场经济有着天然的亲和性。政府、市场和社会的再转型实际上给公共采购理论带来了前所未有的发展契机，而现实也对公共采购理论提出了迫切要求，无论从体制改革还是从经济发展来看，我国公共采购领域中存在大量问题，如公共采购决策和管理监督与执行问题、公共采购政策功能发挥问题、公共采购廉洁机制问题、公共采购电子化问题、公共采购供应商诚信体系建设问题、公共采购国际化问题以及公共采购与公共服务关系问题等，都要求公共采购理论给予科学解答。

再次，就全球视野来看，公共采购理论正引起国内外学术界的注意，许多学者对其表示认可。第八届国际公共采购大会吸引了 46 个国家的 312 名代表参会。中国学者的参与度及研究深度引起了国际公共采购界的高度关注。会议主办方特地安排了“中国公共采购领域的最新进展”的独立单元。国内高等院校主办公共采购国际论坛，多次探讨公共采购“新趋势、新学科、新职业”主题。就公共采购学科建设、公共采购职业化和职业组织建设以及公共采购在中国和其他国家及地区的发展等问题进行了广泛交流。笔者的《确立公共采购新理念加快制度创新》《公共采购战略应纳入国家战略发展规划》（与刘慧教授合作）等文章也引起理论界和实务界的关注。公共采购理论作为国际化、现代化、信息化和法律化的重要载体，理应在中国改革再发展的进程中继续存在并被推向世界。这不仅是与国际接轨的问题，而且是中国公共采购理论在国际上是否能成为“旋涡和中心”的问题。

最后，就学科资源合理利用来说，许多院校的公共采购理论学科建设虽然在“夹缝中生存”，但已经取得良好成绩，师资强、经费充裕、生源充足、就业前景好，公共采购理论已成为一些院校的优势学科与特色专业，国家应鼓励和大力倡导有关院校办出自己的特色。如国际关系学院的公共采购博士与硕士研究方向、政府采购本科专业方向学科建设和中央财经大学在财政、法学和公共管理专业下的政府采购学科建设等。

二、公共采购理论的研究重点

公共采购理论作为新兴创立的经济学学科理论之一，随着国际金融危机爆发后出现的契机，随着招标投标制度与政府采购制度的发展与冲突后出现的契机，随着中国转变经济发展方式建设自主创新和科技进步型国家而出现的契机，必将被深入研究，渐成体系，将在学科性质、学科对象、研究范围、研究方法等方面实现重大突破。其突破主要体现在：第一，公共采购理论定位于中观经济学，兼顾微观与宏观经济学，是经济研究的重要组成部分；第二，公共采购理论研究对象由狭义的交易行为扩展到市场与经济社会，包容了广义上的政府采购与招标投标，凡公共主体使用公共资金开展采购的范畴均被纳入了学科视野；第三，公共采购理论大大拓宽了研究领域，公共采购与政府采购、招标投标的关系界定，公共采购仓储制，公共采购供应商管理，公共采购战略，公共采购协议，公共采购政策，公共采购与公共预算，公共采购与廉洁服务型政府，公共采购市场秩序等市场经济条件下的新概念、新现象、新问题均应成为研究热点；第四，除传统的政治经济学框架与定性分析方法外，微观经济学、新制度经济学及数理模型与计量方法均应被广泛采用。

可以说，政府与市场的有机结合是公共采购理论的灵魂。在计划经济体制下，公共采购理论囿于以指令性“购、销、调、存”分配取代市场化交换，致使学科自身边缘化、贫困化。以市场为取向的经济体制改革和以法治、责任、服务及有限政府为要义的行政管理体制改革赋予了公共采购理论新的生命，以全球化为导向的对外开放事业更为公共采购理论开辟了新的“视界”。公共采购理论最终将确立自己的理论前提，用现代主流经济学的范畴、逻辑与模型研究公共采购领域，将价值实现问题提高到战略高度，扭转长期沿袭的“重预算分配、轻公共采购”思维定式，为经济发展方式转变与经济体制深化改革做出自己的贡献。当然，与社会主义市场经济和现阶段具体国情相适应的公共采购体制远未形成，在探索中出现的一系列新情况、新矛盾、新问题亟待公共采购理论界深入研究。

（一）公共采购理论与公共管理体制建设问题

如何推进行政管理体制改革，使政府主导型向公共治理型政府转变，实现政府转型，决定着“十四五”改革的全局。公共采购制度框架设计对国家公共管理体制创新将产生重要的影响。“经济调节、市场监管、社会管理与公共服务”是政府的经济职能，政府的职能的发展主要通过组织人事制度的公务员群体、公共财政性资金的运作以及为职能服务的物或服务等来实现。而作为实现职能的重要手段的“公共采购”涉及组织和主体行为、预算计划、采购实施和合同履行等，公共采购的规范、质量和服务水平直接影响公共产品和公共服务的质量水平，也倒逼公共管理体制的规范和优化。而这些正是公共采购主体理论设计所要解决的问题。

（二）公共采购理论与社会主义公共市场经济的问题

从总量、广度和深度上讲，公共采购市场作为公共市场的重要主体在发挥导向和示范作用过程中提供什么、怎样提供、提供多少产品和服务，都将深刻影响社会主义公共市场经济。如何通过公共采购理论研究，清晰界定政府与市场的关系？如何通过公共采购理论研究，充分运用公共政策职能灵活调控市场，特别是在转变经济结构和转变经济发展方式、优先采购国货、实现自主创新和科技进步、促进中小企业发展等方面发挥其他政策手段无法比拟的作用？如何通过理论研究，为建立规范诚信和稳定的市场体系发挥作用，为国家“十四五”规划转变经济发展方式，实现经济转型？这些均是理论界需要回答的重要问题。

（三）公共采购理论与建设廉洁政府的问题

反腐败问题关系党和国家的根基和形象，关系国家“肌体”的健康，是生死存亡的关键问题。国家在大规模工程建设和货物、服务采购的过程中，在预算立项规划阶段，在前期方案制定阶段，在准备招标和制作文件阶段，在招标代理、公告、评审或谈判阶段，在合同签订和履约验收阶段，在最终核算和支付阶段，在管理与监督阶段等都有可能出现寻租，产生腐败。根据国际透明组织研究，招标腐败占到合同总价的10%~20%。公共采购腐败已经影响了党和政府的形象和信誉。问题的存在与制度设计不当有很大关系。需研究哪些措施可实现由政府主导向市场主导转变，由“以官为本”向“以人为本”转变，由腐败不断向遏制和大幅减少腐败转变。公共采购理论研究承担着这一重要使命。

（四）公共采购理论与国际化的关系

中国加入《政府采购协议》谈判进入关键阶段。中国的政府采购市场即公共市场将走向国际化。在西方国家的施压和涉及贸易摩擦与保护主义等公共采购事件的现实面前，公共采购制度及国际化问题给我们带来了许多思考。《政府采购协议》的内涵对我们意味着什么？我们在加入后将得到什么和失去什么？我们应当做哪些准备和政策调整？这一系列问题是中国整体的，涉及政治、经济、社会等重大问题的战略命题。比如涉及外国市场的进入促进中国政府理念的转变、涉及中国供应商国际化市场战略政策设定、涉及中国公共采购内部体制机制的改变、涉及中国公共市场环境的重组架构、涉及中国公共市场外部开放与国内创新及科技进步等政策保护执行关系等问题。这些都与中国政府的社会经济政策息息相关。公共采购理论研究面临时间紧迫、环境复杂和较大阻力的挑战。

此外，诸如公共采购决策和管理监督与执行问题、公共采购价格指数建立问题、国内公共采购统一市场建设问题、国内市场与国际市场对接问题、公共采购当事人法律地位问题、公共采购项目需求行业技术标准规范建设问题、供应商商业信誉与采购人权益问题、公共采购产业结构的数量关系测度问题等，同样非常重要。

三、公共采购理论学科建设若干构想

（一）学科分类与专业设置问题

将公共采购理论归入“应用经济学”，基本反映了公共采购理论的性质与作用，应该认为是合理的，但对于世界经济、对外贸易、财政、公共管理等理论对公共采购理论的归纳及总结，也应慎重对待。目前有些院校在“财政学”“世界经济学”“公共管理学”“对外贸易学”“经济法学”“国际关系”等学科下纳入招标投标和政府采购专业体系，公共采购作为二级学科没有独立设置令人遗憾。其实，公共采购理论作为一门中观兼及微观、宏观经济的理论，应当致力于为探索公共采购不同主题以及其他相关者的关系做出贡献。依据公共采购理论的微观、中观或者宏观界定，应该分析其对个体、集体（行业或产业）或总体（社会与国家）产生的影响。公共采购理论的价值在于促进公共采购过程中公共利益的最大化。从这个意义上讲，公共采购理论可以名正言顺地打出“公共采购经济学”“公共采购市场学”“公共采购管理学”“公共采购法学”等的旗帜，至少在研究生教育层次上，应该如此探索。当然在本科教育层次，应当加紧设立公共采购独立学科。至于专业归属问题，在初级阶段，正因为公共采购理论还未成形，公共采购是纳入应用经济系为好，还是纳入世界经济系、公共管理学院，或者是法学院、财政管理学院甚至是工程学院为好？这应结合对公共采购的研究方向和重点，以及院校自身的特性而定。但至少有两点值得注意：一是分设是现状使然，“分”也是为了形成“合”的公共采购整体理论体系而不是割裂学术资源。二是形成独立的公共采购理论体系是未来发展方向，可以通过建设独立的学科、独立的研究群体和独立的中国公共采购学院来实现。

（二）学科开放与借鉴问题

公共采购理论无疑应以马克思主义政治经济学为指导，但是这并不意味着排斥西方经济学的有关成果，也不意味着排斥西方经济学的分析方法。正统的西方经济学（所谓新古典学派）所采用的供求模型与均衡分析方法值得我们借鉴。借鉴委托代理理论、博弈理论、信息理论和公共选择理论分析公共采购实践问题能更加深入透彻。新制度学派关于制度变迁的有关理论对于我们分析公共采购领域的政府管制问题也不无裨益。此外，西方经济学长期以来在数理分析、计量研究、建模与实验等方面发展出了一套成熟的形式化技术，不仅有利于将特殊问题一般化从而取得基本理论方面的突破，而且对于我们传统的以文字论述为主，逻辑关系不甚清晰的研究风格也是极有借鉴意义的。值得指出的是，国外的一些通行学术规范也值得我们学习，如主题词、文献综述、引文出处、参考文献等规范。另外，国外学术期刊的匿名审稿制度也值得我们借鉴，有助于我们不断提高研究质量。当然，学科开放和借鉴不是完全放开和胡乱借鉴，在研究分析的同时应当注重中国实际，总结出适合中国需要的理论方法。

(三) 理论与实践相结合的问题

公共采购理论属于应用经济学范畴，不同于纯理论研究，应从实践中来、到实践中去。一方面，公共采购理论研究应当深入实际调查研究，取得第一手材料，在此基础上展开理论思维，对现实问题给出理论解答，将实践经验上升为理论思考；另一方面，公共采购理论研究者应当致力于将研究成果推向社会，促进公共政策变革，维护公共采购当事人的正当权益。在这个问题上，公共采购理论界的确应反思。我们的许多研究课题会不会过于空泛和谨慎，而真正有价值的领域又有没有人认真去研究，如公共采购历史研究，中国封建社会朝廷采购是怎样的，有什么特点，对现代有什么借鉴？现代企业采购或国际采购对公共采购有什么借鉴？如招标投标制度领域研究，中国为什么会出现招标投标制度以及纯市场的招标代理制度，它给中国带来什么影响？如政府采购制度领域研究，集中采购机制的存在和发展与国家政策功能执行关系如何？如公共采购市场研究，地方市场、国家市场以及国际市场的关系怎样、应如何发展？其实这类实证研究不仅对于指导市场健康发展很有意义，而且也极富理论升华空间。另外，鉴于国家部委与学科的关系，有的研究成果无法实现社会价值。但从未来发展趋势而言，公共采购理论研究者可以通过积极与有关方面交流、沟通、互动，依据市场经济条件下经济主体不同的行为机制，制定自己相应的介入策略，如可以凭借专家顾问的身份递交研究报告、起草法规而参与到政府部门的公共管理决策中去，也可以通过听证会、新闻媒体等渠道表达自己的看法，还可借助行业协会、社会组织等方面力量影响政策制定。总之，公共采购理论既然属于应用经济学，理应围绕"经世致用"方针做好理论研究及成果转化工作。在这方面，国家部委对理论界的宽容和厚爱尤其重要。

本章小结

本章对公共采购新理念、政府采购学、公共采购理论研究与学科建设等作了观点介绍。

在了解分析招标采购领域现状和问题的基础上，确立公共采购新理念，把握公共采购定义，推进公共采购制度创新。在体制制度机制上进一步创新和完善；在制度上尽快制定《公共采购法》，统一目前的《招标投标法》和《政府采购法》。

政府采购学是多学科、多领域的交叉性综合性学科。随着改革的深入，我们逐渐认识到，政府采购的许多现实问题涉及政策、经济、法律、管理体制等深层次问题，政府采购学学科建设需要跟上时代的发展，通过理论的深入研究予以解决。推进政府采购学学科建设不仅需要形式和观念的更新，也需要不断进行内容的创新，特别是在课程设置方面，结合新学科勇于突破和革新。

公共采购理论是有中国特色的经济学理论之一，伴随着我国“十四五”规划的历史性转型，研究新形势下的公共采购理论对于科学发展社会经济以及系统建设公共采购理论学科具有深远的理论和实践意义。为了确立公共采购理论的学科地位，我们必须首先科学认识公共采购理论与国际贸易学和世界经济学、宏观经济学和公共经济学、公共财政学、公共管理学、公共法学的区别与联系。其次，要明确公共采购理论的发展方向，包括公共采购理论与公共管理体制建设问题、公共采购理论与社会主义公共市场经济的问题、公共采购理论与建设廉洁政府的问题、公共采购理论与国际化的关系。最后，要建设具有中国特色的公共采购理论学科，应处理好学科分类与专业设置问题、学科开放与借鉴问题、理论与实践相结合的问题等。

思考练习

1. 公共采购新理念包括哪些内容？
2. 如何建立政府采购学？
3. 如何开展公共采购理论学科建设？

推荐阅读

刘小川，唐东会．中国政府采购政策研究［M］．北京：人民出版社，2009.

下篇

公共采购实践

第七章　公共采购制度与改革

学习目的

了解中国公共采购制度现状及问题。

分析掌握中国公共采购制度存在问题的原因及其构建的动力和阻力。

熟悉构建中国公共采购制度的主要内容。

学习重点和难点

中国公共采购制度现状及问题以及构建中国公共采购制度的主要内容是重点；中国公共采购制度存在问题的原因及其构建的动力和阻力是难点。

学习名词

公共采购制度　公共采购动力　公共采购阻力

公共采购理论的目标是改革和更新公共采购理论和公共采购工作中不能适应社会主义市场经济、不能适应公共服务型政府建设、不能适应转变经济发展方式和不能适应中国加入GPA前后新形势的需要、阻碍公共采购事业进一步发展的环节，解决困扰公共采购工作的矛盾和问题，逐步完善我国公共采购制度，将公共采购事业推上一个新的更高的发展层次。公共采购发展内容广泛、涉及领域众多，具有十分广阔的空间。应充分借鉴国际公共采购的经验，深刻分析中国构建公共采购制度的动力及阻力，在全面了解中国公共采购制度现状的基础上，提出促进中国公共采购制度发展的思考。公共采购制度既是总结公共采购实践发展的产物，同时也是理论创造性开发研究的结果。

公共采购前期发展成效显著。当前公共采购十大关系问题包括国际与国内关系、法律与制度关系、体制与机制关系、管理与执行关系、主体与客体关系、程序与实体关系、救济与监督关系、理论与实践关系、专业与政策关系、廉洁与腐败关系。

第一节　中国公共采购制度现状及问题

一、中国公共采购基本成效

改革开放开始后的三十年，中国公共采购前期发展成效显著。从招标投标制度来看，它在提高经济效益、培育市场体系、保证项目质量等方面起到积极的作用，具体体现在以下几个方面。一是招标投标法律法规体系基本形成。2000 年开始实施的《招标投标法》及相关配套法规，使全社会依法招标投标意识显著增强，招标投标活动纳入法制化轨道。二是招标投标领域不断拓展。从 20 世纪 80 年代对部分建设项目试行，目前在投资建设领域广泛应用，从单纯的工程建设，逐步拓展到货物、工程和服务的各个领域。三是行政监督体制初步确立。修改招标投标部际协调机制与各部门自行行政监督相结合、招标投标专项检查以及工程建设领域专项治理相结合、公共资源交易平台整合和招标投标行业自主权相结合等充分发挥了行政监督的合力和有效监督作用。四是行业自律取得重要进展，招标投标行业组织体系已经形成。成立中国招标投标协会，开始招标投标职业化建设；招标代理机构不断发展壮大，专职从业人员近百万人。五是招标投标效益显著。招标项目和数额增长迅猛，资金节约率不断提高。从政府采购制度来看，它在规范政府采购行为、完善市场体系、提高资金使用效益、促进廉政建设和发挥政策功能方面也起到重要作用。其作用主要体现在：一是政府采购范围和规模不断扩大，经济效益和社会效益大幅提高。政府采购呈现范围类别和资金来源多元化特点。合同能源、云计算服务、科技创新、公益性强、关系民生的采购项目不断纳入政府采购。政府采购规模增长迅猛，由 2002 年的 1009. 6 亿元到 2019 年的 3. 3 万亿元，年均增长率远远超过经济增长水平，政府采购资金年节约率在 10%以上，累计节约财政性资金 3 万多亿元。二是政府采购法律制度框架基本形成。初步建立了以《政府采购法》为统领、30 多个规章和规范性制度为配套的政府采购法律法规制度体系，为政府采购工作提供了制度保障。三是政府采购管采分离成效显著。财政部建立了政府采购管理办公室，各级财政部门也设立了政府采购管理机构，全国大部分省、自治区、直辖市、计划单列市和绝大部分地市设置了集中采购机构。“管采分离、机构分设、政事分开、相互制约”的工作机制基本形成。四是政府采购政策功能实施取得重大突破，节能环保、自主创新、促进中小企业发展等方面成效突出。五是形成了以集中采购为主、部门集中采购和分散采购为辅的采购格局。六是依法采购水平全面提升，公开透明的采购运行机制逐步形成。公开招标成为主要采购方式，政府采购信息公开化和电子化程度不断提高。政府采购预算和资金支付管理逐步完善。评审专家管理更加科学合理。代理机构资格认定有序进行。供应商质疑答复和投诉处理工作日趋完善。七是监管工作进一步加强，促进了廉政建设。开展政府采购领域治理商业贿赂专项工作、政府采购执行情况专项检查和集中采购机构年度考核等。八是政府采购国际化能力不断提高。2007 年年底启动了加入 GPA 谈判，2019 年递交了第 7 份谈判清单。参加了 APEC 政府采购专家组、联合国贸易法委员会政府采购工作组会议，并以观察员身份参加 WTO 政府采购委员会活动；先后与欧盟、美国、澳大利亚、新西兰和韩国等国家和地区开展政府采购对话、磋商或谈判。九是形成了一支专门从事政府采购的干部队伍。

从以上的成效来看，中国现代公共采购发展可以说是从改革开放后开始的。公共采购的萌芽、产生为公共采购发展提供了历史和科学的目标及路径。中国的公共采购发展经历过三个阶段，首先是招标投标制度阶段，也可以说是公共采购的萌芽时期，这是从改革开放初期引入招标投标制度到 20 世纪 90 年代中后期以重大工程和进口设备招标投标为基础的阶段。其次是招标投标与政府采购两种制度并存阶段，以招标投标和政府采购法律制度建立、招标投标出现负面影响而政府采购制度建立发展迅猛为主要特征。这个阶段从 20 世纪 90 年代中后期开始至今一直存在。最后是公共采购阶段。现在正是公共采购发展阶段，是公共采购理论体系与实践并行的阶段，也就是将招标投标与政府采购互动融合并纳入科学发展制度创新轨道走向公共采购的阶段。

二、中国公共采购十大关系

招标投标与政府采购为公共采购的发展奠定了雄厚的基础，取得了长足的进展，但从一定程度来说它们走到了瓶颈阶段，迫切需要上升到更高层次才能解决面临的问题。我国正处于从第二阶段向第三阶段转变的非常重要的发展时期，需要大力探索和研究公共采购理论体系，大力开展公共采购实践，力求解决瓶颈问题，为社会经济发展服务。这些瓶颈问题，总结来说就是十大关系问题。

（一）国际与国内关系

公共采购国际压力增大，国内与国际差距较大。近两年来，公共采购国际环境出现一些新形势。如世界贸易组织正准备对 GPA 进行修订，修订内容之一是降低协议规范的门槛；另一个修订内容就是促使中国尽早加入 GPA。联合国也制定《贸易法委员会公共采购示范法》，使之向公共采购靠拢。同时，受金融危机影响，公共采购国际压力大。公共采购国际动向主要体现为西方国家特别是欧美国家的步步紧逼，强烈敦请中国尽早加入 GPA，及时开放政府采购市场。欧盟在 2011 年年底前完成政府采购市场准入新政策的立法质询。欧盟的政府采购新法规将增加非 GPA 成员国采购的限制性措施，中国、印度等非 GPA 成员国将遭到市场排斥，这从某种意义上来说是在给中国加入 GPA 施加压力。在中国自主创新、保护国货和进口准入等政策实施中，欧美国家以限制进口、贸易保护和歧视竞争等为由头施压，中国处于被动应付状态。有时我国政府迫于压力，修改国内相关条款，缓和贸易紧张气氛。作为舶来品的招标投标和政府采购制度，在西方国家运行了 200 多年，显示了该项制度的强大生命力。而在中国，招标投标和政府采购制度在法律制度框架下运行年限不长，但发展迅猛，成效显著，问题突出。国内公共采购环境远未适应国际化要求，差距较大。比如在公共采购定义、立法技巧、运行程序、方式选择、质疑投诉、政策功能和公共统一市场等许多方面与国际不一致。在国际上，我们必须积极应对，化被动为主动，有效应对公共采购国际压力；在国内，需结合中国国情趋向国际化的公共采购法律制度体系和管理体制、运行机制，加强对公共采购制度的创新。

（二）法律与制度关系

公共采购法律冲突，制度不完善。《招标投标法》和《政府采购法》属于同位法范畴，虽然法律施行有时间先后，业界也认为有程序和实体法律之分别，但实质上是规范同一采购行为。两法冲突给实际工作带来较大影响。现行的法规制度还不完善，与公共采购活动的发展不相适应，有些领域无法可依，有些规章制度相互不协调，有些缺乏配套的可操作性规定，有些制度不科学、不合理。各行政监督部门出台的相关法规规章相互交叉和冲突，法规制度适用难。由于政出多门、内容重复、条文交叉且矛盾，造成招标投标规则及政府采购规则不统一，导致有法可依，无法执行的局面。从采购对象上看，货物、工程和服务的管理和操作范围没有明确界定，也给实际工作造成极大混乱。比如，水利部门在水利房屋建设中的中央空调机电设备招标采购项目中，水利部门、国家发展改革委、建设部门和财政部门按法律法规都是招标采购管理部门，若供应商需要救济到底找哪个部门去解决问题呢？“中国政府采购第一案”结案困难，很大程度上就是法律交叉、制度混淆造成的。两法出台多年但具体实施条例一直出不来跟两法本身的冲突有很大关系。

（三）体制与机制关系

公共采购体制不健全，机制运行不畅。按《招标投标法》规定，国家发展改革委有权审定招标方式，各建设、交通运输、水利、工业和信息化等部门履行工程及设备招标行政监督职能。按《政府采购法》规定，财政性资金的货物、工程和服务都属于政府采购管理监督范围，由财政部门监管。由于体制缺陷，主管部门不统一，处于多头管理状态，监管无法到位。招标投标管理体制无法杜绝行政干预。一些行业主管部门既是业主招标人，又是招标投标的监管部门，还是具体招标投标活动的操作者，集“裁判员”和“运动员”双重角色于一身，很难保证招标投标活动做到公正公平。招标投标部门与政府采购管理部门职责不清，具体监督管理只侧重于形式和程序的监督，对实体性内容的监督往往很难深入。法律规定的违法行为的惩罚力度小，受利益驱动，必然会有人铤而走险。招标投标和政府采购管理部门的层级、人员和专业性都很难适应现有工作局面。目前的体制格局严重妨碍统一、有序、公平竞争的招标投标市场的建立。从机制上看，存在操作机制职能界定不清的现象，具体而言，货物、工程和服务采购就存在采购人、招标人、招标代理、招投标中心、公共资源中心等各种难以界定职能的现象。仅以政府采购中心为例，全国就有九种模式，其职能定位、隶属关系、行政级别和业务内容各不一样。体制机制问题成了困扰公共采购发展的一大障碍。

（四）管理与执行关系

公共采购管理模式混杂，执行不一。各部门有招标投标行政监督权，但缺乏有效管理。有的认为对招标文件进行审核、组建专家库以及投诉受理等日常性管理就已经是管理的全部内容，其实对供应商、专家库及各招标人的中观或宏观管理才是管理重点内容之一。政府采购管理层级不够，人员少，管理范围多，但管理内容不到位。在现行运作模式中，采购人、集中采购机构和采购代理机构等权利义务责任不统一，未有效界定。政府采购集中采购机构作为执行机构，职责和职能不稳定，与采购人之间的项目所有权、采购权还是使用权未能清晰界定，导致采购出现效率、效益等问题。政府采购缺乏全局化、标准化和专业化概念；采购目标、采购需求、采购质量、采购价格、采购服务和采购程序没有实现有机结合。

（五）主体与客体关系

公共采购主体权力大，当事人沟通协调机制欠缺，采购人如何行使采购权利，足以影响采购结果。若采购实践中采购人对准入条件、采购供应商、品牌或者技术参数以及评审办法有倾向性，既影响采购程序的正常进行，也影响采购价格的市场竞争性。供应商作为采购当事人之一，其提供的采购标的属于采购对象与需求，可以认为是形式客体。其市场诚信规范环境也急需整治，在只有一个中标人的前提下，供应商为达到利益争夺的最终胜利往往不择手段：拉拢采购人，暗藏或直接提供有倾向的项目需求方案；与采购人达成默契再开始招标；在项目公告期间胡乱质疑、干扰采购进程；拉拢专家打高分；没有中标时采取各种形式提出质疑，希望以第二名的身份替补上；使用较低档次产品冲标；中标后提供不符合要求的产品等。评审专家作为公共采购主要决策者，其权利、义务和责任严重不配比。实践中大多数技术性专家并不能完全胜任招标投标及政府采购的复杂性、政策性和专业性评审工作。“专家不专”“评委成常委”“退休专家”以及“哑巴评标”等现象给采购结果带来不良影响。采购中心或招标代理机构作为代理采购者，其廉洁性、专业性、服务性水平也会影响到采购结果。一个采购项目要通过拥有众多的采购当事人的制度性采购完成，最后是否达到满意的效果可能用于考究采购当事人的采购水平和能力的高低。

（六）程序与实体关系

公共采购过于注重程序，但程序与实体不契合。程序和实体是公共采购的两个方面。公共采购主要通过规范程序实现价格合理、质量优良和服务良好的采购目标。但为什么通过采购程序却采购不到自己满意的产品呢？一是程序本身的规范性值得考虑。公共采购的程序和环节众多。根据测算，一次规范的采购项目从计划、立项、采购、中标、合同及验收等过程需要 220 人次签名才能完成，工程采购环节更多。这么多的程序和环节是否需要简化、分支程序问题是否影响整个采购活动、某一项采购活动适用不同部门程序如何取舍等都说明程序自身需要规范。二是现在的招标采购过于注重程序。公共采购严格来说是程序采购。面对市场的激烈竞争和风险，若出现质疑或投诉，主管部门首先检查的就是采购是否符合程序。在这种压力下，招标采购操作者首先考虑的就是程序，程序对了万事大吉，实体怎么样并不是采购人或代理机构需要重点关注的问题。三是实体是通过正常程序产生的，虽然可能不合理但也要接受。否则别人会问你为什么不接受？是不是有其他想法。再者，采购项目本身的复杂利益性给操作者太多谨慎的理由。有的时候，项目出现价格高、质量差等问题并不是程序造成的。比如，项目被供应商控制（围标串标），那程序再完善，或者用电子采购也不能解决这个问题，因为这属于体制、制度和环境的问题了。

（七）救济与监督关系

公共采购救济乏力，监督薄弱。公共采购就是政府通过竞争和价格机制产生出最优的“中标人”和合理的中标价格。采购人往往具有优势。为保障供应商的合法权益，法律规定供应商拥有在采购全过程实施救济的权利。但由于体制和管理监督的原因，公共采购救济作用始终有限。一方面，在公共采购活动中真正有苦衷的或权益受到损害的供应商不敢维权。其原因很多，有的怕得罪人、被刁难或被排挤；有的认为没有用；有的觉得正常，下次他也会损害别人的利益。另一方面，有的供应商通过多种途径如乱质疑、乱投诉、信访或通过领导干预等形式干扰采购活动，要求对准入条件、技术参数、评分标准或商务条款等进行调整，以有利于自身的投标优势。凡是供应商的质疑、投诉都有深刻的背景原因。如由于采购金额大，可能出现暴利，供应商之间竞争激烈的项目；个别供应商前期介入非常强或投入相当成本却没有中标的项目；供应商同行恶性竞争，逢投必诉的项目；采购人倾向性强、明显有失公平的项目；价格相差较大且价格最高者中标的项目等。近年来，公共采购质疑、投诉有不断增长的趋势，值得引起注意。当前救济现象也与执法监督不力有一定关系。在供应商的维权意识提高、救济制度水平还不规范、救济环境不理想的情况下，监管部门缺乏专业性和人手配备不足也使监督工作面临新的挑战。

（八）理论与实践关系

公共采购理论体系性和实践性都很强，但理论研究偏弱，严重滞后于实践发展，实践操作问题多，需要理论提升予以解决。理论界的研究各自为政，分别从法律、公共管理、财政、贸易等各个方面对公共采购进行研究，没有形成合力。公共采购没有形成独立的学科，科研发展十分缓慢。独立的公共采购理论体系还在探索阶段，远未形成。在中国即将加入 GPA，中国公共采购内生型体制需要转型为社会经济发展服务的关键时刻，公共采购理论体系研究显得非常紧迫且重要。招标投标与政府采购制度进入一个新阶段，两者有许多问题需要通过提升理论水平予以解决。如纯市场化的招标代理制度是否符合中国国情？制约公共采购发展的因素有哪些？如何建立良性运行环境？中国加入 GPA 对进出口和国际竞争力有何影响？对中国政府部门的影响怎样？公共采购政策功能如何发挥有效性等。许多现实问题是政策、经济、法律、管理体制等深层次问题，必须通过理论的深入研究来探讨解决。

（九）专业与政策关系

公共采购专业性、政策性和复杂性强，但实际操作专业性严重不足，政策执行不到位。公共采购由于涉及公共经济、公共财政、公共管理、法律、商务与贸易、专业技术、社会政策等多方面问题，极具综合性和交叉性。但《招标投标法》发布后的第九个年头才开始组织全国招标师职业水平考试。《政府采购法》颁布至今也没有政府采购师职业资格认证。实际工作中专业性要求与目前素质培训等教育体系十分不匹配。公共采购体系专业化和人才队伍建设十分滞后。公共采购程序是从实践中摸索出来的，没有形成一套完整规范的专业体系。理论与实务专业化人才紧缺，急需培养人才职业道德和能力。公共采购政策功能作用强，但实际利用水平不高，主要是认识水平不高，执行力度不够，监督实施不到位等原因造成的。

（十）廉洁与腐败关系

公共采购的廉洁性亟待加强。当前，公共采购腐败行为不断，这对党和国家的信誉造成严重的损害。造成腐败的原因除了利益外，还与体制不健全、制度不完善、机制有漏洞、专业水平不高和科技电子技术利用率不高有关，还与诚信体系建立、市场经济环境等因素有关。公共采购具有抑制腐败的作用，是建设廉洁政府的重要载体。必须通过公共采购制度创新来遏制和大幅减少腐败行为。应大力推进公共采购制度创新，积极建立公共采购廉洁、诚信的社会信用体系，发挥市场示范和指导作用，不断为社会提供公共产品与公共服务。

> 经济全球化、中国加入GPA、中国经济社会转型、电子信息技术、社会期望、领导人意愿等构成影响中国公共采购制度建立的动力因素；既得利益、官本位、公共性缺失等构成其阻力因素。

第二节　构建中国公共采购制度分析

一、构建中国公共采购制度问题分析

在公共采购不断发展的过程中，正视客观存在的问题十分必要，何况这些问题已长期显现并被业界共识为普遍性问题。深刻分析这些问题产生的原因将有助于我们全面客观地认识当前现状和把握问题本质。这种现状和问题归结于以下原因。

一是信用缺失、利益争夺失公是问题出现的客观原因。公共采购是财政性资金通过一个公平、公开、公正的平台进行资源交换和利益再分配的过程。中国改革开放强调以经济建设为中心，在经济发展的同时社会逐利现象相对严重，对道德文化的追求有所减弱。社会信用意识相对比较淡薄，信用体系建设进展缓慢，有效的信用评价机制、监督惩戒机制尚未形成，产生了“守信者吃亏，失信者得利”的不正常现象，进而影响了公平竞争市场环境的形成。在“穷了几千年，不能再等了”的历史现象中经济持续飞速增长，社会各种潜能得到发挥，某些企业为达目标而不择手段。这也充分体现在公共采购领域，各种利益纷争特别是供应商利益纷争现象严重；不同利益主体之间交叉冲突，产生诸多问题。这在一定程度上已经影响了公共采购的严肃性和公信力。

二是认识和观念问题影响这一制度的发展。第一，有些采购当事人没有真正意识到采购人、招标人是为公众服务的，是代表纳税人进行采购与招标的。一切应当以社会公众的利益为重。第二，招标投标引进在前，政府采购出现在后，招标投标作用被夸大，属性被扭曲。有些既得利益者起了推波助澜的作用，这在一定程度上掩盖了问题的存在。第三，管理者、执行者和社会大众对这一现象的认识各有不同。社会各方面及管理执行者都过多地关注招标投标程序和采购过程，却很难将采购（招标）前、采购（招标）中和采购（招标）后紧密联系起来。由于过于注重招标投标的程序性工作，反而忽略了采购从计划到履约这一整体行为。采购各个环节的割裂、责权利的不统一导致公共采购效益不佳，也影响对它的再认识。

二、中国公共采购制度构建动力及阻力分析

公共采购制度是在一定的环境中生成、运行和变革的，因此其构建必然有客观的动力与阻力系统。从招标投标制度、政府采购制度向公共采购制度转变是当今中国面临的各种因素作用的必然结果，而构建这一制度的速度、质量、效果也取决于动力和阻力这两种力

量的对比和相互作用。从这一方面来说，分析和克服阻力，扩大和增强动力，将有助于中国公共采购制度的构建。

（一）动力分析

对中国而言，公共采购制度的提出，既是对中国招标投标制度和政府采购制度实践的检讨和反思，也是对新时代、新环境的自觉适应。推进公共采购制度构建的动力主要有以下几个。一是经济全球化和中国加入 GPA 的时代大背景强有力地推动着中国公共采购发展。很显然，中国目前的政府采购与招标投标现状、管理理念、职能配置、法律法规体系、行为方式、管理体制及能力建设等方面都存在着与 GPA 规则及政府采购国际化特征不相适应的地方。二是世界性政府采购组织和发达国家的有益经验以及金融危机后兴起的新的公共采购改革浪潮也影响中国公共采购制度取向。三是中国转变经济发展方式的迫切要求和社会主义公共市场经济体系建立的需要。推进“十四五”规划切实需要通过构建有效的公共采购制度保障经济结构优化、促进自主创新、改善社会民生、调节生态循环、发展新兴产业，也需要从根本上促进政府与市场、社会经济关系的调整和政府行为方式发生转变。这既是经济发展后追求质量所引发的行政管理改革要求，也是更加竞争、公平的市场机制促进制度改革的关键因素。四是电子信息技术为促进公共采购制度构建和提高服务能力提供有力的技术支持。利用网络信息与通信技术，通过电子系统将公共采购主体与市场主体和各信息背景资料库进行链接、融合，建立电子化、数字化和网络化的信息系统。优化采购程序、降低采购成本、规范采购行为、增强信息透明、抑制和减少腐败、强化社会监督。五是社会公众对公共采购期望的心态及政治领导人的改革取向将有力推动中国公共采购制度的构建。招标投标方面的问题长期存在，具有顽固性，并且难以解决；政府采购发展过程中也存在不少问题，需要加强其理论研究和提升实践问题解决能力。招标投标与政府采购的冲突由来已久，涉及深刻的历史原因和各种利益的纠纷。社会公众对这些问题几乎到了麻木的状态，迫切希望通过改革或制度创新予以解决。政治领导人也充分认识到解决这些问题的重要性，并通过各种方式进行整治，也在寻找恰当时机开始集中治理，推进制度创新。而“十四五”规划发展、公共服务型政府建立期望、中国正式加入 GPA 以及中国适时推进财税体制改革等恰好给公共采购制度构建提供最佳机遇。

（二）阻力分析

任何的制度创新改革都是一项复杂的博弈，都是在动力和阻力因素的相互作用下向目标推进的。公共采购制度构建是对政府自身甚至是核心部分进行改革创新，而政府本身是改革的设计者、组织者、实施者和推动者，又是需要做出改变的对象和客体，改革阻力可想而知。但正视和面对这些阻力有助于中国公共采购制度的构建，有助于对这一制度建设的长期性和艰巨性有更清醒的认识。这些阻力主要有以下几个。一是既得利益者的阻挠。贾康教授认为，只要实行制度改革创新，就会涉及既得利益，就要考虑怎样有效而且是以各方能接受的方式化解各方的利益矛盾。这是政府采购改革面临的最具实质性的问题之一。中国过往三十余年的招标投标制度和政府采购制度是从无到有，逐渐产生的，属于舶来品。由于认识不足，该制度必然在推进中产生许多问题，一定程度上将政府资源分配权让渡给市场或利益群体，产生既得利益集团。既得利益集团控制着市场，甚至与部门利益纠结在一起，影响着规则的制定和执行。过往改革实践中的许多问题谈不拢或无法深入，乃至近年来政府采购理论与实务研究中的一些争议，其实无不联系着既得利益背景。二是

“官本位”意识的影响。中国封建社会的“官本位”意识在社会主义中国还有相对广泛的社会基础。“官本位”在一定程度上诱导产生权力寻租。目前权力寻租等行为仍然在阻碍着这一制度改革的发展。构建中国公共采购制度是由政府主导型社会向公共服务型社会的转变，是从“官”身上夺权向市场、社会公平分化，是政府的自我革命，触及官员自身的根本利益，改革难度极大。三是在一定程度上，公共采购的社会公共性意识的缺失和公共采购监督力度不强降低了公共采购制度构建的能力。公共采购制度作为公共服务型政府的重要载体，它要求公共采购主体在思想观念、采购价值取向、采购体制、采购管理方式方面做出变革，而且也要求统一社会公共性的意识和健全良好的公共监督体制。而现阶段，公共采购的社会公共意识远未形成，公共监督体制还处在初级阶段，公共利益的社会参与与程序机制还未建立。社会公共性意识不足、公共采购运行机制和公共监督体制不健全在一定程度上减弱了社会对政府改革的期望，延缓了公共采购服务型政府建设的进程。四是其他因素。上层政治的意愿不足或决策失当、专业技术知识能力不足、法律制度环境的不健全也可能成为制度推行的阻力因素。

三、中国公共采购理念确立的意义

中国公共采购制度的现状很清晰，问题很明确，构建原因也进行了分析。在当前形势下，需要寻求一个更好的理念来统领目前的工作，确保对招标投标和政府采购制度实现统一规范管理，形成有利于决策、监督和执行的有效机制。而公共采购这一新理念应运而生。公共采购就是涵盖招标投标和政府采购的理念。推进公共采购制度改革必须从更高视角、更深层面认识这一新生事物。认识它存在、发展和创新的重大意义。

一是必须大胆解放当前招标投标和政府采购不利于工作发展的思想，树立科学发展的公共采购理念。必须看清当前招标投标和政府采购不利于工作进一步开展的瓶颈问题，特别是招标投标和政府采购的当权者要以国家社会的利益为重，跳出自身局囿，正确看待公共采购适应时代社会需要这一客观实际，认清形势，顺应公共采购发展潮流。时代将抛弃那些故步自封、停滞不前的人。

二是从公平正义和道德文化层面看待公共采购制度改革的必要性。我们站在新的起点上。“十四五”规划和中国加入 GPA 给公共采购制度创造了极佳的机遇。公共采购的基本属性是竞争，核心是公平正义。公共采购改革是涉及浩大的各级国家机关、各部门、各事业单位、各国有企业，涉及社会各行业供应商，涉及各类专家，涉及各招标采购管理与操作部门，涉及财政预算执行的良性改革。它涉及部门利益、集体利益、个体利益向公平正义、社会公共利益、国家利益的转变。公共采购制度改革将极大促进公平正义社会的形成，将对道德文化、社会经济生活产生深远影响，将改变现在“以官为本”的观念，真正树立“以人为本”的科学发展观。

三是要从突破但不脱离预算和财政管理的更高层面看待公共采购问题。公共采购是一门理论性和实践性都很强的独立学科。它是融合在公共经济、公共管理、公共财政、公共法律、商务和贸易、专业技术和社会政策等多方面的一门综合性、交叉性学科。它应当作为一个独立领域通过深入调研，采集大量的数据，从实证的角度进行研究，否则往往会在财政或预算概念的圈子里转，不能有实质性的突破。

四是必须深刻体会公共采购制度创新的艰巨性和复杂性。必须深刻体会到招标投标和政府采购在中国施行多年来，其法律制度行为存在的根固性；必须深刻体会到政府采购制度开展初期，中纪委实行公共采购制度改革的深刻内涵；必须深刻体会到公共采购制度创新在管理体制重组、制度建立和运行机制中面临的巨大利益调整和再分配过程的艰巨性和复杂性。

> 推进公共采购制度创新的具体措施包括充分利用中国加入GPA的机遇和优势、全面深刻认识公共采购制度创新内涵、健全公共采购法律制度体系、推进公共采购体制创新、完善公共采购运行机制、加强公共采购专业化和电子化建设、实现公共采购政策功能。

第三节　构建中国公共采购制度的思考

必须以极大的政治智慧和勇气推进公共采购制度创新，贯彻精简、统一效能的原则和决策权、执行权和监督权既相互制约又相互协调的要求，健全法律体系，理顺公共采购管理体制，完善公共采购制度和运行机制，加快全国公共采购统一市场的形成，强化公共采购政策功能。推进公共采购制度创新的具体措施应包括以下内容。

一、充分利用中国加入 GPA 的机遇和优势

中国正进入 GPA 谈判的关键阶段。专家学者就中国加入 GPA 有深刻的论述和认识。刘慧教授认为，加入 GPA 是我国政府对国际社会的郑重承诺，真正做好前期研究和准备工作，可以化不利为有利。陈凤英研究员认为，中国加入 GPA，或者说中国政府采购的国际化，这一过程事实上对中国政府的变革、转型和廉政都提出更高要求。无论对中国或是世界而言，都是市场商机，是一次发展与进步。这次变革的核心首先是理念的变革。政府采购必须市场化，最后必须走向国际市场。所以，这是一次深刻的变革。中国加入 GPA 将直接冲击政府采购的主权，管理部门应完善采购程序、信息披露和质疑程序等技术条规以适应中国政府采购国际化的需要。应尽快利用政府采购国际规制完善政府采购法制适用范围，引入国际组织政府采购规则，建立供应商资格审查制度，理性设计采购方式，构筑科学合理体系；吸纳合理程序规范，完善《政府采购法》程序规则；准确理解国际规制要求，完善质疑投诉制度。中国欧盟商会 2011 年 4 月 20 日发表的首部研究中国公共采购市场的调查报告显示：中国政府采购监管框架拖累了中国整体经济的效率。中国应加强政府采购的透明度和监管，将《招标投标法》纳入《政府采购法》中，尽快将地方政府和国有企业纳入 GPA 范畴，早日加入 GPA。笔者认为，管理部门应采取有效措施，充分利用例外政策谈判空间以及发展中国家身份，实施“规模对等”和遵循渐进开放原则。从历史经验来看，中国加入 WTO 推动了中国行政审批制度的改革。同样，中国加入 GPA 必将推动政府采购制度的创新与转型。所以，我们并不是完全调整好制度并适应了政府采购国际化的需要再加入 GPA，而是充分了解 GPA，明晰利弊之后再果断加入。这些准备至少应

包括：一是对中国招标投标与政府采购制度运行情况有了一定的总结，并且对改革方向及路径有清晰把握，如法律调整、体制创新、机制完善等。二是充分认识到GPA注重商事性而非政策性功能，即GPA重在保证供应商的竞争公平性，削弱国家政策对政府采购的保护。这就需要我们深刻认识到即使加入GPA，也能充分利用政府采购的政策性功能为本国经济社会发展服务，而不至于引起国际社会的太大喧动。三是加入GPA后对一些问题的出现有预测及应对机制，如建立处理由于利益、政策及语言文化差别使外国公司进入中国政府采购市场后出现较多的政府采购纷争机制。这就对中国政府部门加入GPA前的积极应对及市场环境完善构成挑战。四是通过加入GPA谈判，不断改进方法及总结经验，化被动为主动，适时派员加入世界贸易组织政府采购委员会，为加入GPA后取得国际话语权做准备。五是充分注意国际上将中国加入GPA政治化的倾向。

二、全面深刻认识公共采购制度创新内涵

公共采购是公共主体使用公共资金通过一定的规则和程序开展采购的过程。它至少具有三个重要特征：一是具有公共性。政府采购属于政府主导型采购，而公共采购则是公共服务型采购。二是具有中国化、现代化、信息化和国际化的主要特征。三是具有招标投标和政府采购所应有的优良品质。除了我们常说的公平、正义、竞争、信用、透明、规范和廉洁外，它还涵盖招标投标与政府采购所有的性质特征。

深刻认识公共采购制度创新还需要把握几个内涵：一是从国家治理体系和治理能力现代化的角度认识公共采购制度的重要性。国家治理体系和治理能力是一个国家制度和制度执行能力的集中体现。推进国家治理体系和治理能力现代化作为全面深化改革的总目标，对于中国的政治发展，乃至整个中国的社会主义现代化事业来说，具有重大而深远的理论意义和现实意义。公共采购制度是治理体系的核心内容，需要有效的公共采购治理能力，实现公共采购制度和制度体系协同发展。二是从建立高标准市场经济体系的角度认识公共采购制度的重要性。我国将基本建成统一开放、竞争有序、制度完备、治理完善的高标准市场经济体系，中国经济将更具竞争力与吸引力。公共采购制度是公共市场的重要组成部分，政府主体是市场体系建设的重要力量和重点、难点。公共采购领域政府主体适应市场主体的能力与水平决定公共市场建设的能力和水平，这需要长期和艰苦的努力。三是从优化营商环境角度认识公共采购制度的重要性。公共采购领域如何促进市场公平竞争，优化营商环境，构建统一开放、竞争有序的公共采购市场体系，需要通过全面清理公共采购领域妨碍公平竞争的规定和做法、严格执行公平竞争审查制度、加强公共采购执行管理、加快推进公共采购电子化交易，进一步提升公共采购透明度，完善公共采购质疑投诉和行政裁决机制等措施。

三、健全公共采购法律制度体系

公共采购法律制度体系构建的目标是统一《招标投标法》和《政府采购法》，制定新的《公共采购法》，体现公共采购的基本原则、精神和核心、政策功能，公共采购体制、制度和机制程序以及罚则等。在《公共采购法》基本法框架下，制定《公共采购工程法》《公共采购货物服务法》《公共采购管理制度》《公共采购执行制度》《公共采购招标投标条例》《公共集中采购办法》《公共代理采购办法》《公共采购竞争性谈判询价及单一来源

条例》《公共采购其他采购方式实施办法》《公共采购电子化条例》《公共采购程序制度》《公共采购救济与监督办法》《公共采购违法处罚办法》《公共采购职业道德标准》《公共采购人才职业化实施条例》和《公共采购政策功能制度》等具体法规或规章制度，形成统一有序的公共采购法律制度体系。根据当前情况为实现目标提出如下思路：①《招标投标法》和《政府采购法》实施条例暂缓出台，尽快启动两法立法修改程序，将两法在现行体制下进行修改、完善、提升，使双方向《公共采购法》方向靠拢。如增加工程招标投标管理职能；清晰界定两法适用范围；采购程序趋向统一。立法修改条款后再抓紧出台双方实施条例，适当时候再统一整合形成《公共采购法》。②由国务院成立专门小组，对当前国家经济贸易委员会与工业和信息化部提交的条例进行全面研究、整体修订。从国家和社会的角度，出台减少冲突、符合社会实际、可执行力强的实施条例。③根据条例进行体制制度机制整合。废止、调整、修改当前不符合要求的规章制度。

四、推进公共采购体制创新

（1）建议设立公共采购管理委员会，由政府一把手担任主任，成员由各部门组成，负责指导和协调公共采购全局性和重大性问题。

（2）理顺和规范好政府采购与招标投标管理职能。可以将工程建设项目的招标投标管理职能集中起来，由一个独立的部门行使管理权。在现行制度框架下，将政府采购管理职能与工程建设项目招标投标管理职能并存是可行的，关键是理顺两者的管理范围，更重要的是提升两者的管理层级。有条件的地方可以设立公共采购管理部门，独立行使货物、工程和服务管理监督职能。管理职能重点是公共采购政策法规制定，管理采购人（业主或招标人）、集中采购机构、工程交易机构或代理机构、供应商和评审专家的行为规范，以及货物、工程和服务的采购需求和程序规范、培训、监督和救济等工作。当然，管理权的集中不代表操作权的剥夺，各工程建设部门仍作为采购人（业主或招标人）从事与其职能相应的招标采购工作。

（3）建立以集中采购机构为主、部门集中采购机构和社会采购代理机构为辅的公共采购执行体系。公共采购管理委员会下设公共采购中心（与管理部门既相分离又有机协调），代表本级政府行使为自身职能需要进行的通用货物、工程和服务的集中采购实施权，该中心具有采购权。各省级以上政府根据需要可以设立部门集中采购机构，代表本部门行使采购权。政府集中采购与部门集中采购除了目录区分外，还有一个界定原则就是采购目的是满足部门内部管理需要还是满足部门职能服务需要。如水利部门开展物业管理服务采购不是水利部门的职能，因而属于集中采购。这需要厘清几个思路：一是公共采购中心的定位问题。它应当是本级政府的集中采购中心，具有集中采购权，应当具有市场调查、供应商会员管理、采购文件制定、采购过程执行、资格后审、合同签订和履约验收等职权。二是公共采购中心以“一级政府、一级采购”以及当地财力和公共集中采购总量来考虑是否设立。一般县区级以上单位应当设立。个别镇级设立的应当报省级人民政府批准。三是省以下政府一般不设立部门集中采购机构。若设立，需要报部委及省人民政府批准。四是非集中采购目录的项目可以委托集中采购机构，也可以委托招标代理机构，但需要在属地的招标投标中心或公共采购中心集中招标、投标、开标和评标。招标代理机构更多是完成咨询、服务和招标代理工作，不能组建专家库。五是考虑到国有企业采购的规模和采购性质的特殊性，可以由国有资产管理部门代行使公共采购管理权，各国有主体行使采购权，但应有专门法规和专门机构。

五、完善公共采购运行机制

完善公共采购运行机制重点要解决四大问题：一是公共采购要全过程执行和控制。要以项目管理和项目采购管理的理念来开展具体采购工作。一个公共项目采购是从采购预算到采购履约及支付的整体行为过程，必须由一个专职机构履行职权，独立实施，承担责任，特别是核心关键环节，如招投标和评审环节，不能剥离出去。二是明确采购权，体现采购权利、义务、责任相对等。如适当修改、完善评审机制，减少专家自由裁量权。专家评审决策作用转为专家技术咨询和建议作用。在前期方案制定、采购文件制作、采购评审、履约验收等阶段都可以聘请专家介入。三是采购内部程序规范、透明，所有采购业务流程必须有标准化、规范化范本。一个专业采购机构，其市场调查、供应商管理、采购文件制作、采购评审决策、合同签订、履约验收、支付及资产管理等必须适当分离，相互制约。其必须根据项目性质制定相应的需求书、采购文件、投标文件规范、评审规范、合同规范、履约验收规范等。如采购需求不应由供应商制订方案，而是通过行业协会、专家、专业代理机构、咨询公司等专业力量介入，制定标准规范，保证公平。四是有些采购类别的采购，如自主创新产品采购、小额通用设备采购、物料仓储采购等，可以创新采购方式，以公开与竞争优先、提高效率、优化流程、注重实效为要求和原则。

六、加强公共采购专业化和电子化建设

供应商和专家等必须进行职业化认证管理。必须根据业务需要配足、配强专业人员。可以在现有集采机构甚至招标代理机构选拔优秀人才充实到采购管理机构、采购人和采购中心队伍中；可以将招标协会改组成为公共采购协会；可以尽快开展公共采购专业化队伍职业道德和法律责任体系建设；可以设立中国公共采购学院，加强学科建设，理论与实务相结合，提升队伍专业化能力；可以建立电子化采购和监管平台，力争采购计划、采购立项、采购招标投标、采购评审、采购确定、合同签订、履约验收、支付评价、监督管理实现全程电子化。可以委托第三方参与电子化建设，促进全国公共采购统一市场尽快形成。

七、实现公共采购政策功能

在公共采购体制健全、制度完善和运行机制协调通畅下，公共采购政策功能将发挥重大作用。通过政府采购规模和政策引导及规则制定，实现经济总量调节、经济结构调整；通过绿色采购实施环境保护、节能减排政策，建设环境友好型社会；通过给予适当优惠和优先，对新农村、经济不发达地区和少数民族地区等实施政策倾斜，促进社会和谐；通过规定中小企业在政府采购中的市场份额和优惠政策，增加就业，扶持中小企业发展；通过采购国货保护本国企业；通过优先采购企业自主创新产品和节能环保产品，提升企业核心竞争力，促进产业结构和产品结构调整；通过采购达到质量、价格、服务和透明竞争信用等程序的最佳结合，能从源头上防止腐败、保护干部，为建立廉洁政府和公平正义社会发挥导向作用，为“十四五”规划提出的政府转型、经济转型和社会转型积极发挥作用。

实践必将证明公共采购制度创新的成功，只有靠法律、体制、制度、机制、电子化、业务标准化和人的专业化全面实施，注重内部制约、采购廉洁、采购程序、采购效果等公共采购新理念，才能真正达到科学发展的采购最佳效果和政策要求。而推进公共采购制度创新涉及深刻利益关系，任务艰巨。但它有招标投标和政府采购取得的巨大成就为基础，有强大的群众基础和社会基础，经得起时间和历史的考验，靠的是领导者的极大勇气和政治智慧以及思想解放和科学发展的指导观。公共采购制度创新应以中国加入“第二个WTO”（即 GPA）为契机，改革这把“硬刀子”，真正实现政府的“自我革命”。

第四节 深化政府采购制度改革，加快建立现代政府采购制度

一、现代政府采购制度概念及意义

（一）现代政府采购制度概念

学术界很早就对现代政府采购制度开展了研究。有的学者认为，现代政府采购制度是西方的产物，并且实行了 200 多年，是实行市场经济制度的国家为了有效地对公共财政支出进行监管，提高财政性资金的使用效率，借鉴和利用市场运作方式及技术（按国际规范主要是竞争性招标技术）对其购买性支出部分进行集中采购的制度。

有的学者认为，现代政府采购制度之所以得以逐步建立与完善，是公共支出追求效率、市场竞争规律、凯恩斯的政府干预理论以及布坎南的寻租理论、委托代理、博弈、公共管理理论等共同影响的结果。该项制度具有加强宏观调控、促进市场公平竞争、优化财政性资金和加强廉政建设等一系列重要作用。

笔者认为，需要在国际借鉴的基础上，从中国政府采购制度与招标投标制度发展历程及脉络，以及中国进一步深化改革大情境下确立现代政府采购制度，体现理论与现实的统一性。现代政府采购制度的确定需要考虑以下几点。

第一，从时期上看，中国政府采购制度是对西方政府采购制度的主要借鉴。该制度在中国法制化十年还处于基础性阶段，没有达到现代政府采购制度的要求。真正意义上的现代政府采购制度是从 2020 年左右开始的。

第二，中国政府采购的发展遇到瓶颈，即有招标投标的制约与冲突，也有政府采购管理及执行模式的纠葛，更有社会呼吁采购职业化的急迫。政府采购需要转型与发展。确立现代政府采购制度意义重大。

第三，现代政府采购制度是国家治理体系和治理能力现代化的产物。其现代性与国家现代性一脉相承。

党的十八届三中全会提出全面深化改革的总目标，推进国家治理体系和治理能力现代化。党的十九届四中全会审议通过的《中共中央关于坚持和完善中国特色社会主义制度、推进国家治理体系和治理能力现代化若干重大问题的决定》（以下简称《决定》）是国家治理体系和治理能力现代化的具体化。

所谓“国家治理体系现代化”，就是通过系列的制度安排和宏观顶层设计，使国家的治理体系日趋系统完备、不断科学规范、愈加运行有效的过程。所谓“治理能力现代化”，

就是将制度优势转化为治理效能的能力不断获取并逐渐强化的过程。

《决定》指出，构建一体推进不敢腐、不能腐、不想腐的体制机制。深化标本兼治，推动工程建设、公共资源交易、公共财政支出等重点领域监督机制改革和制度建设。党的十九届五中全会指出，到2035年，基本实现国家治理体系和治理能力现代化。

第四，现代政府采购制度是在经济体制改革框架下的现代财政制度改革的重要组成部分。现代财政是国家治理的基础和重要支柱。作为财政支出的主要组成，政府采购的现代化建设迫在眉睫。按照中央深化改革精神，到2020年，在重要领域和关键环节取得决定性成果。时间紧迫，任务重大。这就需要重新思考政府采购工作，认真布局，以重新定义现代政府采购制度。

具体定义现代政府采购制度包括如下含义：本文所指现代政府采购制度仅适用于中国；现代政府采购制度是在政府采购发展历程中演变而来的；现代政府采购制度适应了当前国家改革形势，紧贴经济体制改革和财政改革领域；现代政府采购制度重点为解决当前该领域存在的突出问题，如将工程涵盖进入政府采购范围并予以管理和规制、采购人责权利不匹配、政府采购国际化推进等；现代政府采购制度是为了有效界定政府采购的政府与市场的关系、是为了政府采购的转型与发展、是为了推进社会公平与正义。

综上所述，现代政府采购制度是在中国进一步深化改革的情境下，为了顺应国家治理体系和治理能力的现代化而推进的一项制度改革，目的是建立现代化的政府采购制度。其范围涵盖政府货物、工程和服务；其体系包括政府采购理论、管理、制度、执行模式、职业资格、评价等。

（二）现代政府采购制度意义

现代政府采购制度的建立意义重大，主要表现在以下几个方面。

一是政府行为更加规范，向公共服务型政府转变。建立现代政府采购制度的一个核心就是确立采购的平等行为，目的是将具有优势和特权地位的政府采购的采购人的主体行为转变为平等的主体行为。这就需要通过规范的运作实现这一目标，使之形成公共服务型政府的重要力量。

二是财政性资金更加优化，向效益资金转变。节约资金不是政府采购的本义诉求。政府采购的目的是在竞争、透明和规范公平信用的基础上实现“物有所值”，也就是将资金用到最有效处。

三是市场更加自由而有效率，向完善的市场体系转变。竞争是市场的自发性行为，政府采购可以使市场更加公平，更加有秩序，更加有竞争性。将市场作为资源配置中的决定性力量展现于现代政府采购之中，容易激励市场的供应商主体以产品质量为其根本追求，以生产成本为其优化措施，以售后服务为其最终目的，不断增强其竞争力，容易催生创新型社会的形成，容易增加企业和产品的国内、国际竞争力。

四是社会更加公平且正义，向和谐社会转变。现代政府采购市场的公平与正义容易引导社会公平与正义的产生。政府在其中的作用非常明显，政府采购公平性得到进一步体现。

五是腐败行为大幅减少，向廉洁政府转变。通过标准和技术手段倒逼政府采购行为规范和透明，阻止采购与供应之间合谋，遏制和减少政府采购、违法违规行为的发生，从而减少腐败，加强廉洁。

六是调控手段更加科学，向稳健经济体转变。政府可以利用采购支出的结构效应，利用时间差异、产品差异、行业差异或者区域差异等特点刺激或扶持其发展，体现市场主体、行业或产业政策功能。若选择不同的行业及其产品作为一定时期内政府采购工作的重点，可体现该行业的政府及市场导向规律，也说明了对该行业支持或刺激的政策倾向。通过采购为技术力的总体调节，可以实现经济总量的均衡调控，促进实现生态优化、环境保护、扶持区域或小微企业发展的目标。

二、我国政府采购制度改革取得成效

20 世纪 90 年代中期，为适应建立社会主义市场经济体制和构建公共财政框架的要求，我国开始启动政府采购制度改革。2003 年，《政府采购法》的正式颁布实施，标志着我国政府采购制度改革全面进入法治化轨道。党的十八大以来，政府采购制度改革加快向纵深推进，现代政府采购制度“四梁八柱”的主体框架体系基本确立。

（一）政府采购范围和规模不断扩大，对经济社会发展的影响力显著提升

全国政府采购规模由 2002 年的 1009 亿元增加到 2018 年的 35861 亿元，年均增长率 25%，2018 年政府采购规模占全国财政支出和 GDP 的比重分别达到 10.5%和 4%。政府采购实施范围从货物类向工程类、服务类扩展，从传统的办公用品逐步扩大到政策研究、标准制定等履职服务，以及各类基础设施建设和医疗、养老等公共服务领域。

目前，政府采购制度已经覆盖到全国各级政府的近百万个党政部门与事业单位，深入到政府社会经济管理的不同领域和层次，不仅规范和节省了财政支出，也有力支持了国家各项事业的发展，彰显了强大的社会影响力。

（二）政府采购法律制度体系日益健全，为规范、高效开展政府采购活动提供了制度保障

建立起以《政府采购法》为统领，以《政府采购法实施条例》和部门规章为依托的较为完整的政府采购法律制度体系。该体系涵盖了体制机制、执行操作、基础管理以及监督裁决等各个方面。

政府采购法律制度体系的日益完善，确立和强化了依法采购、阳光采购的管理机制，有效保障了政府采购当事人的合法权益，切实规范了政府采购市场秩序。

从实践看，绝大多数党政机关及单位都能够依法规范采购，政府采购制度改革前采购人自由、随意采购和腐败问题频发的局面得到根本改变。

（三）政府采购管理体制日趋完善，政府采购市场健康有序发展

集中采购与分散采购有机结合、互相补充的采购模式有序运行，以公开招标为主要采购方式的政府采购交易制度体系不断丰富，预算主管部门的监管责任得到加强。

稳步推进“互联网+政府采购”，全国大部分省份都已经建成覆盖全省范围的电子卖场，中央本级的电子卖场也已上线运行，采购效率进一步提升。全面清理政府采购领域妨碍公平竞争的规定和做法，推行采购意向公开、供应商在线投诉、无争议 30 天内及时付款等一系列优化政府采购营商环境的措施，统一开放、竞争有序的政府采购市场体系初步形成。

（四）政府采购政策功能不断强化，有力支持了国家宏观调控目标的实现

健全、完善绿色采购政策，对节能产品和环保产品实施强制采购或者节能采购，采购的节能环保产品规模占同类产品政府采购规模的比例达到90%以上。

采用预留份额、评审优惠、鼓励联合体投标、信用担保等措施支持中小企业发展，授予中小企业的政府采购合同占采购总规模的77%以上。运用政府采购政策支持脱贫攻坚，会同有关部门搭建贫困地区农副产品销售平台，促进供需对接。截至2020年7月，平台累计交易订单约22.4万单，交易额达到9.5亿元，有力带动了贫困地区农户增收。这些政策的实施，凸显了政府采购在国家宏观调控中的重要作用。

（五）政府采购监管机制持续优化，监管水平进一步提升

简化事前审批环节，积极推进网上办理采购方式审批和进口产品审核，提高审批效率。建立起采购意向、采购活动、采购结果及合同文件全流程政府采购信息公开机制，突出阳光下的采购，广泛接受社会监督。

按照国务院“双随机、一公开”工作要求，定期开展对全国政府采购代理机构执业情况的监督检查，代理机构违规率逐年下降。发布政府采购指导性案例，稳定市场主体监管预期，加快执法标准化建设，完善政府采购行政裁决机制，畅通供应商救济渠道。通过这些举措，政府采购监管水平全方位提升，有效保障了采购活动的公平、公正、公开。

（六）政府采购开放谈判稳步推进，对外交流不断扩大

为履行入世承诺，与参加方互惠开放政府采购市场，我国于2007年启动了加入世界贸易组织《政府采购协议》谈判，截至2014年先后提交6份出价。

2018年，习近平总书记在博鳌亚洲论坛上宣布，中国将加快加入世界贸易组织《政府采购协议》进程。

为此，我国于2019年向WTO提交了第7份出价，进一步扩大承诺的开放范围，充分展现了我国扩大开放的形象，表明了我国加入GPA的诚意和维护多边贸易体制的决心。此举得到WTO秘书处和参加方的充分肯定。此外，我国还统筹推进多双边政府采购议题谈判，与有关国家和国际组织在政府采购领域开展合作交流，在提升政府采购对外开放水平的同时，推动中国企业参与国际采购。

在肯定政府采购制度改革成绩的同时，我们也要清醒地认识到，当前政府采购制度的成熟度还不够，还不能完全适应国家治理能力和治理体系现代化的要求。其具体表现如下。

一是采购人主体职责缺失。现行政府采购评审机制客观上分解了采购决策权，采购人、采购代理机构和评审专家都是按程序履职，无人对最后的采购结果负责，导致天价采购、豪华采购等采购乱象频繁发生。

二是采购交易制度管理较为粗放。现行采购交易制度不考虑具体项目需求特点而单纯地以金额确定采购方式，在实践中过度强调公开招标，客观上造成采购活动中低价恶性竞争和高价采购并存，导致采购效率和满意度较低。

三是政府采购政策传导机制不畅。首购、订购、预留份额、需求标准等采购政策的实施方式与现行的采购预算、采购方式、评审及合同签订制度不适应，采购政策与采购制度“两张皮”的问题较为突出，很大程度上限制了采购政策实施效果。

四是采购代理机构和评审专家的履职水平有待提升。代理机构主要停留在采购程序的合规性代理服务，低水平的同质化恶性竞争较为突出。专家不专的现象也较为普遍，一些专家缺乏独立的专业评审精神，损害了政府采购的公正性。

站在新的历史起点上，面对新的改革形势，迫切需要我们进一步深化政府采购制度改革，着力解决当前政府采购制度中的突出问题，补齐制度短板，将政府采购制度向更高层次、更高水平推进。

三、当前深化政府采购制度改革内容

2018 年 11 月 14 日，习近平总书记主持召开中央全面深化改革委员会第五次会议，审议通过了《深化政府采购制度改革方案》（以下简称《改革方案》）。

《改革方案》确立了理顺政府采购主体与各方职责、强化问题导向与绩效管理、坚持系统规划与分步推进、统筹对内改革和对外开放的改革四原则，明确提出建立以优质、优价采购结果和用户反馈为导向，采购主体职责清晰、交易规则科学高效、监管机制健全、政策功能完备、法律制度完善、技术支撑先进的现代政府采购制度的总体改革目标，以及围绕这一改革总体目标的十二个方面的改革任务。我们要以党的十九届四中全会、五中全会精神为指引，以《改革方案》为改革纲领和行动指南，统筹规划，分步实施，全面推进新时代的政府采购制度改革。

（一）以强化采购人主体责任为核心，全面落实“谁采购、谁负责”的原则

理顺采购人、采购代理机构和评审专家的权责关系，按照“谁采购、谁负责”的原则，切实落实采购人的主体责任，建立采购人对采购结果能负责、想负责的机制。

一是明确采购人是采购活动的第一责任人。采购人要按照权责对等的原则，在行使采购权的同时切实履行好采购责任，做到采购程序合规、采购结果满意。

二是赋予采购人灵活选择采购方式、自主确定评审专家的权利。除单一来源采购方式外，由采购人根据采购项目的需求特点自主选择适合的采购方式及评审专家，同时逐步取消评标委员会、评审小组中专家比例的规定。

三是建立以落实预算绩效目标为导向的采购人内控管理制度。采购人要根据分事行权、分岗设权、分级授权、定期轮岗的原则，完善采购事项内部决策机制，细化采购流程各环节的工作要求和执行标准，明确岗位权限和责任，强化内部审计和纪检监督，依法履行好主体责任。

四是加强采购人专业能力建设。有条件的单位要明确专职人员和相应机构，加强政府采购专业队伍建设。各级财政部门要加强对采购人采购管理制度、产业发展状况、合同履约管理等方面的监管，推动采购人专业履职。

（二）以完善政府采购交易制度为重点，推动实现“优质、优价”的采购目标

当前以公开招标为主的交易制度是建立在采购需求预先明确的基础上的。随着采购对象的不断扩展，特别是公共服务的购买大量增加，采购需求的明确变得非常复杂，现行“一手交钱、一手交货”式的采购交易制度越来越不能适应实践的需要。为此，要以采购需求为引领，构建采购需求特点与采购方式、评审规则、合同类型相匹配，价格与质量、效率、风险相统一的体系化交易制度。

一是建立采购需求管理制度。采购人要切实履行在采购活动中的主体责任，认真开展采购需求调查，根据国家经济和社会发展政策、预算安排及绩效目标、采购管理制度、市场状况，合理确定政府采购需求。

二是健全适应不同需求特点的交易制度体系。对于需求清晰的通用货物和服务，原则上采用公开招标方式；对于无法明确需求，需供应商提供解决方案或设计方案的项目，主要采用竞争性谈判等非招标方式，开展多阶段谈判；对于多频次、小额度的零星采购，设置框架协议等简易采购程序；对于电子卖场采购，推行网上直采、网上竞价、电子反拍等网上交易方式，形成多种采购方式相互补充、灵活选择的交易制度体系。

三是优化评审因素设置。要围绕货物、服务的质量设置评审因素，做到可评判、可量化。

四是丰富政府采购合同类型。探索建立适应不同需求特点、鼓励市场竞争、合理分担风险的多种合同类型，如固定总价合同、固定单价合同、成本补偿合同。完善相关的合同条款内容，引导采购人根据采购项目特点灵活选择适当的合同类型。

（三）以建立健全政府采购政策落实机制为抓手，进一步发挥政府采购对经济社会发展的促进作用

政府采购政策天然地建立在市场竞争机制的基础上，实施过程中不需要额外增加财政支出，也不影响各领域既定公共服务目标的实现，相较其他财政政策工具具有独特优势。要建立、健全符合国际规则的政府采购政策支持体系，强化政策执行，充分发挥政府采购对于经济社会发展的促进作用，应做到以下几点。

一是深入实施政府采购政策。围绕党中央、国务院确定的重大经济社会发展战略，进一步扩展和深化支持创新、扶持中小企业发展的采购政策，继续大力推进绿色环保及循环利用资源、对贫困地区农产品扶持等方面的采购政策试点工作。

二是将落实政策功能的重点从交易环节前移到需求编制环节。强化采购人的需求管理责任，逐步将政策目标嵌入采购项目的需求文本中。对资格、技术、服务、安全、质量等需求指标及履约条件的要求，体现政府采购对节能、环保、中小企业等领域的政策支持。

三是完善政府采购政策落实机制。采购人要将政府采购政策目标纳入预算绩效目标，将执行政府采购政策情况作为预算绩效评价指标的一部分，在政府采购活动中自觉落实相关政策。要加强采购人执行政策的内控监督和外部审计监督，推动采购人切实落实政府采购政策。

四是强化公共采购政策协同。分领域、分行业建立部门协作机制，在需求标准化和资源融合方面加强共享，推动在工程招标投标、医药采购等领域落实支持绿色发展、中小企业等政府采购政策，扩大采购政策的实施效果和影响面。

（四）以优化政府采购营商环境为契机，有效保障各类市场主体平等参与政府采购活动的权利

政府采购市场是我国市场体系的重要组成部分，无论从市场规模、政府与企业的关系还是对产业发展的影响看，政府采购营商环境建设在全社会营商环境建设中都有着突出的影响力。要对标世界银行公共采购指标评价体系，进一步深化政府采购制度改革，推动政府采购营商环境持续优化。

一是坚决清理政府采购领域妨碍公平竞争的规定和做法。各地要加大监督检查力度，

坚决纠正各类妨碍公平竞争的规定和做法，依法保障不同所有制、内外资企业平等参与政府采购活动。要集中曝光一批妨碍政府采购公平竞争的典型案例，加强对采购人、采购代理机构的警示教育。

二是进一步简化供应商参与政府采购活动需提供的材料要求。按照国务院关于全面推广证明事项告知承诺制的要求，探索针对供应商参与政府采购活动建立“承诺+信用管理”的准入管理制度。

三是建立政府采购信用评价指标和标准。各地要按照规定做好对代理机构、评审专家和供应商的信用评价及不良行为记录工作，加强信用信息的共享和运用，强化与相关领域的失信联合惩戒。

四是进一步提高政府采购透明度，重点推进采购意向公开。先在部分中央部门和地方开展公开采购意向试点，再逐步扩大到各级预算单位。

五是强化事中、事后监管。建立和完善政府采购行政裁决工作机制，畅通供应商救济渠道，依法保障供应商的合法权益。发挥政府采购行业协会作用，构建行政监督和行业自律相结合的政府采购监管模式。

（五）以实施“互联网+政府采购”为支撑，实现政府采购全流程电子化

现代政府采购制度是先进管理与现代信息技术的深度融合。要加快推进“互联网+政府采购”，通过现代信息技术重塑政府采购运行模式，不断提升政府采购的监管能力、运行效率和服务水平。

一是加强顶层设计和统筹规划。财政部将研究制定“互联网+政府采购”的规划，统一技术标准、业务标准和交易规则等，并建设基础数据平台。各地要在遵循财政部制定的统一标准前提下加快推进本地区政府采购电子化工作。

二是省级财政部门牵头，建设本地区电子卖场。各地自主选择电子卖场建设和运营模式，鼓励依托现有市场主体开展建设和运营工作。在各地自行建设电子卖场基础上，逐步推动电子卖场跨地区互联互通和信息共享。

三是积极推进电子化政府采购平台建设。各地要结合地方实际，通过利用现有市场主体的采购平台或者自行建设统一的电子采购平台等方式，逐步实现采购评审、投诉处理、合同签订、履约验收、信用评价、资金支付等在线完成，实现政府采购全流程电子化。

（六）以推进采购代理机构和专家业务转型为突破，不断提升政府采购的专业化水准

要通过深化政府采购制度改革，大力推进采购代理机构和专家从程序合规服务向专业化服务转型，做精、做优专业品牌。

一是明确集中采购代理机构和专家的职责定位。集中采购代理机构和专家应主要定位于为采购人提供专业化的采购服务，推动集中采购代理机构从目前的程序控制向为采购活动提供专业支撑转变，专家要从目前的项目决策向提供专业建议转变。

二是开展集中采购代理机构竞争。要允许采购人打破行政级次、地区和部门隶属关系，自主择优选择试点范围内的集中采购代理机构。同时，鼓励集中采购代理机构积极承接不同级次、不同地区采购人的代理业务，探索建立与集中采购代理机构竞争相适应的激励和考核机制。

三是引导社会采购代理机构走专业化的差异发展道路。鼓励社会采购代理机构根据业务特点确定重点代理领域，为采购人设定采购需求、拟定采购合同、开展履约验收提供专

业化的服务。

四是加强集中采购代理机构专业能力建设。集中采购代理机构要积极开展采购需求标准、采购文件范本、采购合同范本、采购履约验收等政府采购基础业务的研究，做精、做优、做深采购代理业务。

五是发挥专家的专业咨询作用。采购人可邀请专家参与拟定需求标准、技术解决方案和采购实施方案，参与产品质量和服务能力的履约评价，突出专家的专业支撑。

（七）加快加入 GPA 进程，构建政府采购市场对外开放新格局

政府采购市场开放是我国构建开放型经济新体制、推动形成全面开放新格局的重要组成部分。要按照习近平总书记的指示精神，继续加快推进政府采购市场开放进程，助力我国开放新战略。推动《政府采购法》与《招标投标法》融合，建立统一的符合国际规则的政府采购法律制度。要加强对中国企业参与国际采购竞争的指导和培训，鼓励更多国内企业进入国际政府采购市场。

本章小结

在理论的指导下，对构建中国公共采购制度进行了探讨和思考，总结了中国公共采购制度现状及问题，分析了中国公共采购存在的十大关系问题，深刻分析了构建中国公共采购制度存在的问题、制度创新的动力及阻力，并提出以极大的政治智慧和勇气构建中国公共采购制度的理性思考。

（1）在总结中国公共采购制度成效的基础上，将中国公共采购发展区分为三个阶段：招标投标阶段、政府采购阶段和公共采购阶段。提出中国公共采购运行过程中的十大关系问题。一是国际与国内关系。公共采购国际压力增大，国内与国际差距较大。二是法律与制度关系。公共采购法律冲突，制度不完善。三是体制与机制关系。公共采购体制不健全，机制运行不畅。四是管理与执行关系。公共采购管理模式混杂，执行不一。五是主体与客体关系。公共采购主体权力大，欠缺当事人沟通协调机制。六是程序与实体关系。公共采购过于注重程序，但程序与实体不契合。七是救济与监督关系。公共采购救济乏力，监督薄弱。八是理论与实践关系。公共采购理论体系性和实践性都很强，但理论研究贫弱，严重滞后于实践发展；实践操作问题多，需要理论提升予以解决。九是专业与政策关系。公共采购政策性强，但专业性严重不足，政策执行不到位。十是廉洁与腐败关系。公共采购腐败行为不断，公平正义的市场行为还未建立。

（2）构建中国公共采购制度问题分析。一是信用缺失、利益争夺失公是问题出现的客观原因。二是由于中西方文化不同，一项良好的制度在中国出现异化。三是认识和观念问题影响这一制度的发展。

（3）中国公共采购制度构建动力及阻力分析。

动力分析：一是经济全球化和中国加入 GPA 的时代大背景强有力地推动着中国公共采购发展。二是世界性政府采购组织和发达国家的有益经验以及金融危机后兴起的新的公共采购改革浪潮也影响中国公共采购制度取向。三是中国转变经济发展方式的迫切要求和社会主义公共市场经济体系建立的需要。四是电子信息技术为促进公共采购制度构建和提高服务能力提供有力的技术支持。五是社会公众对公共采购期望的心态及政治领导人的改革取向将有力推动中国公共采购制度的构建。

阻力分析：一是既得利益者的阻挠。二是“官本位”意识的影响。三是在一定程度上，公共采购的社会公共性意识的缺失和公共采购监督力度不强降低了公共采购制度构建的能力。四是其他因素。

（4）充分认识确立公共采购理念的意义。一是必须大胆解放当前招标投标和政府采购不利于工作发展的思想，树立科学发展的公共采购理念。二是从公平正义和道德文化层面看待公共采购制度改革的必要性。三是要从突破但不脱离预算和财政管理的更高层面看待公共采购问题。四是必须深刻体会公共采购制度创新的艰巨性和复杂性。

（5）构建中国公共采购制度的思考。一是充分利用中国加入 GPA 的机遇和优势。二是全面深刻认识公共采购制度创新内涵。三是健全公共采购法律制度体系。四是推进公共采购体制创新。五是完善公共采购运行机制。六是加强公共采购专业化和电子化建设。七是实现公共采购政策功能。

思考练习

1. 简述中国公共采购制度的主要成效。
2. 中国公共采购运行过程中的十大关系问题有哪些？
3. 简述中国公共采购制度构建的动力与阻力。
4. 构建中国公共采购制度包括哪些方面？
5. 深化政府采购制度改革包括哪些内容？

推荐阅读

1. 张占斌，杜庆昊，等．中国经济体制改革探索与实践［M］．北京：人民出版社，2019.

2. 黄冬如．中国现代政府采购制度改革战略选择［M］．北京：经济科学出版社，2019.

第八章 公共采购政策与管理

学习目的

掌握政府采购工程管理部门设置。

熟悉政府采购政策功能。

了解我国公共采购救济制度和公共卫生事件应急采购制度情况。

学习重点和难点

政府采购政策功能是重点；公共采购救济制度和应急采购是难点。

学习名词

政府采购政策　政府采购救济制度　应急采购

> 政府采购浑身都是宝。但其政策功能发挥作用的形势依然严峻，有许多阻碍和制约因素。

第一节　充分重视政府采购政策功能作用

根据政府采购规模一般占财政支出的30%~50%、占年度GDP的10%~15%的国际惯例，2009年我国政府采购规模约7413.2亿元，仅占当年财政支出的9.8%，占当年GDP的2%，目前每年以15%的速度递增。我国政府采购统计口径偏窄，规模偏小，工程采购和国有企业采购远未纳入，发展潜力巨大。"十四五"规划提出通过经济转型、社会转型和政府转型促进整个国家转型，政府采购政策功能在其中的作用不可小视。

政府采购一般有三个功能目标。第一个是基础功能，即提供价格合理、质量优良、服务良好的货物、工程和服务。第二个是制度功能，通过制定法律制度和规则实现其制度功能，如廉洁、透明、竞争、信用的行为规范，降低采购成本，提高资金使用效益，抑制腐败等。第三个是政策功能，指政府利用政府采购在市场中的规模效应，通过制定政策、措施调节社会总需求，贯彻社会经济发展总目标。政府采购政策功能以基础功能和制度功能的实现为前提，以政府政策取向和政府规制为条件。它属于政府采购的派生功能。

我国自2003年《政府采购法》实施以来，特别在应对国际金融危机中，政府采购发挥了重大而有效的作用。政府采购已由单纯的财政支出管理手段上升为国家实现宏观经济和社会目标的公共政策工具，在国家宏观经济生活中的地位越来越重要。主要体现在以下两个方面。

一、建立一系列政策制度规范

《政府采购法》明确规定政府采购应当采购本国货物、工程和服务，应当有助于实现国家的经济和社会发展政策目标。该目标包括保护环境、扶持不发达地区和少数民族地区、促进中小企业发展等。《国家中长期科学和技术发展规划纲要（2006—2020 年）》中也明确要求通过制定细则、产品首购制度、政策和技术标准支持等政府采购政策促进国家自主创新。“十一五”规划还首次将政府采购与财税、金融政策并列，实行支持自主创新的激励机制。该举措表明政府采购在自主创新中的政策作用突出。为了贯彻落实法律法规政策的要求，国务院、财政部、商务部、国家发展改革委、生态环境部等部门出台了一系列制度规范，强化政府采购政策功能作用。该系列制度规范包括政府强制采购节能产品制度及实施意见，环境标志产品政府采购实施意见，自主创新产品政府采购预算管理、评审办法、合同管理办法、政府首购和订购制度；建立本国货物认定制度和购买进口产品审核制度；出台政府采购支持中小企业制度，提高政府采购中小企业货物、工程和服务的比例，大力支持中小企业发展；出台《国家知识产权战略纲要》，强调要运用政府采购政策引导和支持市场主体创造和运用知识产权；正式建立起自主创新产品、节能产品、环境标志产品优先（强制），知识产权，扶持中小企业等政府采购政策制度，政府采购政策导向作用突出。

二、政府采购政策功能体现在政府采购实施全过程，且效果明显

一是通过扩大政府采购规模体现。我国通过增加政府采购规模应对国际金融危机。如投入 4 万亿元扩大内需、派出大规模海外采购团、组建各行业及各省经贸团赴中国台湾采购，通过大规模增加政府采购额刺激本国经济，对缓解国际及中国台湾经济起到显著效果。如 2009 年对外工程承包采购额就达 777 亿美元。2009 年中国台湾电子信息、机械、石化、纺织、食品和农产品等的采购总额为 150 亿美元，占 2009 年大陆对台进口总额的 17.5%。二是通过政府采购全过程体现。如国家及各地对自主创新产品的政府采购项目，采取采购支持预算、使用谈判或单一直接采购例外方式、采购文件中注明价格折扣或加分、合同首购、优先授予、加强监督等手段，开展自主创新产品政府采购。三是通过采购目录体现。国家和地方分别出台支持自主创新产品目录清单和节能环保产品清单。如国家公布节能产品政府采购清单，种类扩大到 33 类 15087 种。2009 年以来，全国节能、环保产品政府采购规模达到 302 亿元，约占同类产品的 70%。国家公共机构节能减排的实际行动对全社会发挥出较强的政策导向作用。天津市市政府发布采购自主创新医疗器械类产品目录，涵盖高频电刀、眼科超声诊断仪和自动洗胃机等总计 14 类 46 种型号的产品，扶持医疗器械领域进行国内创新。四是通过降低或限制采购规模实现调控目标体现。2009 年国务院出台对公务购车、用车、会议经费、公务接待费用、出国（境）经费等支出的文件。通过限制政府采购标的控制经费支出，达到厉行节约的政策目标。五是通过采购价格指数体现。制造业采购经理指数（PMI）作为宏观经济先行指标，在应对国际金融危机期间越

来越受关注，成为中国制造业扩张或紧缩的晴雨表。政府采购同样可以出台针对重要物品特别是关系国计民生的物品（如水电、食品、日用消费品等）的价格指数。该指数可以起到价格杠杆和先行及导向作用。六是通过采购资金体现。如江苏向参与政府采购的中小企业推出“政府采购融易贷”业务，2010 年为 40 余家中小企业授信 1 亿元，解决政府采购中标、成交的中小企业在履行合同过程中遇到的资金困难问题。七是通过扩大采购标的范围体现。2009 年以来，各地采购农用拖拉机、农村中小学生免费教科书、农村现代远程教育工程，以及基层卫生医疗器械等，这些项目可以实现国家以民生为本、以民生为重的政策目标。八是通过政府采购客体体现。为扶持中小企业，国家法规制度规定中小企业参与政府采购的强制法定比例和比例幅度；制定相关的制度将适宜拆分的大项目分解，专门面向中小企业招标采购。九是通过实施区域及产业项目定向倾斜政府采购体现。如江苏对“龙芯”电脑实施政府首购，珠海扶持格力电器自主创新，江西对光伏产业、广东对新能源新材料产业实施采购政策倾斜等。十是通过政府采购合同体现。如 2020 年推出的合同能源管理政策。当然，还有采购公告、采购标准设计等方式可以实现政策功能作用。

政府采购浑身都是宝。其实西方国家利用政府采购实现政策功能已经有上百年的历史了，制度非常成熟。西方国家通常采取国货标准、确定国货采购总量、给予本国企业优惠、限制或禁止外国企业进入以及支持自主创新或绿色采购等实现政策功能。如美国已实施了 70 余年的《购买美国产品法》规定，联邦政府必须购买美国产品（指最终产品中美国零部件含量不少于 50%的产品）。还如美国规定 10 万美元以下的政府采购合同要优先考虑中小企业，并给予 6%~12%的价格优惠扶持。美国在 20 世纪五六十年代支持高科技产业的建立和发展，如航天航空技术、计算机、半导体等，基本都是靠政府采购给予第一推动力。澳大利亚规定，若外国企业的高技术产品中标，外国供应商必须与本国企业或科研机构共同制定可持续研究计划或共同成立研究开发中心。如有“自主创新全球第一国”美誉的瑞典就进行大量科研投入和大规模政府采购以促进自主产业的成长。

我国虽然采取了许多制度和措施，但政策功能发挥作用的形势依然严峻。目前政府采购政策功能发挥效果仍旧不太理想，有许多因素阻碍和制约政府采购政策功能的发挥。这些因素包括政府采购规模总量问题、政府采购体制机制问题、政府采购法律制度完善问题、政府采购政策功能意识问题、政府采购专业性和技术性问题、各项制度政策本身的可操作性及规范性问题、管理及监督方式问题等。比如目前政府采购依旧存在购买国外品牌和国内知名大品牌的两个倾向。有段时间，我国 60%以上的数控机床、75%以上的医疗设备仍依赖进口产品采购。比如集中采购机构的地位、性质、作用在现实中没有明确。作为发挥政府采购政策功能的主执行力的集中采购机构连生存及定位都出现困难，它又如何发展，如何去履行政策功能呢？比如基础功能与制度功能、政策功能的关系问题。现实中确实存在采购有品牌倾向，采购效率、采购价格、质量及服务不匹配等政府采购基础性功能问题。在基础性功能问题没有有效解决前，事实上采购主体是不会关注政府政策功能的。比如节能环保企业除了使用目录清单扶持以外，还可以通过加分、首购、补贴、签订中长期合同，甚至设立政府采购专项基金获得政策扶持；再比如政府采购自主创新或节能环保产品除本身政府采购政策外，还需要制度体系、政府行为、市场环境、认定机制、行业规范等各方面协调配合，政策执行才不会存在偏差或折扣，政策效用才会实现最大化。如中小企业政府采购扶持就需要借助工商、税务、劳动保障等部门的力量，将其诚信度、纳税情况、职工“三险一金”办理情况、安置劳动力绝对人数和相对人数等集成数据库，确定扶持对象。

政府采购政策功能与国家转变经济发展方式，力主创新和科技进步以及促进小企业发展等政策方式是一脉相承的。现在是政府采购由基础功能向政策功能转变的重要时期，由初级阶段向全面发展阶段转变的关键时期。政府采购政策功能将在“十四五”规划中起到关键作用。但是，政府采购政策功能是成熟、规范的政府采购制度应有的组成部分，要实现它的关键作用必须对这些问题予以高度重视并认真加以解决。

> 设立独立的公共工程采购管理部门迫在眉睫。它可以是微观、中观和宏观管理模式，但也要考虑现实法律和管理内容。

第二节　设立独立的公共工程采购管理部门迫在眉睫

一直以来，对招标投标活动的行政监督是将《招标投标法》和《国务院办公厅印发国务院有关部门实施招标投标活动行政监督的职责分工意见的通知》（国办发〔2000〕34号）作为依据。根据该法及规章规定，工信部、住房和城乡建设部、交通运输部、水利部、商务部等部门和产业项目的招标投标活动的监督执法分别由其行政主管部门负责。而国家发展改革委指导和协调全国招标投标工作，开展国家重大建设项目工程招标投标监督检查。由此，《招标投标法》确立的是分散式执法的行政监督职能。法律没有明确管理职能依据，更谈不上具体管理了。这种体制实践运行多年，其多头管理和同体监督模式备受诟病，存在突出的弊端：一是多头管理造成各行政监督部门对同一招标投标活动和监督市场被人为地按行业分割，导致政出多门、各行其是，造成法律法规的不统一和资源的浪费，损害交易主体和社会的利益，也为权力寻租留下空间。二是多头管理造成现行监督执法职责分工交叉重叠，极易出现各部门相互争夺项目监督执法权和发生问题时相互推诿、监督缺位的现象。如招标投标活动被人为地按行业分割，多头“管理”。到底怎样区分，若供应商质疑投诉应由谁受理，由谁处理呢？三是同体监督造成运动员和裁判员是一家，权力不受制约，极易滋生腐败。各部门工程项目投资、建设、管理、监督、使用实行五位一体行业内循环已成惯例，负责各工程招标投标项目勘察、设计、施工、监理、招标代理的单位都是系统内单位，专家库成员也是行业系统内专家，“同一个嘴巴讲话，同一个鼻子出气，同穿一条裤子”，招标、投标、评标都仅仅是形式，行业保护和行业垄断披上了一层“合法”的外衣。腐败问题不断，严重影响党和政府的声誉和形象。以交通运输部门“工程上马、干部下马”“交通运输厅厅长‘前仆后继’倒下”的不正常现象为例，许多倒下的厅长既是交通运输行政管理部门的招标投标监督主管领导，也是建设工程公司的董事长即招标人，还是交通工程项目的评标委员会主任，于是出现了具体交通工程招标项目操作、监督和决策“一把抓”的现象。以建设部门为例，其既成立招标管理部门进行监督，又主管工程交易部门组织交易，有的部门甚至明里暗里成立招标代理机构自行代理招标，实行管理、服务、代理一条龙服务。四是多头管理和同体监督体制极大影响了政府采购政策功能的发挥。

随着现存体制问题的不断暴露，特别是当前工程建设领域专项治理的不断深入，大家越来越清醒地认识到现存招标投标体制严重不符合中央建立健全决策权、执行权、监督权既相互制约又相互协调的权力结构和运行机制的政策要求。各地要求设立独立的工程招标投标管理部门的呼声越来越高。有的地方党委政府高度重视，以极大的改革精神冲破法律、制度和利益的桎梏，开始了招标投标管理制度的整合，并取得突出成效。如合肥市以政府令的形式将原隶属7个不同部门涉及招标投标业务的114项执法权集中委托合肥市招标投标市场管理委员会办公室统一实施，在国内率先实现了全市招标投标集中委托执法。如湖北省组建了省政府直属的湖北省招投标管理办公室和湖北省公共资源交易监督管理局，建立综合监管为主和行业监管为辅的管理职能模式，较好地解决了分散管理、各自为政、监督缺位等问题。但是，招标投标体制改革还在实践当中，处在初级阶段，我们必须思考、明确和解决以下三大问题。

一是法律问题。现存《招标投标法》和法规规章成了束缚招标投标体制改革的“裹脚布”。一方面，有些“婆婆”和“妈妈”会拿法律和法规说事，说政府规章和地方性法规违法。这给招标投标体制改革带来很大阻碍，也使得一些地方或部门开展这项改革“畏畏缩缩”。而另一方面，为极大体现改革的精神和实践的需要，一些地方正视突破法律制度的障碍，难能可贵地开展制度创新。这正是改革的难点所在，也昭示我们的招标投标法律相对滞后于社会经济和时代发展的现实，必须修改法律条款，使之更加符合设立独立管理职能的要求。为解决这一法律障碍，现阶段各地在改革实践过程中可以灵活适用《招标投标法》和《政府采购法》。在政府工程招标管理制度设置上可以适用《政府采购法》进行构架，在具体组织实施上适用《招标投标法》。因为《招标投标法》没有涉及管理条款，只是行政监督内容，这也就不存在地方违法的问题了。

二是管理职能名称问题。在现存的招标投标管理职能名称上，既有行业内的规划建设科（处）、建设科（处）、建设工程招标管理办公室等，也有改革实践中统一招标投标监管职能的招标投标管理办公室、招标投标管理监督局等名称，在操作和交易职能上也有招标投标中心、综合招标投标中心、建设工程交易中心、公共资源交易中心、政府采购中心等各种叫法。那么管理职能到底叫什么合适呢？是招标管理还是招标投标管理呢？是建设工程招标投标管理还是工程招标投标管理呢？或者干脆不叫招标投标，那是叫政府工程采购管理还是公共工程采购管理呢？抑或叫工程招标采购管理呢？或者招标投标、采购都不叫，而叫公共资源管理呢？名不正则言不顺。名称问题至关重要。至少要考虑这一名称是否能真正解决实际问题；是否能与国际化、现代化发展方向接轨；是否符合中国实际或国情特色；是否满足严肃性、权威性和长期性要求。

三是管理职能内容问题。按照工程招标投标、政府采购历史及发展方向来看，管理体制有三种模式，或者说可以实施三步走的战略。

一、微观管理模式

工程招标投标管理办公室隶属于政府副局级公务员管理职能部门，将各部门招标投标监督职能基本统一，开展综合监管。其主要职能是招标投标过程监督，包括配合制定办法、管理监督操作平台、管理专家库、质疑投诉和配合执法监督等。但由各部门履行各自执法监督和救济查处等职能。有的地方也合并了各部门的招标投标管理职能，但只是统一专家库管理，开展招标文件审查备案等日常性工作，并且将其作为设立在某部门（国家发展改革委或住房和城乡建设部）的内设科室。此方案改革阻力虽小，但管理效果不明显。

二、中观管理模式

组建招标投标管理委员会为决策机构，市级主要领导为主任。成立的管理部门名称为招标投标（工程）管理办公室。该部门隶属于政府正局或副局级公务员管理职能部门，下设招标投标中心或公共资源交易中心，形成决策、管理、执行与监督既统一协调又有机分离的架构。其原则是管理相对超脱，不太介入具体的执行中去。其主要职能是健全制度（制定规章）、规范行为（规范招标人、专家、投标人或供应商、公共资源中心、工程交易中心及招标代理机构行为）、完善机制（完善招标投标流程机制、项目需求规范、行业规范）、强化教育与监督（综合调研信息收集、宣传培训教育、执法监督查处、投诉处理及指导协调招标投标具体工作）等。

三、宏观管理模式

组建公共采购管理委员会为决策机构，主任由政府主要领导承担。成立的管理部门名称为政府（公共工程）采购管理办公室（政府直属正局级部门）。下设公共采购中心或政府采购中心或招标投标中心（副局级全额拨款事业单位）。这种模式具有以下特点：一是属于国际上通行做法，为公共采购统一大市场做准备。这种模式特别契合中国解决招标投标与政府采购自身问题的要求，也为中国加入 GPA 做准备，同时也是国际惯例要求。如联合国从 2004 年起，对《贸易法委员会货物、工程和服务采购示范法》进行了 18 次研讨和修改，最终将其定义为《贸易法委员会公共采购示范法》，并于 2011 年夏季提交给联合国贸法会审议。欧盟、美国等也将公共货物、工程和服务采购统一纳入公共采购（政府采购）进行管理，最近也多次提到要求中国整合工程招标投标与政府采购体制。二是职能范围比招标投标内容更丰富，外延更大，管理更超脱。在中观管理模式的基础上，全面涵盖采购预算、采购计划、采购立项、采购招标等过程，履约、质量及安全管理，验收、资金支付、绩效等全方面管理及执行，契合财政改革方向及职能。三是容易解决许多实际问题。从实效上看，现在工程建设领域许多问题不仅仅是招标投标阶段的问题，在立项审批、规划管理、土地出让、建设施工、质量管理、物资采购、资金使用以及竣工验收等环节都会出现问题，需要强化公共采购或政府采购理念，全面具体解决管理问题。再比如，在一些紧急的、大卖场式的、自主创新式的或扶持企业的采购，长期协议采购等实践中有许多项目不具备招标条件或不属于招标范围的，需要使用其他采购方式完成。这也是采购管理相较于招标管理的优势所在。四是从近两年政府采购或公共采购政策功能发挥的作用来看，公共采购有比招标投标更为强大的功能效果。五是从招标投标、政府采购、公共采购和公共资源管理等理论与实践来看，招标投标制度与政府采购制度互动与融合催生公共采购新理念。那为什么不叫公共资源管理呢，主要是由于其管理内容特别宽泛，与部门职能交叉重叠严重，很难进行独立规范描述和管理。并且国际上并无专门的招标投标管理或公共资源管理部门。另外采购与收益是相对概念，前者是支出，后者是收入。产权和土地收益应由公共收益中心单独管理和操作，更符合专业化要求。六是政府工程采购管理与财政部门政府采购管理是方向、目标一致的公共采购管理，有条件的地方可以将财政的政府采购职能并入，成为真正的公共采购管理。

设立独立的公共工程采购管理部门在现实改革中往往受到部门利益压力、大部制压力和立法压力等因素掣肘，但这项改革非常重要，迫在眉睫。

> 公共采购救济应遵循有效、及时、合理的原则进行。既要注重供应商权利的救济效果，又要注重公共利益救济的合理性和时间效率。

第三节 科学发展公共采购救济制度

曾经的“名企告财政局案”实际属于公共采购救济制度的典型案例。供应商经历长达一年的自我救济和行政救济过程，2009 年 10 月进入司法救济程序。正如原告代理律师所言，案件胜败对原告意义不大，但希望通过这一事件引起社会对公共采购的思考，以推动这项制度的发展。这是很重要的意义。这促使我们去了解到底什么是公共采购救济制度，我国公共采购救济制度的现状是怎样的，它在实践运行中存在哪些问题，如何科学发展我国的公共采购救济制度。

一、公共采购救济制度的含义

公共采购是指公共主体为了公务活动或公共服务的需要使用公共资金以合同为主要方式取得货物、工程和服务的行为。它是从采购计划、采购市场调查、采购功能和需求制定、采购委托、采购程序、采购评审、采购结果确定、采购合同签订到合同履约验收及支付等的全部行为过程。公共采购必须有配套制度和机制保护当事人特别是供应商的合法权益。而完善的监督制约机制和公共采购救济制度就是保证公共采购制度健全的重要组成部分。

公共采购救济制度是指公共采购当事人（主要是供应商）在合同签订前和合同履约过程中发生争议而寻求合理解决的制度，由救济主体、救济对象和救济程序组成。本节结合公共采购应用理论中的相关内容，就公共采购救济制度做进一步深入分析。

二、我国公共采购救济制度及存在问题

与西方国家在市场失灵的情况下开始重视公共采购制度不同，我国公共采购制度改革是在市场经济逐步确立，各项改革共同推进的情况下进行的，我国公共采购法律制度建设和实践发展时间远远短于西方国家和国际组织。我国公共采购救济制度是随着招标投标以及政府采购实体制度的构建，在充分借鉴国际经验，结合中国实际的基础上形成的，救济制度相对比较完善。《招标投标法》《政府采购法》以及国家发展改革委等七部委联合发布的《工程建设项目招标投标活动投诉处理办法》、财政部颁布的《政府采购供应商投诉处理办法》以及地方规章等构成我国公共采购法律救济体系。具体救济方式主要有询问、

质疑、投诉、行政复议、行政诉讼等。在救济实践中实际重视程度不强，过程需要不断完善。我国公共采购救济制度必然存在一些不足或问题。

（一）救济法律法规交叉，内容不完善

《招标投标法》《政府采购法》和《中华人民共和国民法典》及相关法规的救济法律规定相互交叉，法律适用难、救济主体不明确，救济内容也不完善。如出现质疑和投诉，由采购过程中有直接或间接利害关系的供应商，还是由潜在供应商、投标供应商和合同供应商提起救济权，两法规定都不一样；如规定供应商认为在采购文件、采购过程和中标、成交结果过程中自己权益受损才可以质疑和投诉，明显局限供应商的救济权利。

（二）投诉受理行政主管机关不明确

法律法规分别规定发展改革、财政、建设、水利、交通运输、铁道、民航、工信等部门可以接受货物、工程和服务采购的投诉处理。这和国际惯例、拥有成熟公共采购救济制度国家的规定很不一致。多头受理和构建不独立导致供应商救济无所适从。比如，交通运输部门建造公共主体设施需要购置发电设备，供应商投诉是找发展改革部门、交通运输部门、财政部门还是工信部门呢？相关规定不明确、不具体，也导致了“政府采购第一案”典型案例的产生。

（三）救济方式设置不合理

近几年来，货物、工程和服务采购投诉案件非常多。行业主管部门和政府采购监督管理部门出台了法规规章来受理投诉，开展行政救济。但有些设置不太合理，如将质疑作为投诉的前置程序，与法律不相一致（法律是可以质疑、投诉二选一）。如规定投诉时，超出质疑事项的投诉事项应当认定为无效投诉事项。这样设置是考虑公共采购现状及综合多种因素的结果，实为权宜之计。救济方式设置不合理容易导致以下三种情况。一是对供应商权益的保护不够。保护政府采购当事人的合法权益是政府采购法的立法宗旨之一，而供应商合法利益保护的实现，是立法宗旨实现的基础和落脚点。二是无法有效开展公共采购主体的行政监督，否则将阻碍项目的竞争性和公平性。救济主体缩小、救济范围收窄必须使公共采购主体的自由裁量权扩大。三是延长了救济时限、削弱了救济效果，使公共利益项目时效性变差。

三、科学发展我国公共采购救济制度

任何一项事物的发展都有它的规律。在发展的过程中肯定会遇到各种问题，需要不断解决、完善。我国公共采购救济制度同样要正视存在的问题和不足，用科学发展的观点来促进和完善。

（一）调整法律法规，明确受理机关，扩大救济范围

参照国际惯例，将目前涉及公共采购救济的相关法律法规进行融合，设置单行、独立的公共采购救济法规。将目前公共采购中工程招标投标和政府采购的矛盾厘清，由多个部门受理行政投诉调整为1~2个部门受理。适当时候依照GPA和联合国示范法中“由与采购结果无关的独立公正审议机构进行审理”的明确要求，设立独立公共采购管理监督部门，提高行政救济的公信力和公正性。扩大救济范围，将公共采购从采购计划到采购验收支付全过程纳入救济范围。明确将所有第三人权利纳入救济范围，比如合同履约中联合体

和分包商认为，由于公共采购主体原因使自己权利受损的可以直接提起诉讼。设置简明高效的救济程序，明确救济主体、受理和审查主体、救济条件、救济时限，以及审查主体可能作出的救济措施（如公共采购赔偿金制度），使程序规定明确、具体，可操作性强。

（二）大力采用询问、磋商、协调、调解、听证或仲裁等形式，积极鼓励供应商开展自我救济

公共采购纠纷一般是公共采购主体和供应商的双方行为。应当设置自我救济办法，积极鼓励双方平等自愿解决公共采购纠纷。将具有东方特色的调解、听证或者仲裁机制引入公共采购救济制度，通过第三方平台解决争议。必要时再进行行政救济和司法救济。实践证明，供应商救济时间越早，救济内容越清楚，公共采购主体就越容易接受，解决纠纷越快，救济成本越低。南方某市 3 年内有 5 项政府采购项目案件就是通过调解供应商主动撤诉，有效化解纠纷的。供应商实现前期权利主张是采购过程公平竞争的保证，也大大提高其中标机会。

（三）各方共同努力，不断促进公共采购救济制度科学发展

在具体实践中，有些公共采购项目容易出现纠纷，需要引起注意。比如采购预算金额大，市场竞争激烈的项目；个别供应商前期介入比较深或供应商已投入相当成本却没有中标的项目；投标供应商之间恶性竞争，逢投必诉的项目；采购人对需求、品牌倾向性强甚至暗定供应商、明显有失公平的项目；价格相差较大且价格最高者中标的项目；异地供应商参加次数少且对项目情况不熟悉、无序冲标的项目。纠纷主要内容是采购需求技术参数存在技术壁垒、采购人存在倾向性、采购程序和专家评审不公正、供应商虚假应标、采购项目质量不符合要求等。出现纠纷往往有深刻的原因和背景。这需要各方充分利用专业和智慧，及时处理化解纠纷。“名企告财政局案”有许多我们可以探讨的地方：公共采购主体需要加强专业性，聘请专业咨询公司或专家论证项目需求特别是星号参数，保证公平有效；潜在供应商加强前期维权，在领取招标文件后或答疑会上就招标文件中的不公正、不合理地方主动寻求自我救济；评审更加公正严密，加强符合性、资格性审查，保证无效投标者不进入下一轮评审；相关部门程序审查和实体审查并重，若中标人价格高于市场价或者低于成本价可以否决其中标权。这些启示告诉我们：只要各方重视，责任明确，把关严密，处理专业，许多纠纷是可以避免的。2010 年 3 月开始实施的《广东省实施〈中华人民共和国政府采购法〉办法》，就吸纳了这一案件的许多有益经验。如供应商对采购结果异议可以申请复审、采购结果确定必须公布评审专家名单、非最低价成交应当说明理由等法规条文。该办法作为国内第一个政府采购法规，对公共采购救济制度完善有着积极的意义。

作为公共采购主体、公共采购代理机构、公共采购各主管部门，需要充分熟悉法律法规，在程序和事实的基础上，及时、合理、高效地积极应对供应商救济行为，保护当事人合法权益，维护公共采购的公平正义、竞争透明、法治信用和廉洁高效，促进公共采购的科学发展。

> 应急采购作为应急管理体系建设中的重要内容，其制度体系问题日益凸显，迫切需要从治理体系和治理能力现代化角度出发，尽快推进突发公共事件应急采购制度体系建设。

第四节　加快推进突发公共卫生事件应急采购制度建设

2020年年初，我国出现新型冠状病毒肺炎疫情，在这场与病毒直接对抗的攻坚战中出现的物资急剧短缺、供需矛盾失衡、信息不对称、产品质量参差不齐、贩假造假、囤积居奇、哄抬物价甚至暗生腐败等问题表明，应急采购作为应急管理体系建设中的重要组成部分，其制度体系问题日益凸显，迫切需要从治理体系和治理能力现代化角度出发，尽快推进突发公共事件应急采购制度体系建设。

一、应急采购现存的四大问题

疫情防控阻击战中，在突发的公共事件“紧”和“缺”的情境下，政府与市场的作用会出现一定程度上的“扭曲”，如物资的购买与使用、质量、价格和服务紊乱无序。物资供应方可能会存在贩假造假、囤积居奇、哄抬物价等市场违规行为。采购主体也可能出现滥用行政权力、在物资储备调度中滋生腐败等行为。这些行为严重影响疫情工作的推进。笔者认为，出现上述现象主要有以下四点原因。

首先是应急采购暂无法律制度的支撑。法律体系为我国应急管理工作提供根本的法律保障。但无论是《中华人民共和国突发事件应对法》《中华人民共和国传染病防治法》，还是《突发公共卫生事件应急条例》，都仅仅是对应急物资储备保障提出要求，没有应急采购内容。《政府采购法》《招标投标法》对紧急采购和抢险救灾等突发事件应急采购都采取了非适用例外、条款的方式“回避”。我国应急采购制度不完善导致采购无序、混乱和物资交易存在风险的问题，这已成为制约快速控制和处理突发事件的主要原因，这也是我国与成熟市场经济国家的主要差距之一。

其次是应急采购统筹协调机制缺失。突发公共卫生事件时由于时间紧急、物资奇缺，基本上各方、各部门各顾各头，“病急乱投医”，应急采购整体上缺乏高效的有序联动。应急管理职能机构临时成立，全面统筹、安排、协调能力有限；招标采购管理监督协调机制运行多年，经验丰富，但只承担职责内采购招标事务，较少接触应急采购；工业信息职能机构结合疫情建立物资储备平台，负责制造业紧缺供应，但与采购人、用户方的平台协调不充分；电子招标采购等操作及交易平台分散独立，未能形成合力，在紧急状态下没有充分发挥平台强有力的技术、服务等优势；卫生健康职能机构投入重力预防和控制疫情、救治患者等，对医药、医疗设备物资采购和使用比较熟悉，但作为疫情的主力部门，缺乏健全的专业采购机构、成熟的技术平台和足够专业的采购人员，发挥高效及时、联运、联防的应急采购作用有限。由于缺乏统一管理、协调有力的应急采购管理机构，在应对重大突发事件时，不能及时有效配置分散在部门、市场和社会的救灾资源，造成资源、经费和人员的重叠、空置，甚至浪费。

再次是应急采购专业性有待加强。应急采购是专业性和复杂性强的工作。比如，针对不同的应急物资品种、数量、功能用途等采取相应的采购程序和采购方式。但是从本次新型冠状病毒肺炎疫情的应对来看，由于时间紧迫且物资短缺现象严重，应急采购又缺乏具体的操作规定，有的采购单位“眉毛胡子一把抓”，采购方式单一、自行采购没有备案、违规寻源供应、混淆储备与采购，甚至违反程序征用等导致采购质量、价格、服务没有保障，存在一定安全隐患。

最后是应急采购信息化程度有待提高。通常情况下，应急物资主要是靠储备和调拨。但现行储备制度和能力无法适应日益发展的社会卫生环境变化需要。一旦储备不足、应对能力不强，应急物资供应工作就容易出现纰漏。尽管应对本次疫情防控我国及时建立了重点医疗物资保障调度平台和应急数据平台，加紧重要物资供应保障和调控调度工作。但应急数据平台或者重点医疗物资保障调度平台里缺乏应急采购电子化平台。尽管政府、市场中成熟的采购电子平台也自发组织疫情防控工作，但也是“单独作战”，缺乏整体统筹与互联互通。大数据作用也体现不充分。疫情应急过程缺乏全面、充分、及时的供应采购信息数据，未利用大数据等先进信息技术将供应与采购等具体内容进行公告，也没有相关信息、透明数据，公众对应急采购信息的参与权、知情权、监督权并没有较好地体现出来。

二、四措施推进应急采购工作

针对上述问题，我国需要在应对突发公共事件的应急采购制度体系建设的以下四个方面重点推进工作。

首先是推进突发事件应急采购立法。建议将应急采购立法工作列入年度人大或国务院立法计划。将自然灾害、事故灾难和社会安全等突发内容纳入应急采购实施办法。建议在《中华人民共和国突发事件应对法》《突发公共卫生事件应急条例》中设立应急采购专门章节；建议修改《政府采购法》《招标投标法》，将应急采购内容纳入现代政府采购法律制度内。

其次是建立以应急采购电子化平台为核心的应急采购体系。电子化采购平台在中央和地方运行多年，有成熟专业的经验。针对紧急特殊情况，中央和各省（市）可以紧急征用政府采购或招标投标等成熟专业的相关平台作为应急采购电子化平台。电子化应急采购平台是用户和供应商的重要对接平台，应以先进信息技术为先导，将应急采购主体、需求、采购实施、合同、物流、支付、资产管理等集中在平台。平台还应建立简单便捷、快速反应、高效节约的信息化机制。应急采购电子化平台需要界定好与数字政府平台、应急管理平台、物资储备平台的关系，还需要界定平台日常使用与应急采购时使用的关系。

再次是建立以政府为主导、部门紧密配合、市场和社会协同共治的统筹协调机制。公共卫生事件应急采购涉及多个管理和协调部门。如果疫情发生时，单以某部门为主协调其他部门难度非常大，因此建议以政府为主，部门之间紧密配合应急协调工作。此外，在充分发挥政府作用的同时，还需注重市场化、社会化和信息化手段的使用。如此建立的联防、联控机制可充分发挥各方专业力量，推进应急采购工作。

最后是以数据标准为核心，强化应急采购数据分析和信息公开。建议建立应急采购需求数据标准模型，通过大数据、人工智能、物联网等先进信息技术进行应急采购数据标准建设，实现产品溯源、供应、采购、物流运输、验收、支付、使用、资产存储与管理等实时动态共享。另外还应建立以需求数据为基础的应急供应、应急采购、应急物流、应急使用、应急存储等信息化生态机制。及时向社会公告供应产业、供应商产能、供应产品及库存、产品种类型号和价格、采购紧缺量、需求量趋势、动态数据分析等，接受社会监督。

本章小结

《政府采购法》明确规定政府采购应当采购本国货物、工程和服务；应当有助于实现国家的经济和社会发展政策目标。该目标包括保护环境，扶持不发达地区和少数民族地区，促进中小企业发展等。政府采购政策功能体现在政府采购实施全过程，且效果明显。一是通过扩大政府采购规模体现。二是通过政府采购全过程体现。三是通过采购目录体现。四是通过降低或限制采购规模实现调控目标体现。五是通过采购价格指数体现。六是通过采购资金方式体现。七是通过扩大采购标的范围体现。八是通过政府采购客体体现。九是通过实施区域及产业项目定向倾斜政府采购体现。十是通过政府采购合同体现。

设立独立的公共工程采购管理部门迫在眉睫，它可以是微观、中观和宏观管理模式。但也要考虑现实法律和管理内容。比如，如何统筹协调《招标投标法》和《政府采购法》的适用范围、业务程序和救济机制问题；如何统筹协调不同行业部门的工程招标投标管理问题；如何统筹协调工程招标投标管理与政府采购管理的问题。

公共采购救济制度是指公共采购当事人（主要是供应商）在合同签订前和合同履约过程中发生争议而寻求合理解决的制度，由救济主体、救济对象和救济程序组成。我国公共采购救济制度存在一些不足或问题，包括救济法律法规交叉，内容不完善；投诉受理行政主管机关不明确；救济方式设置不合理。科学发展我国公共采购救济制度内容包括：调整法律法规，明确受理机关，扩大救济范围；大力采用询问、磋商、协调、调解、听证或仲裁等形式，积极鼓励供应商开展自我救济；各方共同努力，不断促进公共采购救济制度科学发展。

当前应急采购存在四大问题：首先是应急采购暂无法律制度的支撑，其次是应急采购统筹协调机制缺失，再次是应急采购专业性有待加强，最后是应急采购信息化程度有待提高。我国需要在应对突发公共事件的应急采购制度体系建设的以下四个方面重点推进工作。首先是推进突发事件应急采购立法，其次是建立以应急采购电子化平台为核心的应急采购体系，再次是建立以政府为主导、部门紧密配合、市场和社会协同共治的统筹协调机制，最后是以数据标准为核心，强化应急采购数据分析和信息公开。

思考练习

1. 公共工程采购管理职能包括哪些内容？
2. 如何将政府采购政策功能体现在政府采购全过程？
3. 什么是公共采购救济制度，它的改革进展怎样？
4. 建立公共卫生应急采购制度要注意哪些方面？

推荐阅读

刘小川，唐东会．中国政府采购政策研究［M］．北京：人民出版社，2009.

第九章　公共采购实务与技术

学习目的

掌握实践案例中集中采购机构五型队伍建设。

熟悉政府采购电子化项目的管理与实践。

了解政府采购电子化标准体系主要内容。

学习重点和难点

集中采购机构的管理与运行、政府采购电子化项目的管理与实践是重点；政府采购电子化标准体系是难点。

学习名词

政府采购五型队伍　政府采购电子化　政府采购电子化标准体系

> A 市集中采购机构着力打造“廉洁型、专业型、服务型、学习型、创新型”五型队伍，进一步深化智慧政府采购的阳光理念。请详细讨论分析该案例，撰写心得报告。

第一节　科学发展五型队伍，深入实践智慧采购

A 市集中采购机构（以下简称“A 中心”）自成立以来，以“弘扬城市精神、构筑阳光采购”为工作理念，以“提升采购品质、建设一流中心”为工作目标，恪守“公开透明、公平竞争、公正信用、廉洁高效”工作原则，坚持“价格合理、质量优良、服务良好、程序规范”的质量方针，着力打造“廉洁型、专业型、服务型、学习型、创新型”五型队伍，进一步深化智慧政府采购的阳光理念。在党委政府的重视、政府办公室的直接领导、纪检监察组的监督管理和各单位的密切配合下，A 中心全体员工紧紧抓住为政府把关、为采购人服务的工作原则，积极探索、努力工作，树立政府采购品牌形象。A 中心围绕党委政府中心工作，做好经济建设、社会综治维稳、医疗卫生服务、教育校区建设、金融高新区建设、拆迁改造、节能减排等区重点建设采购项目，贯彻落实了支持环保、自主

创新、进口设备采购等政策，共完成集中采购项目2406项，采购预算21.3亿元，采购金额18.8亿元，节约财政性资金2.5亿元，采购满意度95%以上。这些项目涉及供应商8000余家，采购类别达100多种。政府采购业务标准化、规范化、专业化工作走在全国前列，得到了各级领导、专家学者和社会各界的肯定和认可。

一、注重廉洁，建立廉洁型队伍

廉洁是政府采购工作第一生命线。A中心不断解放思想，深入推进科学采购，积极探索外部监督和内部制约相结合，形成独特的廉政绩效监督体系，保证人员廉洁。建立廉洁服务公开承诺制度、员工季度廉政绩效考核制度、年底中心廉政绩效考核制度、廉政绩效保证金等一整套廉政绩效考核体系，保证A中心廉政和监督机制实现。A中心成立伊始即向社会公开承诺廉洁服务十二条，对主动接受监督、拒绝不正当利益、做好廉政建设等多方面进行承诺，并公开监督电话接受社会监督；建立员工季度廉政绩效考核制度，通过工作绩效、工作态度、工作能力、廉洁自律四个方面进行有针对性量化考核，客观评价员工表现和实施责任追究；设立由主管部门对中心领导届中考核制度，年底由政府办公室、中纪委、财政部等部门组成考核小组，随机邀请采购人、供应商和专家，从廉政建设、管理制度、业务工作、队伍建设、服务水平等方面进行评价，独立量化打分，确定考核等次；制定员工廉政绩效保证金制度，在员工上一年的廉政绩效奖金中提出10%作为保证金，若员工违反制度将被扣除廉政绩效保证金。

加强思想和法制教育，打造坚固的思想防线。A中心始终把员工的思想政治教育作为一项核心工作来抓，定期组织员工进行思想政治学习。开展政府采购反商业贿赂专项治理工作；邀请省政府采购管理办公室领导进行预防政府采购职务犯罪的讲座；在政府采购网建立反商业贿赂专栏、在供应商等候室设立举报信箱、定期编制专题简报和悬挂反商业贿赂公益广告等进行宣传；组织调研，查找问题，认真听取监管部门意见和建议，开展自查、自纠工作。

通过经常性的廉洁教育和廉洁制度制定以及开展一系列政治思想和反腐倡廉教育，使A中心人员的整体服务质量明显提高，树立了奋发有为、廉洁奉公、团结高效的形象，形成良好的廉洁文化和廉洁工作氛围。A中心成立以来，领导班子团结，集体凝聚力强。坚决按照廉洁承诺要求执行，自觉礼拒当事人所送的财物。多年来没有任何针对中心个人的业务或服务投诉，没有发现违纪、违规事件。连续多年廉政绩效考核都获得优良以上等次。国务院发展研究中心“完善中国政府采购管理体制”课题组领导在A中心视察和调研时指出：A中心在制度化、标准化建设等方面都走在全国前列，A中心的员工理念、精神风貌、专业水平和思想廉洁意识都比较高，令人钦佩。

二、注重专业，建立专业型队伍

（一）合理设置专业部门和岗位

A中心以“岗位衔接、精简高效、廉洁制衡”为原则，实施部门职能，设置人员岗位。A中心设有综合信息部、采购一部和采购二部三个部门。综合信息部负责中心党团、行政、人事、文秘、财务、宣传、培训等综合事务工作；物业管理、后勤保障工作；评审专家电子自动抽取及专家费用的支付工作；信息化硬件管理、政府采购电子系统软件运行维护服务及网站建设维护等工作。采购一部（加挂供应商会员及市场调查部）负责采购立项委托、采购项目市场调查、专家论证、采购文件制作、采购信息公告、供应商会员注册及管理、电子密钥发放和前台服务等工作。采购二部负责组织和主持项目电子评审及公告、发出《中标（成交）通知书》、资格后审、鉴证合同、组织重大项目的验收、质疑材料及政府采购电子档案管理等工作。部门和岗位的合理设置使采购业务得到有效的制衡，程序更加规范，集中采购更加有效，人员的专业化水平得到了提高，成效初步显现。

（二）开展标准化基础工作

标准化是专业化的前提。A 中心成立伊始，率先建立一套符合国际标准的规范，同时将 ISO 9001 管理引入政府采购工作。A 中心经过 13 次调查，5 次会审，8 次修改，经历 5 稿，完成《标准化管理手册》。《标准化管理手册》既打破企业贯标的传统模式，又拓宽标准理念，将政府采购工作和内部管理都融入标准化管理之中。《标准化管理手册》《采购业务模板》和《政府采购法律法规汇编》共同构成管理体系指导性文件。A 中心建立政府采购业务工作标准 15 个，管理标准 45 个，标准化记录表格 106 份。《标准化管理手册》正式发布使用。通过内审、评审会议和年度专业审查，切实抓好政府采购业务质量管理运行工作。A 中心顺利通过中国质量认证中心认证，成为全国第一家取得质量管理认证的集中采购机构。

标准化认证工作对于刚刚成立、业务上几乎是一片空白的 A 中心非常重要，通过标准制度推进专业建设，取得显著成效。

一是提升服务理念，进一步明确职责。建立 ISO 质量管理体系后，A 中心明确了服务理念、工作宗旨、发展目标、业务质量方针、廉洁服务和行为规范，明确了领导、部门和员工的岗位职责和工作标准，理顺了内部工作关系。员工在廉洁服务基础上，以采购当事人为关注焦点，以服务满意度为标准，法律意识、服务意识、责任感明显增强，服务质量也得到提升。

二是工作程序进一步规范和完善。通过实施标准化管理，形成廉洁服务、公开承诺规定、部门职责及工作标准、业务流程、采购文件制作和评审办法、信息公告办法、中标（成交）通知书管理办法、供应商询问及质疑处理办法等 10 多个业务及管理制度。实现事前防范、事中验证、事后检查的有机质量监控体系。

三是人员的综合素质得到提升。制定了《政府采购中心人才标准》和《培训管理标准》，员工学习意识增强，综合素质不断提高。

四是业务工作效果明显。

（三）开展规范化推进工作

规范化是专业化的诉求。在标准化实施后，A 中心委托专业研究机构开展业务规范化建设工作。通过调查研究、撰写修改、成果交流、专家论证、组织培训、正式推广等方式，历时半年完成的《政府采购业务规范化手册》（以下简称《规范化手册》）正式发布运行。该《规范化手册》在 ISO 9001 标准化管理的基础上进行进一步细化，具有与标准化不同的特点。

一是专注政府采购业务规范化工作。

二是注重 A 中心实际情况。适应区政府和财政部门对政府采购出台新文件的变化；适应中心内部流程变化；适应国家和各地方出台的一些新的政策办法的变化。

三是在原有业务标准化基础上进行优化和深化。开展了政府采购业务流程再造，增加了市场调查、前台服务、注册供应商、项目验收、采购项目复审、废标处理等多个业务环节内容；制定公开招标、竞争性谈判、单一来源谈判、询价（分货物、工程和服务三类）共十二种采购文件规范；制定电脑及网络监控等信息化工程、软件开发、电梯、办公家具、医疗设备、空调、专业咨询和物业管理八类经常性采购项目需求规范；制定了采购当事人行为规范和投标文件格式及合同格式规范。通过横向——采购文件模板编写规范和纵向——采购项目模块编写规范的有机结合，打造高效、权威、严谨、规范的采购业务规范化平台。

《规范化手册》职责分明、操作规范、内控严密、方便实用。政府采购业务规范化作为专业化的核心，为政府采购电子化建设打好了坚实的基础。

（四）开展深化电子业务规范化工作

深化电子业务规范化是对原《规范化手册》的深化和优化。开展这项工作的主要原因有三。

一是《G 省实施〈中华人民共和国政府采购法〉办法》和《G 省政府采购工作规范（试行）》出台，A 中心运行的《规范化手册》必须顺应最新法律规章的需要。

二是 A 中心电子化与规范化已推行，在具体工作中存在一些实际问题或好的方面需要在规范化中总结和完善。

三是根据主管部门和上级领导对政府采购提出的新要求，需要对业务流程和规范进行优化和调整。由此，A 中心成立深化电子业务规范化工作小组，通过动员、集中学习、各部门参与、发行前集中培训等方式，完成《规范化手册》的正式推行。

在原有规范化基础上，深化电子业务规范化还包括以下内容。

一是完善和优化电子业务流程操作规范，如电子业务行为规范、五种电子采购方式、操作规程、工作规范等内容。

二是将日常制度（如项目论证、答疑、评审会议组织、项目资料移交及沟通、中标通知书发放、供应商及采购人会员注册及管理、专家抽取及费用支付等）纳入规范。

三是细化了市场调查、评审中供应商不足三家时操作、资格后审、合同鉴订、采购项目验收、采购档案管理、供应商询问及质疑等规范。

四是完善了评审前后汽车协议采购和注册供应商四种格式文本。

五是调整优化了原有的采购文件模板。采购文件模板结合《中华人民共和国政府采购法实施条例》及《规范化手册》要求，将电子化要求融入其中，对采购文件的目录顺序，竞争性谈判、询价和单一来源的谈判须知，投标文件格式的内容进行了调整，对进口产品要求和自主创新产品的评分准则进行了规范，使之更适合政府采购规范和 A 中心电子化需要。

《规范化手册》对 A 中心采购业务活动中的每一个岗位、每一个环节、每一个层次的操作规程和基本要求做出统一规定，从规范采购行为、采购责任、采购输出文本及采购文件四个方面进行强化，着力解决目前工作中所遇到的新情况和新变化。突出采购本质是 A 中心电子化和规范化结合后的工作指南。

通过政府采购业务标准化、规范化和深化电子业务规范的循序渐进而又务实有效地开展，A 中心专业型队伍基本形成。建立了一系列专业特色：创新设立了市场调查部，对竞争不充分、单一来源、特殊采购等项目开展市场调查，出具市场调查报告提供给评审委员会做参考，否决中标价高于市场价的项目；进一步规范项目需求工作，合理把关和修正项目需求中具有偏向性的准入条件、技术需求、商务条款等，确保采购的公平、公正；对第一次中标的供应商、重大项目的预中标供应商和采购人采购前没有接触的供应商积极开展资格后审工作，全面审查预中标商电子投标资料的真实性和有效性，切实保障采购人和供应商的合法利益；对300万元以上的重大项目及复杂项目组织采购人和专家开展履约验收工作，确保合同标的质量和条款符合实际要求。

三、注重服务，建立服务型队伍

（一）以创建“文明窗口单位”为契机，积极打造政府采购品牌形象

设立前台服务区，制定《前台服务区工作规范》，实行首问责任制，统一着装和挂牌上岗，依据《政府采购中心员工行为规范》热情服务；设立电子投标区，方便投标人电子投标；制定简易采购办法，采取直接报价方式，方便供应商和采购人，提高采购效率；开展供应商会员库建设，为投标供应商建立档案，简化投标手续，方便供应商；制定《采购项目跟踪监督办法》《顾客满意度调查的若干规定》收集采购当事人的意见；设专门休息室，提供休闲的人性化服务，如为供应商提供书籍、励志管理类VCD（小型影碟）及上网服务；设立服务承诺卡和意见栏，加强服务监督；建立意见簿和公布监督投诉电话，接受质疑投诉监督。自标准化实施以来，A中心每个项目结束后都会开展当事人服务满意度调查，采购项目中采购人代表、供应商代表和专家代表对采购文件编制的科学性、采购程序的规范性、采购专业水平、采购服务态度、办事效率、采购效果与公正性等进行意见反馈。据各年满意度调查显示，A中心满意度达到95%以上。A中心获评省特级档案综合管理单位。

（二）将政府采购服务向两头延伸，加强采购全程的服务

通过学习讨论、撰写心得等方式，强化窗口单位人员的服务意识；实行不定期抽查制度，对服务窗口环境、人员着装、使用标准和文明用语、对待当事人态度、遵守评审规范、办事效率等进行检查，树立规范、整洁、文明、高效的良好形象；主动上门服务，听取用户单位的意见和建议，安排人员现场调查，认真研究采购实施方案；开展采购前的指导服务，对采购人和供应商进行政府采购业务操作指导；提供业务查询服务，设立多个业务咨询电话，便于采购当事人进行业务查询；开展期刊资料服务，及时编写《政府采购中心办事指南》《短信服务介绍》等资料，免费发放；加强采购后期服务，对用户提出的售后服务问题及时沟通处理，确保项目采购后的正常运作；以小而全、小而精、投入少、实用强和注重人性化服务的要求打造政府采购电子平台，建立新网站，并实现全程电子化运作；A市政府采购网成为全区点击率最高的政务网站之一，只要开通手机短信服务业务，全国任何手机用户都可发送短信“政府采购中心”到50120获取A市政府采购信息，采购的透明度和公开性进一步增强；形成政府采购回访制度，开展采购人回访和定点保洁、定点印刷跟踪监督工作，涉及采购项目300多个，采购人100余家，根据回访意见和建议强化供应商管理和自身业务建设。

制定《政府采购业务电子化系统操作指南》和《政府采购须知》等，加强政府采购

培训与交流服务。对全区150多家采购人、供应商、评审专家、采购中心和财政五种角色近500人开展为期6天共8场集中电子采购培训。电子化业务开展后还定期或不定期组织采购人和供应商电子化业务集中培训。同时通过“操作视频、操作服务手册、电话咨询服务、现场服务、网络服务”等“5S”方式，以及开通新网站，实现“政府采购概况、新闻中心、电子采购、法律法规、服务与支持”五大功能，为采购各当事人提供培训、咨询等多元化人性服务。

（三）坚持采取多种形式主动深入宣传政府采购工作

配合财政部门组织举办全体采购人参加的《政府采购法》学习会议，提高政府采购意识。如召开医疗设备政府采购研讨会，集知名专家、学者、采购人、供应商和同行共同探讨医疗设备采购中的热点、难点问题，探索新的思路和方法；承办市政府采购操作业务经验交流研讨会，邀请中央国家机关政府采购中心领导授课，促进政府采购共同发展；召开座谈会，倾听采购人、供应商和专家等多方意见，查找工作中存在的问题和差距。

四、注重学习，建立学习型队伍

针对政府采购政策性、复杂性和专业性强的特点，积极打造学习型政府采购操作队伍。一是组织全体员工参加注册采购师职业资格认证、招标师学习和考试。A中心现有员工18人，平均年龄30岁，其中有10名员工获得注册采购师职业资格证书，3名员工通过招标师统考。二是建立员工激励机制，通过理论测试、竞争演讲、民主测评、综合评价等方法，竞聘部门领导，营造争先创优氛围。A中心内部业务职能约束与协调以及管理层级基本形成。三是制定学习管理办法，鼓励员工参加与本职工作有关的教育和培训。有7名员工取得研究生学历。四是形成定期集中学习、专题电教培训、业务交流制度。五是A中心人员积极开展政府采购理论研究，有20余篇文章在国家级刊物上发表。

五、注重创新，建立创新型队伍

（一）在专业化、标准化的基础上实现电子化创新

A中心及时启动电子化政府采购项目。根据“利用成熟软件，结合A市实际，有所创新”的基本原则，A中心克服了人员少、时间紧、任务重等困难，顺利完成了前期采购、需求调研、系统开发、试运行、配套制度制定、系统使用培训以及配套设备购置、评标室改建等多项工作，率先实现所有当事人、所有采购项目、所有采购方式都通过电子密钥在A市政府采购网全程电子采购目标，使政府采购工作进一步由好变优进程提速。

A中心采购电子化平台主要由电子采购业务系统、电子辅助评审系统、专家自动抽取系统、电子档案系统、实时记录系统、协同办公系统等六个子系统组成，涵盖了采购人电子采购项目申报、财政局资金和采购方式的电子审批、采购中心制作电子采购文件和发布公告、供应商电子注册、电子应标投标、电子自动抽取专家、电子评审及评价和电子视音频实时监督等政府采购活动的全部流程。

电子化平台充分结合ISO 9001质量管理体系和规范化要求，增加了市场调查、供应商会员管理、采购文件模板、标前论证、辅助评标客观分统一等22个创新功能点；借鉴企业采购成功经验，制定了“A市政府采购注册供应商会员协议暂行办法”，对供应商会员

资格申请、注册审核、权利义务、违约责任进行了约定，开展供应商会员注册和管理；采取措施减轻供应商负担，供应商通过注册审核并交纳注册保证金3000元后，即可自由参加300万元以下的采购项目电子化政府采购活动；取消收取采购文件费；独立设置专家语音自动通知系统和专门的专家评价系统，实现对专家的统一管理和工作表现评估；采用电子密钥登录和招标投标文件加解密技术，使电子采购过程安全、可靠、合法。

电子化平台具有透明规范、节约时间、节省成本、扩大竞争、信息及时和强化监管等优点，使得政府采购效率和效益大大提高。虽然平台运行时间不长，但完成电子化采购项目430项，采购预算5.58亿元，节约6314万元，节约率11.32%。采购节约率和一次成功率大幅提高，质疑投诉率几乎为零。电子化平台顺利完成中央财经委员会开展政府采购制度创新实证试点对A中心提出的“在专业化、标准化的基础上实现电子化，把A中心建设成为我国政府采购走职业化道路的典范”的目标和要求；基于ISO 9001的电子化平台获得同领域处于国内领先水平的科技成果鉴定，荣获市、区科技进步奖。《政府采购业务电子化管理与实践》获中国首届招标采购电子化论坛优秀奖。

（二）创新建立全国首家政府采购理论与实务研究合作基地

不断提升政府采购理论研究水平和实务操作水平。A中心与国内著名研究机构合作，建立全国第一家政府采购理论与实务研究（合作）基地。该基地实现了双方在教育培训、技术合作和人员交流方面的预期目标，开展了一系列务实合作：参与了财政部《政府采购法》立法修改课题研究；组织召开了“政府采购理论与实务座谈会”和“《政府采购法》实施五周年座谈会”；共同参与了“应对全球金融与经济危机政府采购与公共市场机制改革论坛”“公共采购论坛”以及中国首届招标采购电子化论坛等活动；开展了电子化政府采购研究及调研活动；结合A市实际，开展政府采购中心业务规范化工作；组织了国际关系学院在读博士、硕士研究生到A中心实习；成功举办了全国第一个面向社会招生的政府采购与招标投标在职研究生班；合作撰写了《中国政府采购学的若干思考》《公共采购战略应纳入国家战略发展规划》等文章。

“十年磨一砺”，六年的成长只是走了一小步，展望未来，A中心继续在党委、政府的领导下，坚持以“科学发展五型队伍，深入实践智慧采购”为理念，紧紧围绕党委、政府，全力创建“三着力一推进”示范区等中心工作，以“廉洁高效、务实求真、有为有位”为主导思想，踏实干事，求变创新，打造业务精品，建设一流团队，成就五星采购。

> 电子化系统仅仅是个手段，是个平台。一个采购项目要做好还需要各个方面、各个环节的充分配合，协调一致，更需要法律意识、业务水平、服务质量等方面的不断提高。

第二节　政府采购电子化管理与实践

电子化采购作为一种新兴的政府采购手段，在增强采购透明度、提高政府采购效率方面取得了明显的成效，引起了许多国际经济组织和市场经济国家的高度重视。20世纪以来，许多国际经济组织和市场经济国家（如韩国、新加坡等）开始积极探索开发政府采购电子化系统，并取得了明显成效。随着我国政府采购工作的深入开展，通过借鉴国外政府采购电子化的做法和经验，中央政府到地方政府均已经着手从单纯的信息公告发布到探索网上交易等更深层次的政府采购电子化工作。

一、政府采购电子化的发展背景和意义

（一）政府采购电子化的发展背景

电子商务、电子政务的探索和完善为政府采购电子化积累了丰富的经验，政府采购电子化在技术上已不存在障碍；《政府采购法》《中华人民共和国电子签名法》《招标投标法》等一系列政府采购法律法规制度的建立和完善，确立了我国政府采购制度的原则和运行规则，成为政府采购电子化的制度基础；健全的监督管理机制，为维护政府采购市场秩序和实行政府采购的电子化提供了组织保证；清除我国政府采购制度改革过程中出现的问题和不足，不仅要靠完善法律法规等制度，还需要政府采购电子化等技术予以支持；实现政府采购电子化是我国与国际接轨的前提。

（二）政府采购电子化的意义

政府采购电子化改变了传统采购业务的处理方式，在经济效益和社会效益上都具有不可比拟的优势。主要体现在以下方面。

一是提升了经济效益。政府采购电子化降低了政府采购成本，节约了财政性资金，提高了采购质量。政府采购电子化使采购工作更加集约化、效能化、规范化，更能充分发挥政府采购的规模效应，可以节约大量的人力、物力、财力，从而节约采购成本；政府采购电子化简化了政府采购中复杂的过程，避开许多中间环节，节省大量的销售成本，从而降低了交易价格；政府采购电子化降低了人为因素的干扰，使供应商投标、采购机构接受投标、开评标的保密性、文件存储等比纸质文件更可靠、更及时。

二是促进了社会效益。首先是增强透明度，抑制腐败。政府采购电子化使所有的采购环节都在系统上进行并保存在系统之中，减少了人为操作，实现了整个采购过程的公开透明，有效地防止了采购中“寻租”行为和暗箱操作的产生，抑制一些腐败现象。社会公众更加容易通过网络获取有关政府采购的信息，起到监督的作用。审计部门可以在线跟踪监督，全方位对采购过程的事前、事中、事后进行监督，真正实现“阳光下的交易”。其次是提高工作效率、树立政府良好形象。电子化的特点是方便快捷，可以有效缩短采购时间，提高工作效率。

二、政府采购电子化的建设目标和主要内容

政府采购电子化要围绕深化政府采购制度改革的目标来开发建设。其具体的建设目标应包含五个方面：一是公开透明的政府采购综合信息服务平台；二是规范高效的政府采购业务处理平台；三是有效监管的政府采购监督管理平台；四是科学决策的政府采购决策支持平台；五是安全开放的政府采购集成平台。

政府采购电子化系统应满足监督管理和操作执行两方面的需求。监督管理电子化是将政府采购预算管理、方式审批、信息管理、专家管理、合同备案、资金集中支付和信息统

计等功能实现网络化管理。这些功能主要包括信息管理功能，对采购人、供应商、采购代理机构的监督管理功能，专家库管理功能，政府采购项目管理功能。操作执行电子化是建立政府采购电子交易平台，通过网上招标投标管理系统全面实现公开招标、邀请招标、竞争性谈判、单一来源、询价采购、协议供货、反向竞拍等采购方式的操作执行全过程电子化。此过程主要包括招标文件下载、投标文件上传、网上开标与评标、评标结果自动排序、在线监督等。

三、政府采购电子化项目的管理与实践

政府采购业务电子化系统项目的开发建设和实施推进，从广义上说，是一个信息技术（IT）项目的管理与实践。因此，建设政府采购电子化系统应融入项目管理的理念，借鉴国际通用的项目管理做法，这对整个政府采购电子化系统的成功运作起着至关重要的作用。

（一）政府采购电子化项目的管理

政府采购电子化项目的管理过程主要包括项目的情况、项目的范围确定、项目管理组织形式、项目的进度计划、项目的人力资源计划、项目的费用计划及风险、项目的质量计划与质量保证、项目的风险计划以及项目的控制管理过程等。政府采购电子化项目管理应用的主要方法工具有里程碑、工作分解结构（WBS）、责任分配矩阵、网络计划、甘特图、项目报告等。

1. 项目的情况

对政府采购电子化系统的开发背景、建设原则、建设目标、系统主要内容、项目特点、项目要求等项目情况进行全面掌控。

2. 项目的范围确定

项目的范围包含项目的目标与描述、项目重大里程碑、项目工作分解、项目的工作描述等。政府采购电子化系统的重大里程碑事件主要包括项目的启动、需求调研和确认、系统开发与测试、系统试运行、系统正式运行、配套设备采购、配套制度制定等。

3. 项目管理组织形式

首先，为了保证政府采购电子化系统项目的顺利进行，需要各职能部门共同协作，实现项目总目标。按照项目管理的方式，指派项目组组长负责整个项目的实施，根据项目需求，成立相对独立的项目组，分设项目小组。其次，为了在项目执行过程中实行有效的监督、协调和管理，项目组采用责任分配矩阵的形式对参与项目各方的责任进行表述。如项目组成成员的责任、开发商的责任、硬件托管方的责任、CA（证书颁发机构）的责任、监理的责任等。

4. 项目的进度计划

项目进度计划是表达项目中各项工作和工序的开始、开展、完成时间及相互衔接关系的计划。项目进度计划是进度控制和管理的依据。项目进度计划是一个动态的、不断调整的计划。有关部门每周要将项目进度情况与项目进度计划进行对比。对于拖延的工作，视具体情况督促有关人员加班或提高工作效率赶上进度或修改项目进度计划，申请延期。总之，项目进度管理一定要细致和严格。

5. 项目的人力资源计划

项目组在编制项目资源计划时，依据项目特点、着重编制项目的人力资源计划。政府采购电子化系统涉及的人力资源主要有管理人员、业务人员和工程师三种类型。在项目的不同时段，各种类型的人员所需数量是不同的。项目的成功必须有一个合理的人员构成。

6. 项目的费用计划及风险

项目实施过程对整个项目的费用预算进行管理，对项目可能存在的风险进行规避和有效管理。

7. 项目的控制管理过程

项目控制即是对项目实施的全过程进行有效的管理和控制，使其顺利达到项目规定的进度目标。项目实施过程中应建立相应制度，如建立周报和周会制度、定期召开进度会，及时总结和汇报。

（二）政府采购电子化项目的实践方法

1. 领导重视，准备充分

政府应重视政府采购电子化工作，发文确定电子化组织实施部门，建议领导小组开展电子化调研并召开电子化会议。在确定项目建设原则和建设目标的基础上，组织实施部门应落实部门责任、项目经费，顺利完成系统软件及配套硬件设施的采购等准备工作。

2. 会议启动，周密计划

为保证政府采购电子化系统的开发、实施、推广的顺利进行，组织实施部门应召开项目启动会，制定《政府采购电子化实施计划》，成立项目组，设立项目小组；确定相关责任方（如系统开发商、监理、CA、硬件托管方）的工作要求及职责；制订项目里程碑计划，如系统调研开发、配套制度、推广培训、系统试运行、系统正式运行、整体验收、配套硬件采购、CA 办理证书、网页深化设计和系统优化及安全保护等方面工作，并明确每一个阶段的工作内容、人员职责、工作目标等。

3. 紧密实施，精心测试

系统开发商应按照实施计划，对主体业务需求、业务流程、功能需求和非功能需求、运行需求等进行实际业务需求调研，完成《系统需求说明书》的编制；在电子化系统开发测试阶段，组织实施部门召集相关责任方每周进行例会，及时分析、讨论、解决开发中存在的问题，保证系统开发的进度和质量；项目开发、测试完毕后，组织实施部门应动员政府采购当事人代表对政府采购电子化系统进行试用，并组织相关责任方完善试用期间出现的问题；试运行正常，组织实施部门应组织政府采购电子化系统培训及推广、实施工作，安排推进会议。

4. 会议推进，制度保障

政府采购电子化推进会议的召开标志着政府采购电子化系统正式开始推进。会议应下发《关于正式启动政府采购电子化系统的通知》，明确各部门对政府采购电子化系统平台的管理和维护职责，提出推进政府采购电子化系统的具体要求；下发《政府采购项目电子化暂行办法》，对政府采购电子化总况、政府采购电子化规程、评审、供应商会员管理、各方权责、罚则和意外情况处理等作出详细规定。会议应由政府主要领导就政府采购电子化推进必要性和重要性作重要讲话，建议领导组成立政府采购电子化推进办公室，负责推进政府采购电子化系统工作。会议的推进无论在形式、内容、制度还是纪律上都起到充分保障作用，是推动政府采购电子化工作的关键。

5. 推广培训，正式运行

为保证政府采购电子化工作的顺利推进和衔接，组织实施部门应对政府采购当事人进行大型专场培训。同时，为配合培训，组织实施部门应制作《政府采购电子化系统操作指南》《政府采购须知》等宣传培训手册，制定一系列制度办法，如《政府采购注册供应商会员协议暂行办法》，对供应商会员资格申请、注册审核、权利义务、违约责任进行约定。《政府采购电子化系统当事人行为指引》进一步规范采购中心、采购人、专家及供应商参与政府采购行为。

6. 各方配合，无缝对接

在政府采购电子化系统项目启动、需求调研、开发、推广培训及正式运行的整个过程中，组织实施部门应组织协调相关责任方（如系统开发商、硬件托管方、CA、监理公司等部门）各负其责、紧密配合，全力打造政府采购电子化系统，确保在电子化技术和服务上实现无缝对接。

四、政府采购电子化的启示

（一）领导重视、强力推进是保障

政府采购电子化是电子政务与电子商务的有机结合，涉及各级政府机构的采购行为，系统庞大，涉及面广，超出了一般的政府信息系统范畴，需要强有力的领导机构进行组织、协调并明确有关重大政策。

（二）完善的设施运行环境是前提

电子化的实施是建立在法律意识基础和信息化环境基础之上的。近年来，随着政府信息化建设方面加大投入，网络知识、信息安全技术得到快速发展和普及。随着政府采购工作的不断发展，政府采购各当事人的法律意识不断提高，行为规范意识不断增强，为政府采购电子化系统提供了良好的运行环境。

（三）有一支坚强的执行队伍是关键

政府采购电子化系统的推进和运行需要一支有战斗力、专业化、组织协调强的队伍。精干的队伍在政府采购电子化系统建设中占主导地位。整支队伍在前期应对整个政府采购电子化系统的计划了然于胸，对政府采购电子化系统各种问题和困难有准确的预判。这样在前期准备充分，计划周密、翔实，在具体实施中按部就班、积极推进，在运行阶段建立一套电子化系统服务体系，才能保证政府采购电子化系统的建设、运行按计划有效进行。

（四）采购业务标准化、规范化是基础

运用成熟软件推进政府采购电子化系统工作是项目成功的一个重要因素。采购业务标准化、规范化与电子化有机结合是项目成功的又一重要因素。组织实施部门应推行 ISO 9000 质量管理体系标准化认证，同时，在标准化基础上建立起业务规范化、精细化管理工作。标准化、规范化的实施为政府采购电子化的顺利、及时、有效地完成打下坚实的基础。

（五）不断完善发展和创新是目标

政府采购电子化系统正式推进和运行过程中，由于认识、习惯和熟练等因素的影响，

运行过程肯定会出现一些小问题，需要逐步适应，并在二次开发时不断完善、及时解决。政府采购电子化系统仅仅是个手段、是个平台。一个采购项目要做好还需要各个方面、各个环节的充分配合，协调一致，这更需要法律意识、业务水平、服务质量等方面的不断提高。政府采购电子化系统也仅仅是采购项目业务系统，适当时还要与部门预算、采购计划、采购支付甚至资产管理有机结合起来，实现安全、开放的政府采购集成平台；电子化系统先在试点单位实行，相对成熟后，采取先易后难、以点带面、逐步推进的方略切实有序地推进本地区和本部门的采购电子化。政府采购电子化系统的推进和运行需遵循统一（统一规则、统一标准、统一平台）和集中（数据集中、资源集中）的原则，还要考虑与国家统一平台衔接和省市平台的互融互通等问题。政府采购改革与政府采购电子化相互结合、互相促进。只有不断发展、不断创新、不断完善，政府采购工作才会越做越好。

> 政府采购电子化标准体系主要内容包括政府采购项目需求标准、业务程序标准、电子技术标准。

第三节　政府采购电子化标准体系研究

一、政府采购电子化标准体系基本定义

本书所讨论的政府采购是以《政府采购法》界定的概念为基础的研究。我国法律认为，政府采购是指各级国家机关、事业单位和团体组织使用财政性资金采购依法制定的集中采购目录以内的或者采购限额标准以上的货物、工程和服务的行为。它从适用主体、目录要求或资金限额、采购对象、资金来源等方面明确了我国政府采购的法律调整范围。

政府采购电子化就是通过现代信息技术等科学功能实现政府采购系统性目标。政府采购系统性目标包括效率、效益、效能等综合性目标。“政府采购电子化是政府采购发展到高级阶段的产物，它具有政府采购的特征、原则，同时它又带有信息化时代的烙印”。政府采购规则、制度的确立和以电子计算机和互联网为代表的现代信息技术是实现政府采购电子化的两个基本支撑。法律、标准、管理等基本规则的确立是政府采购电子化的基础性要求。电子化的介入更有利于规则的健全和完善，有利于实现政府采购的综合性目标。因此，政府采购电子化更要关注利用信息技术再造政府采购规则所带来的系统性变化。该系统性变化包括实现政府采购公开透明、公平竞争、公正信用的能力。

标准是我们认识事物的一种工具，是更准确地把握事物本质的一种方法。按照我国国家标准《标准化工作指南 第 1 部分：标准化和相关活动的通用术语》（GB/T 20000.1—2014），借鉴采用《标准化和相关活动 通用词汇 三种语言版》（ISO/IEC Guide2—1996）的定义，明确标准是为了在一定范围内获得最佳秩序，经协商一致制定并由公认机构批准，共同使用的和重复使用的一种规范性文件。它强调标准的目的、制定原则和表现形式。标准体系是系统原理在标准化领域的具体应用和集中表现。《标准体系构建原则和要求》（GB/T 13016—2018）给出了标准体系的定义，即“一定范围内的标准按其内在联系

形成的科学的有机整体”。“有机整体”揭示了标准体系的系统性、目的性和协同性。标准体系作为标准的系统集成，应该布局合理、领域完整、结构清晰、系统完善、功能协调以及满足所在领域对标准的总体配置要求。《标准体系构建原则和要求》（GB/T 13016—2018）同时明确了标准体系的编制原则，即目标明确、全面成套、层次适当和划分清楚。

由此看来，政府采购电子化标准体系是将标准化原理和方法通过现代信息技术的手段运用到政府采购领域，是按其内在联系形成的科学的有机整体的标准体系集成。换言之，它以政府采购目标为导向，运用标准系统分析方法，结合信息技术，对政府采购的系统和流程进行优化和简化，从而规范政府采购行为，提高政府采购质量和效益，最终实现体现国家利益和公共利益的公共服务综合功能。

政府采购电子化标准体系作为公共财政支出重要的研究领域，具有创新且实用性强的特点，值得深入探讨和学习。它的研究具有重要意义。它能规范政府采购行为，为廉洁型、服务型政府提供有力保障；它能规范供应商投标行为，健全市场信用体系；它能提高采购质量和效率，为社会提供更好的产品和公共服务；它能强化政策功能，增强宏观调控能力，调节社会总需求。

二、政府采购电子化标准体系主要内容

普遍看来，标准化的基本原理通常是指统一原理、简化原理、协调原理和最优化原理。这是确立政府采购电子化标准体系内容的基本原则。统一是为了确定政府采购电子化系统的一致规范，保证政府采购运行所必需的秩序和效率。简化是在统一的基础上最有效率地满足政府采购的全面需要。它需要科学的筛选和提炼，精练出高效能的、能满足体系需要的必须环节。协调是为了使标准的整体功能达到最佳，并产生实际效果。政府采购电子化所关联的内容具有跨界性，需要通过有效的方式确立系统内外相关因素之间的关系，以适应或平衡各种关系所具备的条件。最优化是按照特定的目标，在一定的限制条件下，对政府采购电子化标准体系的构成因素及其关系进行选择、设计或调整，使之达到最理想效果。

政府采购电子化标准体系以标准体系为出发点，以服务业标准化为基础，根据《服务业组织标准化工作指南》（GB/T 24421 所有部分）、《标准体系构建原则和要求》（GB/T 13016—2018）、《企业标准体系表编制指南》（GB/T 13017—2018）、《标准化工作导则 第1部分：标准化文件的结构和起草规则》（GB/T 1.1—2020）等内容具体编制，形成标准体系。政府采购电子化标准体系以政府采购最终目标为归宿点，通过简化和最优化原理实现政府采购目的。政府采购电子化标准体系涉及政府采购、信息技术和标准内容，是三者的有机结合，充分满足协调性要求。

依据《标准体系构建原则和要求》（GB/T 13016—2018），按照全面成套、层次恰当等编制要求，以政府采购电子化的实现流程为主线，可将政府采购电子化标准体系划分为基础标准、电子技术标准、项目需求标准、业务程序标准、管理和保障标准五个子体系。基础标准是其他标准制定和实施的基础，包括标准化导则、术语和缩略语标准、符号和标志标准、计量和单位标准、测量标准、价值和职能标准、目标标准等内容。电子技术标准是政府采购电子化的重要保障，包括建设标准、技术标准、管理和服务标准、安全标准等。项目需求标准用于规范政府采购项目需求内容，包括货物、工程和服务三大类。采购

对象及标的所属的国家、行业、地方产品标准作为和本标准体系密切相关的配套标准，应予以高度关注。业务程序标准用于规范政府采购电子化的业务程序，包括采购流程标准及方式方法标准等。管理和保障标准可以依照《服务业组织标准化工作指南 第2部分：标准体系》(GB/T 24421.2—2009) 进行细分，包括环境标准、能源标准、安全与应急标准、职业健康标准、信息标准、财务管理标准、设备设施及用品标准、人力资源标准、合同管理标准等。

根据以上确立的政府采购电子化标准体系基础内容，经过多年实践再归纳、提炼与总结，以及通过实证研究、比较、归纳等方法的综合运用，我们将项目需求标准、业务程序标准和电子技术标准作为政府采购电子化标准体系的主要内容。政府经常性采购项目包括货物、工程和服务，它们的需求内容的完整准确、真实合法是实现采购目标的基本要求。政府采购需要通过公开招标、竞争性谈判、询价和单一来源等法定方式实现。业务程序标准是保证政府采购合法进行的必要条件。现代信息技术手段是有效实现政府采购电子化目标的充分保障。

政府采购项目需求标准需要明确采购标的的功能和用途。政府采购项目需求标准的制定应遵循以下原则。一是合法性原则。它应当符合《政府采购法》《中华人民共和国标准化法》等法律法规的要求。如应当以满足实际需要为目标，厉行节约，科学合理地确定采购需求；政府向社会公众提供的公共服务项目，应就确定的采购需求征求社会公众意见等。二是完整性原则。它应当具备功能及用途、物理性能、技术参数、政策要求、标准规范甚至商务要求等内容。如办公设备台式电脑技术需求包括中央处理器（CPU)、主板芯片、内存、硬盘、光驱、网卡、显卡、显示器、键盘、鼠标、操作系统及介质等。其中CPU、内存、硬盘、显示器可设置为不可偏离技术参数。三是政策性原则。《政府采购法》明确规定：政府采购应当实现国家政策目标，包括实现国家的经济和社会发展、保护环境、扶持不发达地区和少数民族地区、促进中小企业发展等。项目需求制定时应符合政策性原则，如应当采购本国货物、工程和服务，强制、优先采购节能环保产品等。

政府采购业务程序标准包括两部分内容。第一部分是采购过程包括采购预算、计划、立项、采购过程、合同签订及验收等，具体包括采购预算、采购计划、采购立项、市场调查、采购文件制作、采购信息发布、采购评审、中标（成交）通知、采购合同、采购供应及验收、采购绩效等。比如采购立项申报主要审核申报材料是否符合规定要求：资料填写是否齐全；技术商务条款是否明确；需求是否有明显倾向性；是否属于强制产品采购或者进口产品采购范围；是否需要市场调查；工程项目是否提供造价预算清单；是否需要组织专家论证；项目分包是否合理等。第二部分是采购方式、方法流程标准，具体包括公开招标、邀请招标、竞争性谈判、询价、单一来源等。公开招标标准包括提供采购需求、发布预备招标公告、市场调查、编制招标文件、发布招标公告、投标、招标答疑及澄清修改、开标、评标、中标及结果公告等环节。以提供采购需求为例，采购人提供的采购需求标准内容应符合政府采购政策、国家行业法规与技术规范、国家安全标准和强制性标准，不得以不合理的注册资本金、销售业绩以及资格条件（含特别授权条款）等对潜在供应商实行歧视或差别待遇；不得有限制、排斥潜在供应商的商务、技术条款；不得以某一品牌特有的技术指标作为技术要求；不得有违公平竞争的条款等。

政府采购电子化系统平台技术标准包括基本功能、技术要求、服务和管理等内容。政府采购电子化系统平台基本功能包括基础信息数据管理、政府采购电子化平台、标书编制软件及加解密、签名工具、政府采购信息服务网站、监督管理以及其他支持功能等，主要用于政府采购电子化系统技术整体或局部研发、应用、检测、认证和运营、维护。政府采购电子化系统平台技术要求包括系统设计、系统性能、网站建设、系统数据存储、运行环境、系统安全与保密、接口系统可靠性、系统易用性、系统灵活性、系统可扩展性、系统实用性、系统兼容性、系统可适应性等。政府采购电子化系统平台服务和管理的相关要求包括电子采购系统的培训服务、电子采购系统日常咨询服务、电子采购系统运行管理、电子采购系统安全与保密管理。如从电子平台技术系统性能标准来看，系统需要响应要求：应满足主要功能在单点操作的平均响应时间不得高于 5 秒，数据维护更新响应时间不超过 10 秒；典型功能在 50 人并发情况下，响应时间应少于 15 秒；支持 100 兆字节以内的文件稳定上传；服务器端接收上传文件的最大吞吐量应不低于 10 兆比特每秒；投标文件集中解密功能模块的系统处理能力应保证每分钟文件解密大于 100 个或大于 1 吉字节。系统需要并发要求：系统必须支持基于互联网终端的并发处理要求，并发人数不少于 2000 人；系统进行实时模糊查询时，不影响正常业务处理。

三、政府采购电子化标准体系实践

（一）基本情况

A 市很早就已开展政府采购标准化和电子化探索，实现政府采购业务 ISO 9001：2000 国际标准规范认证；与国家专业化研究机构合作编写政府采购业务规范化手册；两年后实现深化政府采购电子化工作；承担市级技术标准战略专项经费项目“政府采购电子化标准体系研究”，随即被确定为“省级现代服务业先进标准体系建设试点”；2013 年被批准为国家级服务业标准化试点，项目名称为“A 市政府采购服务标准化试点”。

（二）主要内容及特点

试点期间，A 市分别成立国家和省市试点工作领导小组，建立标准化管理委员会、标准化办公室、标准化工作小组三层架构，发布《现代服务业先进标准化体系试点建设实施方案》，获得政府扶持奖励资金和专项资金，并制订试点推广计划，主动积极有序开展试点工作。通过会议动员、培训、内控、编写、运行、评估、持续改进、反馈等方式构建、运行和完善政府采购先进标准体系。

按照试点要求和计划，结合国内外地区先进经验，在对政府采购服务标准现状进行详细调研和专业分析的基础上，结合专项科研项目成果，根据《服务业组织标准化工作指南》（GB/T 24421）、《标准体系构建原则和要求》（GB/T 13016—2018）、《企业标准体系表编制指南》（GB/T 13017—2018）、《标准化工作导则 第 1 部分：标准化文件的结构和起草规则》（GB/T 1. 1—2020）编制，使标准全面覆盖当地业务程序、业务需求、平台保障、办公场地及设施、安全应急、人员管理、服务规范、窗口管理等各个方面，保障了整个标准体系运行的系统性、完整性和协调性。

在政府采购电子化标准体系的编制过程中，基本构建政府采购服务先进标准体系框架。其中，通用基础标准 38 份、服务提供标准 72 份、服务保障标准 88 份，共 198 份。

政府采购电子化标准体系试点具有如下主要特点。

一是将政府采购服务先进标准体系与信息技术相结合。试点期间，通过将政府采购服务先进标准体系内容嵌入政府采购电子化系统中，实现采购效益、效率、效能三大突破。具体包括：提炼形成 10 项电子系统技术标准；提炼形成 35 项程序标准（含采购立项、采购公告、采购评审等）；分别以货物、工程和服务为类别设立招标、谈判、询价等采购方式，形成 15 类采购文件、投标文件标准范本；建立 17 项通用项目需求标准；结合新出台《政府采购法实施条例》及制度、业务变化等内容，开展标准化电子系统优化及升级改造。

二是将政府采购服务先进标准体系与廉洁风险防控相结合。A 市利用标准化试点契机，构建具有政府采购特点的权力配置法定化、权力运行程序化、权力监控全程化的政府采购廉洁风险防控标准体系。通过认真梳理及归纳汇总，绘制政府采购标准业务流程图，归纳 41 条政府采购标准廉洁风险点和 68 条标准风险防控措施，制成对外公开的标准工作手册，建立政府采购廉洁风险长效防范机制，真正做到岗位明确、权责清晰、程序规范、管理科学、监督有力。

三是将政府采购服务先进标准体系与服务保障相结合。试点期间，通过培训服务、手册服务、电话咨询服务、现场服务、网络服务等“5S”方式，为政府采购当事人提供多元化人性服务。通过会议、专题讲座或知识竞赛等多种形式组织标准培训。如开展标准体系电子化系统培训 30 余场；邀请中国标准化研究院专家开展“服务业标准化”专题讲座；参加“服务业组织标准化良好行为确认”培训；开展政府采购服务标准化知识竞赛；参加国家标准化试点专项培训和“中国标准化论坛”等。通过设立宣传栏、简报、手册等宣传政府采购先进标准；设立先进标准体系电子系统服务员，对各当事人进行引导和跟踪回访服务；设立电子标准投标服务区，对新注册供应商进行一对一现场培训和电子投标服务。任何供应商注册会员后，可以即时通过网站和手机获得采购信息，可自由参加 300 万元以下的采购项目，以减轻企业负担。在评审前对评审专家开展 10 分钟电子评审标准操作培训。通过视、音频向投标供应商现场直播标准评审过程，并逐步向社会公开。

经对采购人、专家和供应商的满意度水平进行分类统计、分档评价，试点期间，平均满意度达到 98.5%以上，员工满意度达到 90%以上。

（三）成效及荣誉

根据《经济效益与社会效益情况说明报告》《政府采购业务情况对比》可知，政府采购经济效益比试点前提高 5%以上，社会效益显著。一是提高采购效益。试点期间，共完成采购项目 1015 项，采购预算金额达 27.84 亿元，成交金额为 26.23 亿元，节约金额 1.61 亿元。二是降低采购成本。政府采购服务先进标准体系运行以来，为政府降低 5%~10%的采购成本，企业的投标成本也减少了 80%。如采购人及供应商往来的交通成本和文书、采购文件及投标文件打印成本、电子化的透明竞争等优势形成的低交易成本等。三是提高采购效率。通过标准及电子系统的使用，较之试点前，平均每个项目可节约 3 天左右的时间，每个项目评审时节约 1~2 小时的评审时间。四是规范采购行为，有效预防腐败。试点期间，各方政府采购行为规范意识明显加强，政府采购服务满意度高。A 市没有发现违纪违法行为，质疑投诉率低。五是社会反响好。将政府采购服务先进标准体系通过电子化系统形式向社会中介推广，受到广泛好评。

试点期间，A 市形成较强的品牌建设，知名度有效提升，通过 AAAA 级“标准化良好行为”确认，以 98 分顺利通过广东省试点验收。因为“基于 ISO 9001 的 A 市电子化政府采购平台”，A 市获得年度中国物流与采购联合会科学技术进步奖，获得广东省政府采购地方标准制定主导权等。政府采购服务先进标准体系试点也得到领导、院校、地方和同行的认可及肯定，高度评价 A 市政府采购标准工作；标准化成果向各地交流推广；《中国质量报》《中国标准化》《中国经济导报》《中国政府采购》杂志等媒体网站发表文章宣传报道标准化成效。

四、国家标准化项目试点思考

政府采购标准化体系是理论与实践相结合的工作，也是创新的工作。经过十余年的实践和研究，取得了一点成绩，但也面临不少问题、困难和挑战，在许多方面值得深入思考。比如，政府采购业务实践与服务业标准化的融合有待深化；政府采购法律政策、标准技术服务环境影响政府采购电子化标准体系内容；政府采购改革、业务及部门调整和政府及部门重视程度也影响政府采购电子化标准体系的发挥；政府采购电子化标准体系涉及政府各部门、市场各供应主体、采购代理机构以及评审专家等各方面主体，需要多方支持和配合才可能实现政府采购电子化标准体系整体功能。这些都需要在未来政府采购电子化标准体系理论研究与实证发展中，不断完善予以解决，最终实现政府采购电子化标准体系的理论与实践相结合。

> “名企告财政局案”折射出政府采购救济制度的复杂性、价格确定的复杂性、预防质疑的复杂性。

第四节　“名企告财政局案”折射政府采购制度缺陷

与中国“政府采购第一案”时过六年无疾而终一样，2010 年 5 月 20 日，历经两年备受关注的格力公司“无效投标案”（媒体称为“废标案”）以格力公司“无条件”撤诉戏剧性收场。回过头来看这件轰动一时的政府采购事件，仍给我们带来许多思考。

案件回放：2008 年 10 月 14 日，广州市番禺区中心医院筹建办公室，并委托广州市政府采购中心组织空调项目采购，公告显示该项目分三个包，其中子包二项目是“门诊楼变频多联空调器设备采购及安装”，包括室外机 314 台，室内机 1198 台，预算 2220 万元。广州格力空调销售有限公司（以下简称“格力公司”）、广州市水电设备安装有限公司、广东省石油化工建设集团公司（以下简称“石化公司”）、中建三局二建、广州市美术公司、广东省华侨建筑装饰公司等六家投标人参加竞标。2008 年 11 月 4 日，经综合评审，格力公司成为第一预中标人（投标报价 1707. 2997 万元）。在预中标公示及资格后审阶段，有公司质疑及采购人书面认为格力公司所投设备实质上不能满足招标文件打“★”的条款（招标文件规定，投标文件若不满足打“★”的条款应属于无效投标）。经磋商及函件交流，11 月 14 日，广州市番禺区政府采购管理办公室致函广州市政府采购中心（以下简称“采购中心”）要求复审。11 月 18 日采购中心组织原专家（应到 6 名，实到 5 名）复审，大多数评委认为“格力空调虽然在投标技术文件中报出了 16 匹模块型号，但没有提供相关说明资料，应‘视同认为’其无单个16匹模块，实质上不能满足招标文件打‘★’的条款要求”，应做无效投标处理。11月21日，第二预中标人石化公司成为中标人（投标报价为2151.1887万元）。

至此，作为行业内品牌技术领先的空调供应商、作为唯一空调制造商投标人、作为报价最低的预中标人，格力公司在竞争的最后阶段“意外”落马，格力公司“心有不服”，开始了马拉松式的救济路程。2008年11月24日，格力公司分别向采购中心、广州市番禺区财政局提出质疑与投诉。2009年1月22日，广州市番禺区财政局处理决定，驳回投诉。2009年4月22日及7月22日，格力公司两次向广州市财政局提起行政复议，2009年9月28日，广州市财政局作出最终维持广州市番禺区财政局的决定。2009年10月12日，格力公司向广州市天河区人民法院对广州市财政局提起行政诉讼，被以“广州市财政局并不是本案的适格被告”裁定驳回。2010年1月9日，格力公司依法向广州市中级人民法院上诉。同时，格力公司向采购中心和广州市番禺区中心医院筹建办公室提起民事诉讼，要求赔偿。经过沟通调解，2010年5月19日，格力公司收到广州市中级人民法院撤诉裁定，至此案件正式收场。在投诉阶段，2008年12月5日，广州市番禺区政府采购管理办公室做出了恢复采购活动的决定，采购人与中标人（石化公司）签订了合同，并于2009年9月履行了合同。

本案发生后，各方围绕“是否实质响应招标文件技术参数”“价格最低是否当然中标”“评审专家复审合法性”“市、区两级财政局谁是适格被告”“评审责任如何界定及承担”“采购人及采购中心是否应当承担责任”“在质疑投诉阶段如何维护供应商的合法权益、如何使采购活动不受非法干扰正常进行”等方面进行辩论，突显案件本身的复杂性及政府采购的复杂性。

一、救济制度的复杂性

这起“名企告财政局案”实际上属于政府采购救济制度的典型案例。供应商经历长达一年的自我救济和行政救济过程之后，才刚刚进入可能是漫长的司法救济程序，政府采购救济的复杂程度可想而知。政府采购合同是主体性质特殊的民事合同，一般以合同为分界点来确定供应商救济制度。政府采购合同签订前属于公法范畴，通过自我救济、行政救济和司法救济实现；政府采购合同签订后属于民商法范畴，通过自我救济、司法救济实现。本案属于非中标人即投标人救济，基本上使用了救济的所有方式。如在自我救济阶段，格力公司通过与广州市番禺区采购人以及采购中心的沟通、磋商、协商和询问甚至请求调解等救济方式来主动、直接保护自己的权利。如在行政救济阶段，格力公司通过向广州市番禺区财政局投诉以及广州市财政局申请行政复议来开展行政救济活动。如在司法救济阶段，格力公司通过与广州市天河区人民法院以及广州市中级人民法院的行政诉讼、民事诉讼来行使自己的救济权利。政府采购救济的宗旨之一就是采购人的主导和优势地位在实践中可能容易侵害到供应商的合法权利，需要构建及时有效的纠纷解决机制，使政府采购主体的强势或主导地位尽量还原为平等主体之间的交易行为。政府采购救济应遵循有效、及时、合理的原则，而本案的救济时限漫长、救济方式复杂，使供应商权益得不到有效保护，削弱了救济效果以及公共利益项目时效性。

二、价格确定的复杂性

政府采购的目标就是通过采购评审机制确定最优的中标人，其实就是确定中标价格。本案中“约400多万元的差价而未中标”成了舆论关注的焦点。政府采购价格的确定面临许多复杂因素，首先是政府采购价格确定方式的复杂。竞争性谈判和询价项目是完全以采购价格来确定成交的，也就是说报价最低当然成交。公开招标项目有几种确定方式，第一种是价格最低的方式，第二种是性价比法，第三种是综合打分法，即通过专家对符合条件的投标人的技术、商务和价格打分后得出综合分，总分最高者即为预中标人。本案使用的就是综合打分法，技术、商务和价格各占总分的45%、15%、40%。其次是投标价格组成复杂。投标价格一般由设备、安装费用、服务费用、税收及管理费用等组成。本案中广州市财政局认为400万元主要是两家公司售后服务费用的差别，但在许多投标事例中投标人对填报价格组成不太重视，认为总价才是主要评判要素。另外，两家公司填报的售后服务价格是否真实反映售后服务费用也值得考究。在本案中我们真正应当关注的是：是否有投标人为了谋取中标，在竞争时采用低一档次的产品或者是相对传统或过时的产品进行竞争从而取得价格上的优势？是否有投标人以大幅高于本身所标产品价格即高于市场价的价格来竞投呢？供应商之间是否会为了达成某些利益默契而形成“价格同盟”呢？最后是价格公开后其他背后因素复杂。本案的关注点是评审后的问题牵涉出的价格最低为什么无法中标的问题。从另一个层面讲，就是如何理解格力公司的投标文件的实质性不响应问题。从招标文件和专家的复审情况看，格力公司的“瑕疵”行为导致“财政局多付出400万元”的代价。那么，这种打“★”条款的设置是否符合采购目标的实质性要求？是否具有歧视性？是否为特殊品牌量身定做？是否通过专家论证呢？招标投标制度设置的最大特点就是各投标人在开标时才知道相互的投标报价，属于名副其实的价格竞争。但在实践中，在评审结束价格公开后，由于利益或各种因素，往往有其他供应商质疑预中标人的投标行为，从而希望出现“价格确定”的逆转。在招标投标技术性复杂、招标文件和投标文件书面内容繁杂，而程序不规范或保密不严密的情况下，这种质疑有效性的寻找往往不难。这样往往“黑狗偷食，白狗当灾”，政府采购中心和专家“就事论事”却成为“替罪羊”，而事件背后的因素却是阻碍政府采购进程的真正“黑手”。

三、预防质疑的复杂性

在具体实践中，许多采购项目容易出现纠纷，并且有上升的趋势，需要引起注意。比如采购金额大且竞争激烈的项目；个别供应商前期介入非常强或投入相当大成本却没有中标的项目；供应商同行恶性竞争，逢投必诉的项目；采购人倾向性强、明显有失公平的项目；价格相差较大且价格最高者中标的项目；异地供应商参加次数少对项目情况不熟悉无序冲标的项目。纠纷主要内容是采购需求技术参数存在技术壁垒、采购人倾向性、采购程序和专家评审不公正、供应商虚假应标、采购项目质量不符合要求等方面。出现纠纷往往有深刻的原因和背景。这需要各方加强专业性和智慧，及时化解纠纷。“名企告财政局案”有许多可以探讨的地方：公共采购主体需要加强专业性，聘请专业咨询公司或专家论证项目需求特别是星号参数，保证公平有效；潜在供应商加强前期维权，在领取招标文件后或答疑会上就招标文件出现的不公正、不合理的地方主动寻求自我救济；采购代理机构做好评审专家的服务工作，并加强符合性、资格性审查，评审更加公正严密，保证无效投标者不进入下一轮评审；相关部门程序审查和实体审查并重，若中标人价格高于市场价或者低于成本价可否否决其中标权。只要各方重视，责任明确，把关严密，处理专业，许多事情是可以避免的。2010 年 3 月开始实施的《广东省实施〈中华人民共和国政府采购法〉办法》（以下简称《办法》），就吸纳了这一案件的许多有益经验。如供应商对采购结果异议可以申请复审、采购结果确定后必须公布评审专家名单、非最低价成交应当说明理由等，均在该《办法》中有对应的法规条文。该《办法》作为国内第一个政府采购法规，对政府采购救济制度完善有着积极的意义。

本章小结

A 市集中采购机构（以下简称为“A 中心”）自成立以来，以“弘扬城市精神、构筑阳光采购”为工作理念，以“提升采购品质、建设一流中心”为工作目标，恪守“公开透明、公平竞争、公正信用、廉洁高效”工作原则，坚持“价格合理、质量优良、服务良好、程序规范”的质量方针，着力打造“廉洁型、专业型、服务型、学习型、创新型”五型队伍，进一步深化智慧采购的阳光理念。

一是注重廉洁，建立廉洁型队伍。廉洁是政府采购工作第一生命线。A 中心不断解放思想，深入推进科学采购，积极探索外部监督和内部制约相结合，形成独特的廉政绩效监督体系，保证人员廉洁。建立廉洁服务公开承诺制度、员工季度廉政绩效考核制度、年底中心廉政绩效考核制度、廉政绩效保证金等一整套廉政绩效考核体系，保证 A 中心廉政和监督机制实现。二是注重专业，建立专业型队伍。合理设置专业部门和岗位；开展标准化基础工作；开展规范化推进工作；开展深化电子业务规范化工作。三是注重服务，建立服务型队伍。以创建“文明窗口单位”为契机，积极打造政府采购品牌形象；将政府采购服务向两头延伸，加强采购全程的服务；坚持采取多种形式主动深入宣传政府采购工作。四是注重学习，建立学习型队伍。五是注重创新，建立创新型队伍。

政府采购电子化改变了传统采购业务的处理方式，在经济效益和社会效益上都具有不可比拟的优势。政府采购电子化要围绕深化政府采购制度改革的目标来开发建设。其具体的建设目标应包含五个方面：一是公开透明的政府采购综合信息服务平台；二是规范高效的政府采购业务处理平台；三是有效监管的政府采购监督管理平台；四是科学决策的政府采购决策支持平台；五是安全开放的政府采购集成平台。

政府采购电子化系统项目的开发建设和实施推进，从广义上说，是一个信息技术（IT）项目的管理与实践。因此，建设政府采购电子化系统应融入项目管理的理念，借鉴国际通用的项目管理做法，这对整个政府采购电子化系统的成功运作起着至关重要的作用。政府采购电子化项目的实践方法主要包括：领导重视，准备充分；会议启动，周密计划；紧密实施，精心测试；会议推进，制度保障；推广培训，正式运行；各方配合，无缝对接。

政府采购电子化系统应满足监督管理和操作执行两方面的需求。监督管理电子化是将政府采购预算管理、方式审批、信息管理、专家管理、合同备案、资金集中支付和信息统计等功能实现网络化管理。政府采购电子化的启示有：领导重视、强力推进是保障；完善的设施运行环境是前提；有一支坚强的执行队伍是关键；采购业务标准化、规范化是基础；不断完善发展和创新是目标。

政府采购电子化标准体系是将标准化原理和方法通过现代信息技术的手段运用到政府采购领域，是按其内在联系形成的科学的有机整体的标准体系集成。政府采购电子化标准体系的主要内容包括项目需求标准、业务程序标准和电子技术标准。政府采购电子化标准体系实践包括基本情况、主要内容及特点、成效及荣誉。

“名企告财政局案”凸显案件本身的复杂性及政府采购的复杂性，包括救济制度的复杂性、价格确定的复杂性、预防质疑复杂性。

思考练习

1. 五型队伍包括哪些内容？从管理或服务等角度，谈谈您对公共采购集中机构的看法。

2. 政府采购电子化项目如何推进？

3. 政府采购电子化标准体系包括哪些内容？

4. 结合某地实际，就机构建设、电子化项目推进、电子化标准体系构建等内容，以小组为单位，组织学生进行案例研讨和成果展示。

5. 分析政府采购“名企告财政局案”。

推荐阅读

王益民．数字政府［M］．北京：中共中央党校出版社，2020.

第十章　公共采购的国际化与发展

学习目的

掌握中国加入《政府采购协议》（GPA）的基本现状、机遇与挑战。
了解公共采购评估体系。
了解中国构建《海峡两岸经济合作框架协议》（ECFA）下的公共采购协议。
了解公共采购应纳入国家发展战略的内容。
熟悉公共采购制度设计应纳入"十四五"规划的内容。

学习重点和难点

中国加入《政府采购协议》和公共采购应纳入国家发展战略是重点；公共采购评估体系、中国构建《海峡两岸经济合作框架协议》（ECFA）下的公共采购协议以及公共采购制度设计应纳入"十四五"规划是难点。

学习名词

《政府采购协议》　公共采购协议　公共采购战略　公共采购制度设计

> 中国加入 GPA 被喻为"第二次加入 WTO"。中国政府采购市场开放机遇与挑战并存，从长远看，中国加入 GPA 机遇大于挑战，利大于弊。

第一节　中国加入《政府采购协议》基本现状、机遇与挑战

一、《政府采购协议》由来与现状

（一）《政府采购协议》由来

《政府采购协议》（Government Procurement Agreement，GPA）是世界贸易组织（WTO）框架下规范政府采购市场开放的一项专项协定，主要规定了加入谈判规则和加入后成员享有的权利及承担的义务。加入 GPA 意味着 WTO 成员在开放一般贸易市场后，再开放政府

采购市场，因此 GPA 有“小 WTO”之称，加入 GPA 被喻为“第二次加入 WTO”。

WTO 和发达市场经济国家一样，市场实行分类管理。其中，按照投资和消费主体的不同，将以私人部门（包括企业和居民）为投资和消费主体形成的市场划分为社会市场，以公共部门（包括政府和国有企业）为投资和消费主体形成的市场划分为政府采购市场。前者开放适用于 WTO 的一般贸易规则，后者开放则适用于 GPA。

一个国家或地区的政府采购市场规模巨大，一般占 GDP 的 15%~20%。政府采购市场是国内市场的重要组成部分，是政府保护本国企业和产品、扶持新兴产业的重要阵地，对社会投资、生产和消费具有举足轻重的导向作用。1947 年《关税及贸易总协定》（GATT）成立时，鉴于政府采购是绝大多数国家保护本国企业的重要政策工具，为避免阻力，有意将政府采购予以排除。

政府采购市场保护是一把双刃剑。出于保护本国产业发展的目的，政府采购逐渐成为国际贸易中的非关税壁垒，在限制外国产品和供应商准入的同时，也阻碍了国内企业和产品走出去。即使对于国内而言，政府采购市场保护也是一把双刃剑。公共机构享受不到外贸发展带来的好处，失去获得价廉物美的外国产品和服务的机会，国内企业也会因过度保护而无法提升自身竞争力。政府采购市场开放与否，关键要看自身市场的发育程度和本国产业（企业）的国际竞争力。

20 世纪 70 年代，欧美发达国家产业逐渐成熟，国际竞争力日益增强，国内市场趋向饱和，迫切希望开拓海外市场。借投资贸易自由化契机，1976 年政府采购被纳入《关税及贸易总协定》东京回合谈判议题，1979 年达成了《政府采购协议》，由《关税及贸易总协定》成员自愿加入，这是最早的 GPA。1995 年 WTO 成立，GPA 随即成为 WTO 框架下的一个协议，由 WTO 成员自愿加入。后经历 3 次修改，最新的 GPA 于 2012 年修订完成并于 2014 年正式生效。

（二）GPA 的主要内容和权利义务

GPA 的基本目标是建立一个有效的关于政府采购的多边框架，以实现国际贸易的进一步自由化，改善并协调国际贸易环境。

GPA 的基本原则包括：国民待遇和非歧视原则，即参加方不得通过拟定、采取或者实施政府采购的法律、规则、程序和做法来保护国内产品或者供应商而歧视国外产品或者供应商；透明度原则，即参加方有关政府采购的法律、规则、程序和做法都应公开。

加入 GPA 意味着政府采购市场的开放，不再奉行国货优先、本国企业优先的政策。属于开放范围的政府采购项目，必须按照 GPA 规则开展采购活动，核心是要给予参加方的企业、产品和提供的服务国民待遇，限制了政府对国内企业和产品的保护。GPA 目前有 20 个参加方，共 48 个国家和地区（欧盟总部及其 28 个成员国统一以欧盟身份加入 GPA），以发达国家为主。GPA 参加方出价涵盖的市场规模高达 1.7 万亿美元。

（三）GPA 谈判机制及工作进程

政府采购委员会是 GPA 的工作机构。政府采购委员会成员由各 GPA 参加方派代表组成，并选举产生 1 名主席。政府采购委员会视需要决定召开会议，每年至少 1 次，就协议的执行或促进协议各项目标的实现等问题进行磋商或谈判，并履行各参加方赋予的其他职责。政府采购委员会可设立工作小组或其他附属机构，负责落实政府采购委员会交办的事项。

政府采购委员会召开的会议包括正式会议和非正式会议。正式会议主要是做出正式决定，如同意申请加入方加入，接受新的观察员，制定和修改规则等。非正式会议主要是申请加入方阐述立场，参加方提出重点关切，通报谈判进展等，实质上是多边谈判。在政府采购委员会会议期间，还会预留一段双边谈判时间，让参加方之间以及参加方与申请加入方之间开展一对一的谈判。

GPA 对于政府采购没有统一的定义，但规定了谈判准则，涉及的政府采购范围很宽泛。从实体角度来看，凡是公共机构的采购活动，无论是否使用财政性资金，都属于政府采购。从行为角度来看，凡是具有政府目的，即提供公共产品和公共服务的采购，无论采购主体是公共机构还是私人部门，都属于政府采购。因此，政府机关、军事机构、国有企业以及其他为政府目的开展采购的机构，均属于 GPA 谈判的涵盖范围。

加入 GPA 并不代表要开放国内全部的政府采购市场，具体开放范围通过谈判确定（称为出价谈判）。参加方都是以“为政府目的采购”为准则开展出价谈判，谈判范围包括中央政府、地方政府和其他（主要指国有企业）3 类实体，货物、工程和服务 3 类项目，以及项目开放门槛价、例外情形共 8 大要素。只有列入出价的实体，采购列入出价且达到门槛价金额以上的项目，才执行 GPA 规则。此外，还要按照与 GPA 规则相一致的要求，与参加方就修改国内有关政府采购法律开展谈判（称为法律调整谈判）。

二、中国加入 GPA 谈判进程

（一）基本进程及谈判策略

中国在 2001 年加入 WTO 时，承诺尽快提交初步出价启动谈判。中国在 2007 年正式启动谈判并提交了初步出价。随着谈判的深入和国内改革的进展，中国对出价进行了 6 次修改。至今共提交了 7 份出价，开放范围不断扩大。随着谈判进程不断提速，谈判压力增大，谈判逐渐进入关键阶段，中国加入 GPA 只是时间问题。加入 GPA 后，中国的政府采购市场将向国外企业放开（2009 年中国的采购市场规模约为 1000 亿美元，且以每年 15% 的速度递增，2018 年达到 3.58 万亿元，还未完全涵盖政府工程及国有企业采购），中国企业也将有机会进入国外政府采购市场。

中国政府采购市场开放机遇与挑战并存，从长远看，中国加入 GPA 机遇大于挑战，利大于弊。若恰当把握好中国加入 GPA 时机，从一方面来说，将有利于中国政府转型，使其更加注重公共治理和服务；有利于社会主义公共市场经济的健全和完善，使其更加注重公平正义以及政府和市场的有机结合；有利于廉洁政府的建立，使其更加注重透明竞争和规范；有利于中国政府采购体制制度和机制的变革，清除不利于转变经济发展方式的体制机制障碍。从另一方面来说，GPA 可提高本土企业竞争力，获得潜在贸易利益，成为中国扩大出口的新增长点；可以进一步降低政府采购成本，规范政府采购行为，提高政府采购资金的使用效率，实现政府采购的内部协调和有机结合。

中国加入 GPA 要实现自身目标，需要把握好谈判策略。加入 GPA 并不意味着中国政府采购市场全部对外开放。目前，谈判也聚集在是否开放地方政府以及国有企业工程采购方面。在具体谈判中，除了关注采购实体、具体采购清单和采购门槛价等内容外，也可以在以下方面注重把握谈判策略，最大限度维护中国利益。

一是充分利用例外政策谈判空间。GPA 规定，开展武器、弹药、军用物资方面的采购，为维护国家安全、国防、公共道德、秩序和安全、人类和动植物的生命与健康、知识产权，以及保护残疾人、慈善机构、劳改产品和服务而采取的必要、例外措施可不适用协议规定。（但这些例外措施不得构成对国际贸易的变相限制或造成不合理的歧视。）即使加入 GPA，许多国家仍旧利用国家安全、保密、环境和绿色壁垒等政策限制本国政府采购市场对外开放。美国、日本、加拿大、韩国等国还对其支持中小企业的政府采购单位做出豁免。据测算，加拿大、日本和美国政府采购的 90%是由本国国内供应商提供的，而其他 GPA 成员政府采购的约 60%是由本国国内供应商提供的。

二是充分利用中国发展中国家身份展开谈判。GPA 为吸引更多的发展中国家加入，专门制定了针对发展中国家的特殊条款。GPA 规定发展中国家成员可以在其他成员方允许的前提下，按时间表在过渡期内采取如价格优惠、贸易补偿、渐进性开放和更高的门槛价等过渡性措施以保护其民族产业不受冲击。还包括允许发展中国家商谈不属于国民待遇原则的实体、产品和服务清单，允诺通过对发展中国家进行技术支持和援助提供特殊待遇。中国作为最大的发展中国家加入 GPA，理应充分利用这一身份为本国谋求利益。如在谈判中有效保护本国弱小产业或传统产业不受冲击；有效支持本国自主创新型和科技进步型国家政策发展；如在谈判时与采购欧美地区高科技产品政策相挂钩，要求大幅放宽对中国的高科技出口限制；在谈判时也可以要求西方各国特别是美国承认中国完全的市场经济地位，因为政府采购公共市场作为市场经济的组成部分，加入 GPA 本身将进一步促进市场经济的完善与发展。

三是实施“规模对等”和遵循渐进开放原则。欧美等发达国家和地区逼压中国以高标准加入 GPA，不符合公平对等的 WTO 原则。中国在谈判中可以采用采购总额规模、采购主体规模和采购项目范围规模等“规模对等”原则展开谈判。在开放时间、开放采购实体和开放采购标的及产业路径方面可以实行渐进开放原则。如在采购实体上可以由中央向地方、政府向事业单位和国有企业逐步开放；在区域上可以由沿海向内地逐步开放；在产业上可以由竞争力强的电子、设备、纺织等产业向幼稚产业逐步开放；在采购类别上可以由货物向工程及服务逐步开放。

（二）谈判关键进程

习近平主席在博鳌亚洲论坛 2018 年年会的主旨演讲中指出，要加快加入世界贸易组织《政府采购协议》进程。在中国改革开放四十周年纪念重要时刻做出的“中国开放的大门不会关闭，只会越开越大”的承诺，体现了中国政府不断推进改革开放，大步迈向新时代的信心和决心，同时也意味着中国加入 GPA 的谈判进程进入关键阶段。

一是谈判进程紧张有序。中国政府采购规模大，发展迅速，每年的采购规模远高于经济增长速度，对国际市场产生了巨大吸引力。据统计，2019 年全国政府采购规模为 33067 亿元，占全国财政支出和 GDP 的比重分别为 10%和 3. 3%。日益增长的政府采购市场如何放开？在多大程度上放开？所牵扯的国内外各方的利益众多且影响深远。目前，谈判争议主要集中在三个方面。

（1）国有企业是否应纳入出价清单范围。中国国有企业并不属于政府采购规制范围，2014 年年底的第 6 份出价清单除大学、医院外，首次列入了中国农业发展银行、中国邮政集团有限公司和中央国债登记结算有限责任公司等国有企业。但 GPA 参加方认为，应开放能源、交通、水利、电力等所有政府控制的符合公益类性质的国有企业采购市场。

（2）中央实体的开放程度。第6份出价清单列入的次中央实体包括4个直辖市15个省的558个机构，既有沿海省份又有内陆省份，开放水平较高。但GPA参加方要求列入更多的省级政府和重点城市，并开放地级市政府。有的国家甚至要求开放所有地级市政府。

（3）工程项目门槛价。中国第6份出价清单的工程采购客体已经同等开放，将联合国核心产品分类（CPC）中第51类工程项目全部列入。但参加方对中国工程门槛价只降为1500万特别提款权（SDR）仍然不满，他们期望达到谈判之初提出的500万特别提款权（SDR）要求。

二是谈判进入新阶段。中国于2019年10月20日向世界贸易组织（WTO）提交了加入GPA第7份出价清单。这份出价清单是中国加快加入GPA谈判进程的重大举措，充分展现了中国扩大开放的形象，表明了中国加入GPA的诚意和维护多边贸易体制的决心。

第7份出价清单首次列入了军事部门，涵盖了除国务院办公厅、国家安全部以外的国务院序列机构，增加了吉林、四川、贵州、云南、陕西、甘肃、青海等7个省，地方出价由19个省（直辖市）增加到26个省（直辖市），新增中国国家铁路集团有限公司和北京首都国际机场股份有限公司2家中央管理国有企业，北京市地铁运营有限公司、天津水务集团有限公司等14家地方管理国有企业，山西大学、云南大学等36所地方高校。同时，增列了服务项目，调整了例外情形。第7份出价清单已与参加方出价水平大体相当。

GPA谈判是旷日持久的复杂行动，也面临着复杂的国内、国际环境影响，对我国加入GPA谈判带来不少压力和难度。

三是加入面临的现实挑战。从世界各国经验来看，发展中国家的政府采购和招标投标在国际接轨方面，普遍面临许多难题。主要表现为各国政府采购体制、制度和机制不同。比如法律之间的协调、行为的规范性、监管的有效性、市场的诚信度等都各有参差。

作为发展中国家，中国相关法律和制度有的还不完善，也存在类似矛盾。比如，《招标投标法》和《政府采购法》并存所反映出的一些问题，一直是国际社会和相关专家学者争议的焦点。另外，同一领域的采购行为面临的管理部门多头、采购类别界定冲突、资金界定标准不一、采购模式不同等制度取舍方式，给各方主体造成困扰，割裂了制度、市场、管理的完整统一性。

例如，同一采购方式归属不同部门开展制度设计、行为执法和监督管理。若项目属于货物和服务招标投标，则由财政部门监督管理；若项目属于建设、水利、交通运输等工程招标投标，则由其行业主管部门开展执法监督。管理模式无法归一，会在实践中产生一些问题。再如，各部门根据法律法规要求建立各自的专家库管理系统，发展改革部门建立公共资源交易综合专家库，财政部门建立政府采购专家库，专家库入选资格、行为要求、评审方式、管理制度各不相同。政府采购、招标投标、公共资源交易平台等领域也各自建有信息公告和电子交易管理系统，各有不同的信息发布和公开渠道，各有不同的系统管理办法和数据标准模式。类似状况长期存在，受其历史性、利益性、制度性等因素影响。近年来，有关方面也不断努力，试图通过制定具体实施条例和办法，破解领域内交叉重叠问题。但这种分立式立法、立规有可能进一步切割制度和市场。

从世界贸易组织GPA本身来看，中国政府采购制度与之存在较大的差异。两者在立法目标、基本原则、适用范围、采购方式和救济制度上都存在不同。GPA是WTO的一项多边协定，旨在促进全球贸易自由化，构建开放透明、公平竞争和行为规范的国际采购制度体系。中国立法目的以规范政府采购行为，提高财政性资金使用效益，维护本国利益和社会公共利益为主。

从采购方式来看，GPA 所倡导的公开招标、选择性招标和限制性招标三种模式与我国法律确定的公开招标、邀请招标、竞争性谈判、单一来源采购、询价等采购方式和适用程序均不同。在供应商救济制度上也存在较大不同。

四是主动破解“世界性难题”。政府采购领域作为“世界性管理难题”属于最难啃的“硬骨头”。现状表明，中国加入 GPA 谈判内容、形式复杂，政府采购的重点、焦点、难点问题仍然较多。面对难题和困境，如何加快加入世界贸易组织《政府采购协议》进程，相关部门需要改革思维。

（1）引入战略思维。中国加入 GPA 机遇大于挑战。在中国加入 GPA 进程的关键时期，应以战略思维来看待。

政府采购制度建设不单纯是中国企业产品和服务进入国际市场的机会和渠道，也不单纯有利于中国政府采购体制的进一步健全和完善。它是超越财政支出手段的，涉及政府、经济、社会、市场、法律的一种现代制度创新；是推进国家治理体系和治理能力现代化的重要体现；是实现中国经济高质量发展、融入现代化经济体系、推动形成对外开放新格局、发展更高层次的开放型经济的重要内容；也是法治型、服务型、廉洁型政府职能转变的有力手段。

（2）引入改革思维。中国在加入 GPA 进程中要主动改革，破解国内政府采购领域出现的难题，完善政府采购制度体系环境。

政府采购制度改革与现代财政制度改革相结合，建立“预算—计划—采购—支付—资产管理—绩效”的标准闭环体系。

与宏观调控体系相结合，可以完善产业、产品、技术、知识及创新等政策功能；与公共资源交易平台整合相结合，可以突破招标投标与政府采购制度冲突难题；与“放管服”改革相结合，可以创新监管方式，依托信息化手段和大数据加强事中、事后监管；与供给侧结构性改革相结合，可以降低市场主体参与政府采购制度性交易成本；与公平竞争审查相结合，可以建立统一开放、竞争有序的现代市场体系；与社会征信相结合，可以构建政府采购信用主体建设，推进社会诚信体系。

（3）引入战术策略思维。在多年谈判丰富成果的基础上，中国加入 GPA 新阶段需要在理念思维、谈判方式和手段、实现方法和路径等方面进一步规划和实施。

比如，可以考虑谈判一直遵循的审慎、渐进、互惠对等原则是否需要微调。对于谈判清单，可以在更大范围、更宽领域、更深层次方面考虑市场开放程度。可以探索、实施双边机制下开展政府采购市场开放谈判，稳步推进自由贸易区建设。对于国有企业开放可以从开放程度较高的沿海省份、自贸区等开始在供应商准入及争取国际市场方面，与中国企业、产品“走出去”结合起来等。

第 7 份最新出价是中国加快加入 GPA 谈判进程的重大举措，表明中国加入 GPA 谈判进入新阶段。这一阶段的谈判时间更加紧迫、谈判博弈更加复杂、国内领域内改革的难度进一步加大，政府采购转型发展在新时代面临更加重大的使命和责任，具有不同寻常的重大意义及影响。

因此，中国加入 GPA，宜在原有基础上设立更高规格、更大范围的领导小组及其所属谈判组、法律组、政策组、监管组、专家咨询组等，制定战略规划，尽快确立中国加入 GPA 进度表和路线图，以期建立符合中国特色和国际化需要的现代政府采购制度。

三、中国加入 GPA 进程稳步推进

（一）提交《中国政府采购国情报告》

2020 年 5 月 29 日，中国向 WTO 提交了《中国政府采购国情报告》（2020 年更新版）。《中国政府采购国情报告》主要是针对 WTO 政府采购委员会规定的“加入 GPA 有关信息的问题清单”，从法律框架、政府采购范围、非歧视政策、避免利益冲突和预防腐败的措施、采购程序、信息发布情况、国内审查程序等方面对中国政府采购情况做出全面答复。中国于 2008 年已向 WTO 提交了《中国政府采购国情报告》。2020 年更新版主要是根据 WTO 政府采购委员会对问题清单所作的调整，以及十多年来中国政府采购相关法律制度文件变化和政府采购改革进展等情况进行再次答复。参加方将据此了解中国政府采购的最新状况，并以此为依据，审议中国政府采购法律与 GPA 规则的异同，对中国提出法律制度调整的要求。提交《中国政府采购国情报告》（2020 年更新版）是继 2019 年向 WTO 提交中国加入 GPA 第 7 份出价后，中国采取的加快谈判进程的又一项重要举措，进一步体现了中国加入 GPA 的诚意。中国加入 GPA 谈判也将进入出价谈判与法律调整谈判同步推进的新局面。

（二）参加 2020 年 GPA 多边谈判

2020 年 7 月 21 日，GPA 第二轮多边谈判以视频会议形式召开。会议围绕新成员加入、GPA 委员会主席换届、下一轮会议安排等问题展开研讨。其中，中国加入 GPA 是会议重点议题之一。财政部派人参加了谈判，并结合中国向 WTO 提交的《中国政府采购国情报告》（2020 年更新版）对中国政府采购的有关情况以及《中国政府采购国情报告》的更新情况做了主题发言。参加方对中国继 2019 年 10 月提交第 7 份出价后再次提交《中国政府采购国情报告》（2020 年更新版）表示赞赏，认为这是中国加入 GPA 的积极举措，同时也对中国出价提出了进一步改进建议。

2020 年 10 月 7 日，GPA 第三轮多边谈判以现场和视频相结合的方式召开。会议围绕 GPA 修订文本生效、新成员加入、政府采购委员会未来工作计划等问题开展讨论，其中中国加入 GPA 是会议重点议题之一。财政部就参加方针对中国第 7 份出价普遍关注的问题和要价做了解释说明。

（三）加入时机及准备

中国加入 GPA 谈判进入关键阶段，中国加入 GPA 要选择适当时机，做好充分准备。

一是加入时机的选择。加入 GPA 最恰当的时机既要看谈判进程和效果，更加要与中国的实际情况相适应。至少应考虑四个方面：①加入时机与中国推进“十四五”规划和经济体制改革的总体时间相适应。②中国政府采购制度建设能适应加入 GPA 的需要。特别是要有与国际化相适应的相对统一的政府采购管理体制、运作机制和法律制度等。③中国政府采购市场环境建设与应对能适应加入 GPA 的需要，包括公平正义的公共市场环境、依法规范的政府行为环境、诚信竞争的供应商行为环境、标准规范的采购需求发展环境和

专业客观的评审决策机制环境。④加入时机与中国专项治理腐败、推进公共资源制度改革时机相契合。

二是充分加入的准备。从历史经验来看，中国加入 WTO 推动中国行政审批制度（称为“软刀子”）的改革。同样，中国加入 GPA 必将推动中国政府采购制度（称为“硬刀子”）的创新与转型。所以，加入 GPA 并不意味着中国完全调整好制度并适应了政府采购国际化的需要，而是对 GPA 充分了解，明晰利弊之后做了一定的准备，再果断加入。

这些准备至少应包括以下内容。

（1）对中国政府采购与招标投标制度运行情况有了一定的总结，并且对政府采购与招标投标改革方向及路径有清晰准确的把握，如法律调整、体制创新、机制完善等。

（2）充分认识到 GPA 注重商事性而非政策性功能。即 GPA 重在保证供应商的竞争公平性，反而要削弱国家政策对政府采购的保护。这就需要我们深刻认识到即使加入 GPA 也能充分利用政府采购政策性功能为本国经济社会发展利益服务，而不至于引起国际社会的太大喧动。

（3）建立加入 GPA 后应对问题出现的预测及应对机制，由于利益、政策及语言文化差别使外国公司进入中国政府采购市场后出现较多的政府采购纷争处理机制。这就对中国政府部门加入前的积极应对及市场环境完善构成挑战。

（4）通过加入 GPA 谈判不断改进方法及总结经验，化被动为主动，适时派员加入世界贸易组织政府采购委员会，为加入 GPA 后取得国际话语权做准备。

（5）充分注意国际上将中国加入 GPA 政治化的倾向。

> 新采购系统评估方法（MAPS）是一种通用工具，旨在促进和加速所有国家实施现代、高效、可持续和更具包容性的公共采购系统。

第二节　公共采购评估体系之导言

公共采购是公共服务提供、良好治理和具有包容性增长的可持续经济的重要组成部分。世界各国政府每年大约花费 9.5 万亿美元签订公共采购合同，这意味着该领域内的采购额占该国 GDP 的 12%~20%。有必要建立核心且有效的机构，加强公共采购体系建设，实现具体和可持续发展的目的。

2003 年 4 月，发展援助委员会（DAC）联合发起 MAPS。其目标是通过提供分析系统关键信息作为通用工具来评估和改进公共采购系统。它通过所发现的优缺点制定战略和实施改革，通过建立法律、监管和体制框架，为完善公共采购评估体系奠定基础。经过多年的实践，该评估系统的质量和有效性得到广泛认可。

MAPS 多年来一直在调整和修改。MAPS 的修订过程是一项包括各国合作伙伴在内的合作努力过程。它考虑到广泛用户和利益相关者提出的全球发展和改进建议，也反映了对公共采购的现代理解，且遵循以下考虑因素。

（1）物有所值，反映公共采购系统应以经济、高效、有效和可持续的方式提供所需货物、工程和服务的基本目标。

（2）透明度，反映基本的和共同协商的披露原则，使政策、法律和体制框架以及与决策相关的信息能够以可理解、可获取和及时的方式提供给公众。

（3）公平，反映公共采购过程追求非歧视目标，确保平等待遇和恪守诚信。

（4）良好的治理，认识到更开放的治理环境对采购方式和采购改革实施的重要性。诸如横向采购目标、政策考虑和诚信原则等。

在实践中，经过多年的发展，MAPS 不断修订和完善，形成较为成熟的 2018 版本。新版本 MAPS 整合了各种必须元素，以确保 MAPS 的应用有助于提高采购效率。这些因素包括国家政策目标、可持续性目标、对私营部门的支持、公务员改革等，以及为运作良好的公共采购系统创造有利环境的其他因素，例如良好的公共财政管理、问责制、法律确定性和劳动力能力。

新 MAPS 是一种通用工具，旨在促进和加速所有国家实施现代、高效、可持续和更具包容性的公共采购系统。MAPS 提供了一个全面的评估框架，建立了一个所有国家都应努力实现的有效且高效的采购体系评估标准。

公共采购评估体系（Assessment of Public Procurment Systems）是 MAPS 中的核心部分，围绕 4 个支柱指标和 14 个二级指标、55 个三级指标构建而成。这些支柱指标和分级指标与公共采购系统的期望特征相对应。本部分主要围绕公共采购评估体系的具体指标内容作详细介绍。在此基础上，分析公共采购评估体系在中国的应用思考，以及中国的借鉴和启示。

4 个支柱指标包括：法律、监管和政策框架；体制框架和管理能力；公共采购程序和市场行为；公共采购体系的问责制、诚信和透明度。

支柱指标 1：法律、监管和政策框架。它包括 3 个二级指标和 18 个三级指标。具体如下。

公共采购法律框架达成约定原则，遵守适用义务。该指标涵盖了不同层次的法律和规章制度，从最高层次（国家法律、法规、规章等）到正在适用的实施细则、程序和招标文件等。该指标分为 12 个三级指标，包括法律和监管框架适用范围，采购方式，公告规则和时间限制，参与规则，采购文件和规范，评估和授予标准，投标书的提交、接收和开标，质疑权和上诉权，合同管理，电子采购，记录、文件和电子数据的保管规范，专门立法中的公共采购原则。

实施法规和工具支持法律框架。该指标验证了实施条例、操作程序、手册、采购文件范本和合同标准条件的存在性、可用性和质量。理想情况下，更高级别的立法提供了管理公共采购的原则和政策框架。较低层次的法规和更为详细的文书是对法律的补充，使其具有可操作性，并说明如何在特定情况下适用法律。该指标分为 4 个三级指标，包括实施法规以定义流程和程序，货物、工程和服务采购文件范本，标准合同条件，采购实体用户指南或手册。

法律和政策框架支持国家的可持续发展和履行国际义务。这一指标评估政策水平目标，如旨在提高可持续性的目标、支持社会中某些群体，以及源自国际协定的义务是否在法律框架中一致或得到一致的反映。该指标分为 2 个三级指标，包括可持续公共采购

（SPP）和源自国际协定的义务。

支柱指标 2：体制框架和管理能力。它包括 5 个二级指标和 14 个三级指标。具体如下。

公共采购系统呈主流化趋势，且与公共财务管理系统完美结合。该指标的重点是公共采购系统与公共财务管理系统的集成程度。该指标分为 2 个三级指标，主要考虑从预算编制到计划付款的国库业务中采购和财务管理之间的协调关联性，包括采购计划和预算周期，财务程序和采购周期。

国有负责规范、监管职能的机构。该指标是指公共部门的规范、监管职能及其适当的履行和协调。对指标的评估侧重于这些职能的存在性、独立性和有效性，以及组织之间的协调程度。根据一个国家选择的机构设置，一个机构可以负责所有规范和监管。在其他情况下，关键职能可能已分配给多个部门或机构，例如一个机构可能负责政策，而另一个机构可能负责培训或统计。作为一般规则，规范、监管职能应明确分配，不得有缺口和重叠。应该避免太多的碎片化，并且作为一个协调的联合努力来执行这个功能。该指标分为 4 个三级指标，包括规范、监管职能的地位和法律依据，规范、监管职能部门的职责，组织、资金、人员配备以及独立性和权威性水平，避免利益冲突。

采购实体及其授权明确定义。该指标评估包括：法律和监管框架是否明确界定了具有采购职责和权限的机构；是否规定授权了采购人员和其他政府官员在采购过程中行使职责；是否存在独立采购实体。该指标分为 2 个三级指标，包括采购实体的定义、责任和正式权力，以及集中采购机构需要评估。

公共采购嵌入有效的信息系统。该指标的目标是评估国家或实体发布采购信息的系统规模，应用数字技术有效地支持采购过程的不同阶段，并允许分析整个公众趋势和表现的数据。该指标反映了公共采购信息系统的可用性、可访问性、集成性和可靠性。数字技术，如在线门户网站和更全面的电子采购系统，有可能显著提高公共采购的效率、效力和透明度。他们支持建立最先进的公共采购体系，加强问责制框架，并建立绩效衡量的技术基础。该指标还通过确定公布的公共采购信息的份额以及衡量电子采购的接受程度和统计信息的可用性，评估系统在实践中的工作程度。该指标分为 3 个三级指标，包括信息技术支持的公共采购信息发布、电子采购的使用和采购数据管理策略。

公共采购体系的发展和改进能力。该指标侧重于公共采购体系发展和改进的能力，具体应考虑以下三个方面：①是否制订了发展采购人员和参与公共采购的其他关键行动者的能力的战略和方案；②采购是否被公认为国家公共服务的一个专业；③是否建立了用于评估采购业务结果的系统、制订了持续改进公共采购系统的战略计划。该指标分为 3 个三级指标，包括培训、建议和协助，将采购视为一种职业，采购技术性能监控和改进系统。

支柱指标 3：公共采购程序和市场行为。它包括 2 个二级指标和 6 个三级指标。具体如下。

采购程序实现既定目标。该指标的目标是收集有关法律和政策框架中制定的采购原则、规则和程序在实践中如何实施的经验证据。它侧重于与采购相关的结果，进而影响发展成效，如物有所值、改进服务提供、政府信任和实现横向政策目标。该指标分为 3 个三级指标，包括规划、选择和承包实践中的合同管理。

采购市场功能齐全。该指标的目标主要是评估市场对采购招标的反应。这种反应可能受到许多因素的影响，如总体经济环境，支持私营部门和良好商业环境的政策，强大的金融机构，公共系统作为一个良好、可靠客户的吸引力，所需的商品或服务种类等。该指标分为 3 个三级指标，包括公共和私营部门之间的对话和伙伴关系、私营部门组织及如何进入采购市场、关键部门和部门战略。

支柱指标 4：公共采购体系的问责制、诚信和透明度。它包括 4 个二级指标、17 个三级指标。具体如下。

透明度和民间社会参与加强采购的诚信。民间社会作为防止公共资源利用效率低下的保障，有助于提高采购的竞争性和公平性，提高合同绩效和确保成果。政府越来越强化公共承包的信息透明，便于公众理解和监督。该指标评估了民间社会参与采购过程的两种机制：①信息披露；②通过参与、监测和监督直接参与采购。该指标分为 3 个三级指标，包括公众咨询和监督、公众充分及时地获取信息和民间社会的直接参与。

有效的控制和审计制度。该指标的目标是确定内部和外部控制的质量、可靠性和及时性。同样，需要审查、控制措施的有效性。就本指标而言，有效性是指执行审计建议的便利性和彻底性。除了自己的调查结果外，评估人员还应依赖最近的公共支出和财务问责评估以及可能提供的其他分析。该指标分为 4 个三级指标，包括控制系统的法律框架、组织和程序，协调采购的控制和审计，调查结果和建议的执行和后续行动，开展采购审计的资格和培训。

有效且高效的采购申诉机制。支柱指标 1 涵盖上诉机制与法律框架有关的各个方面。该指标进一步评估了一系列具体问题的申诉机制，这些具体问题涉及提高国家合规环境的效率和公共采购系统的完整性。该指标分为 3 个三级指标，包括质询和上诉程序、上诉机构的独立性和能力、上诉机构的决定。

实施国已采取的道德和反腐败措施。该指标评估了采购体系中反腐败规定的性质和范围，以及如何在实践中实施和管理这些规定。该指标还评估了该体系是否加强了开放性，平衡了利益相关者的利益，以及私营部门和民间社会是否支持建立以其完整性著称的公共采购市场。该指标分为 7 个三级指标，包括禁止行为、利益冲突和相关责任、责任和处罚的法律定义、采购文件中禁止行为的规定、有效的制裁和执行制度、反腐败框架和诚信培训、利益相关者支持加强采购的完整性、报告禁止行为或不道德行为的安全机制行为、行为准则、道德准则和财务披露规则。

> 两岸公共采购协议是有别于GPA的一种符合两岸实际，顺应两岸历史发展潮流，为两岸民众谋福利的创新型、制度化和常态化的沟通交流平台，意义重大。将这一协议的名称确定为两岸公共采购协议是有特别含义的。

第三节 应尽快构建《海峡两岸经济合作框架协议》下的公共采购协议

2010年6月，《海峡两岸经济合作框架协议》（台湾称“两岸经济合作架构协议”，以下简称ECFA）在重庆正式签署。两岸两会确认ECFA正式生效。由此，两岸经济脉络基本打通，真正开始进入完全经贸合作的时代。按照ECFA文本和配套法规，以及协议签署内容，两岸正设立“经济合作委员会”，就框架内各项目标展开磋商，并逐一签署协议。中国台湾之前也正式成为WTO的第41个GPA成员。中国正开展加入GPA的谈判。由于我国政府采购现状、出价内容与欧美要求差距较大（如国有企业和地方政府是否纳入《政府采购协议》内容），预计将有一段较为艰苦的谈判过程。由此，我国在正式加入GPA之前可以商讨两岸构建EFCA下的公共采购协议（以下简称“两岸公共采购协议”）的可能性。必要时可以先行签署两岸公共采购协议。

一、两岸公共采购协议的理论基础

两岸公共采购协议的理论基础应该是WTO下的经济自由洽谈，以及基于该原则下的ECFA与GPA。ECFA是在不违反WTO的规范下，为充分表现两岸特色而签署的框架协议，目的是推动两岸经贸往来正常化、机制化和制度化。其主要内容包括投资协议、货品贸易与服务业贸易协议、争端解决机制等以及货物、服务贸易和投资工程等公共市场交易。GPA是WTO框架下的一项多边协议。它要求各参加方在互惠的基础上开放政府采购市场，按照国民待遇和非歧视原则开展政府采购活动，通过更大程度的自由贸易来实现全球贸易的扩大。GPA加入方就政府采购的门槛价、采购实体、采购范围和总备注等GPA的通行标准与各GPA成员进行谈判。通过多边谈判加入GPA后，成员才能享受《政府采购协议》规定的权利，履行相应的义务。两岸公共采购协议正是ECFA与GPA的融合。通过对双方有约束力的公共采购协议签订，可以进一步融合两岸间的公共采购政策和法律制度，消除两岸公共采购政策可能引起的贸易壁垒，进一步促进政府采购市场的对外开放和扩大国际贸易。

二、两岸公共采购协议的实践基础

中国大陆是中国台湾第一大贸易伙伴、第一大出口伙伴及第二大进口伙伴，经贸关系相当密切。两岸的长期投资、经贸之旅和民间交流等为两岸经济合作向全方位、宽领域、多层次迈进提供了良好条件。大陆赴台的各种经贸团、采购团频频出击，为缓解台湾经济困难，促进两岸贸易发展做出重要贡献。据国台办数据显示，2019年两岸贸易总额突破

2280.8亿美元。据此以及国际惯例估算，公共采购数额占两岸贸易总额的10%以上，并且所占比例逐年增长。2019年预计公共采购数额占230亿美元左右。庞大的公共采购数额给两岸公共采购协议构建提供了实践基础。虽然两岸公共采购数额庞大，但双方交易主要以经贸团、采购团为主，采购机动性较大、采购数量及后续服务缺乏跟踪及监督。公共采购主体参与分散、不够普遍且救济等保障配套制度不足。两岸公共采购的理论研究贫弱，双方制度交流与合作还未真正开展。两岸公共采购政策功能作用强大，但还远未显现，未来潜力巨大。

三、两岸公共采购协议是遵循于GPA但不同于GPA的两岸独特的经济交流合作形式

在丰富的采购实践基础面前，EFCA的签署和实施给两岸公共采购协议的签订带来契机。两岸公共采购协议是在EFCA主导下，就两岸公共采购主体间开展货物、工程和服务采购所形成的制度、政策和实施等合作协议。两岸公共采购协议主体包括所有公共部门，市场主体包括货物、工程和服务等各行各业供应商，采购总量巨大。它是有别于GPA的一种符合两岸实际，顺应两岸历史发展潮流，为两岸民众谋福利的创新型、制度化和常态化的沟通交流平台，意义重大。作为两岸特色的经济合作机制之一，它是两岸政府、中介、企业、民间以及市场之间的一种长期化、制度化和常态化的先进交易形式，具有与经贸团、采购团和一般展览会等完全不同的作用。它除了使采购制度化、常态化外，可以形成两岸公共部门间的定期交流机制，促进共同的采购经济贸易制度的建立；可以通过公共采购实现两岸公共产品和公共服务趋同；可以通过采购交流有效消除内部市场的障碍，不断完善双方的采购制度和机制；可以通过采购分析两岸企业的冲击和竞合能力，及时调整政策应对国际化竞争；可以通过公共采购实现两岸经济、民生和社会，甚至政治、政策功能。两岸公共采购协议的签订也为中国加入GPA提供新鲜的实践经验，更可成为中国公共采购在国际上树立话语权的实践检验。

将协议的名称确定为两岸公共采购协议是有特别含义的。首先，它遵循于GPA但区别于GPA。两岸公共采购协议应与当前中国参加GPA谈判完全区别开来。它是两岸建立EFCA后进行磋商研究形成的独特的公共采购协议，仅适用于两岸之间。其次，由于两岸的独特关系，它不是政府间的采购协议，所以也不应纳入加入GPA谈判范畴，而称之为两岸公共采购协议。再者，两岸公共采购协议是以关注两岸民生和公共产品和公共服务为基础的公共服务型采购协议，是顺应ECFA的要求的新型协议采购模式。最后，确定为公共采购协议是将顺应国际化的需要，将国有企业、公益部门（如基金会、NGO组织等）作为公共采购主体纳入进来，不断扩大两岸公共采购范围、规模和交融度。

构建两岸公共采购协议必须秉持着两岸平等协商、谋求互利共赢、照顾彼此关切的基本原则。具体可以开展以下工作。

（一）确立固定机制，研究磋商协议

在两岸经济合作委员会下设立公共采购协议磋商小组，由两岸相关领域官员和专家组成，就公共采购实体、采购门槛及范围、具体内容、制度、救济机制和定期采购活动的开展等进行磋商。目前国际上尚无统一的政府采购定义，GPA亦没有用列举方式反映政府采

购内容。而公共采购更是个新事物，双方可以就公共采购主体使用公共资金开展采购活动这一概念通过谈判确定需要承诺开放的货物、工程和服务项目范围。

（二）建立两岸公共采购论坛

相关部门可以在海峡两岸论坛和两岸经贸文化论坛下设公共采购论坛，也可以开展独立的两岸公共采购论坛，定期对两岸公共采购法律制度、采购模式、采购内容、采购政策以及采购交融性等问题进行研究深化。此做法既体现两岸公共采购理论的高度与深度，也不断寻求两岸公共采购过程中的制度、操作和机制的完善。

（三）成立两岸公共采购博览会

成立两岸公共采购博览会是两岸公共采购协议签订后具体实施过程中的重要载体之一。博览会属于会展经济，是世界上三大无烟产业之一。举办两岸公共采购博览会可以将两岸的公共采购主体、集中采购机构和各类供应商有机地联系在一起，并且定期、长期地开展大规模的公共采购活动。通过博览会实现交易和采购功能，这种创新的采购模式能加快建立两岸公共采购统一大市场的步伐。同时通过定期、及时、长期、互动的采购机制产生较大的经济和社会效益，甚至带来一定的政治效应。博览会可以采取“S1”运作机制，由从辽宁到广西形成“S”形的沿海各省份和中国台湾相互举办，也可以固定由某地方永久举办。两岸公共采购博览会应尽快成为国际展览联盟（UFI）成员，成为两岸经贸交流的最有力的平台。

（四）发挥两岸公共采购政策导向功能

为发挥公共采购政策导向功能，应研判两岸经济和产业发展特点。目前中国大陆正在加快自主创新型国家建设，加快转变经济发展方式，调整和优化经济结构，公共产品和公共服务更加关注社会民生。中国台湾也急需打破狭窄发展概念，推动两岸经贸关系“正常化”，尽快融入亚洲经济一体化进程。相关部门可以根据两岸经济现状和特点开展政策导向型公共采购：共同加大规模采购力度，共同应对国际金融危机后续影响和国际经济激烈竞争的挑战；继续加大对中国台湾的采购规模，引导中国台湾经济复苏；针对中国台湾推出生物科技、观光旅游、绿色能源、医疗保健、精致农业和文化创意六大新兴产业规划以及中国大陆战略性新兴产业规划的产业政策，两岸公共采购协议谈判可以聚焦在新兴产业上实施更大程度的开放式采购。在产品方面，中国大陆定向对中国台湾开展火龙果、柳橙、茶叶、石斑鱼和秋刀鱼等农渔产品采购，更加惠及中国台湾农民。对钢铁、玻璃等迄今无法进入中国台湾市场的公共工程材料项目，中国大陆可以要求开展采购。在服务采购方面，中国大陆对中国台湾开放会计、计算机、工业设计、研发、会议、广告设计、会展、教育、医疗、金融保险、邮政和分销等服务采购。中国台湾对中国大陆开放基础研究与发展、会议及展览、特制品设计、进口电影片配额、经纪商、运动及其他娱乐、航空电脑订位系统以及银行等优势服务采购。在公共工程及政府服务采购方面，双方可以加强公共基础设施建设和优化政府行政服务采购，提高公共服务能力，增强竞争力。双方还可以由采购合作走向项目合作，特别是在新能源、新材料、生命科学、生物医药、信息网络等新兴产业方面形成公共采购联盟，为产业整合带来深远影响。

中国尚未签订任何国际和区域性的政府采购协议。从实践出发，率先在 EFCA 下构建两岸公共采购协议，具有多方面的重要意义。

规划发展的目的是由政府主导向市场主导转变，由“以官为本”向以人为本转变，由腐败众生向遏制和大幅减少腐败转变。公共采购制度承担着这些重要使命。

第四节　公共采购制度应纳入国家战略发展规划

中央政府采取的一系列及时、有效应对国际形势新变化和新型冠状病毒肺炎疫情的战略措施，大部分与公共采购（涵盖政府采购与招投标）有关。比如，40 万亿元的大规模新型基础设施建设，需要通过政府采购和招标投标实现它的效益功能目标。国家批准的多个自贸区发展规划，重点新兴产业调整和振兴规划等，以及教育、医疗改革和文化发展规划等，这些区域、产业和行业齐头并进式的国家战略，均与公共采购有极大的相关性。可见，公共采购战略规划的运用直接关系到国家战略和宏观经济政策的效果。从中国当前经济建设发展的特点出发，从国家战略发展规划的综合性和长效机制考虑，公共采购政策、制度和手段建设应当上升为国家战略，并纳入战略规划。

一、解决现实问题和发展新理念的需要

招标投标制度与政府采购制度都有其优势和基础，在中国经济社会发展中承担着重要的历史使命。但随着实践的发展和认识的深化，两种制度在交流和碰撞中也确实存在一些迫切需要解决的问题。对于二者来说，不论是“大法”还是“小法”，不论是实体法还是程序法，不论是“大部门”还是“小部门”，不论是 3.3 万亿元规模（2019 年全国政府采购规模）还是 11 万亿元规模（2019 年度工程招标代理中标金额），不论是理论优势还是实践优势，它们都是现实的存在，两者谁也离不开谁，谁也替代不了谁。需要智慧和胸襟来解决目前存在的瓶颈或矛盾，而公共采购刚好成为解决这一问题的良方。政府采购和招标投标在尊重和平等的原则下进行互动与融合可以催生公共采购新模式。这种模式是经济社会发展到一定历史阶段的产物，是不可阻挡的历史潮流。

公共采购是公共主体使用公共资金通过一定的规则和程序开展采购的活动。公共采购至少具有四个重要特征：一是具有招标投标和政府采购所应有的优良品质。除了我们常说的公平、正义、竞争、信用、透明、规范和廉洁外，它还涵盖招标投标与政府采购所有的性质特征。二是具有公共性。政府采购属于政府主导型，而公共采购则是公共服务型，它既包括建设工程、货物、服务，甚至智力成果采购，也统筹政府部门、国有企业和村委会等各类公共组织采购。三是具有中国化、现代化、信息化和国际化的主要特征。四是具有基础功能、制度功能和政策功能三大功能。

二、公共采购历史、现实及未来发展脉络的需要

公共采购的初始状态为公共采购发展提供了历史和现实的目标及路径。招标投标制度阶段可以称为公共采购萌芽阶段。这是从改革开放初期引入的招标投标制度到 20 世纪 90 年代中后期以重大工程和进口设备招标投标为基础的阶段。招标投标制度与政府采购制度

并存的阶段可以称为公共采购初级阶段，这个阶段以招标投标和政府采购法律制度建立，招标投标进一步发展但出现负面影响，而政府采购制度建立并发展迅猛，与招标投标矛盾冲突显现为主要特征。这个阶段从20世纪90年代中后期开始至今一直存在。当前正处于公共采购发展阶段，也就是公共采购理论与实践并行的阶段。在这个阶段，需要大力探索、研究公共采购理论，着力推进公共采购实践，完善公共采购制度，为公共管理、市场经济和社会发展服务。

三、公共采购制度是实现国家战略规划目标的需要

一是公共采购制度是实现政府转型的重要载体。如何通过推进行政管理体制改革，使主导型政府向公共服务型政府转变，决定了国家战略规划目标的全局。公共采购作为政府转型中的三大制度设计之一，需要从更高层次、更远视角出发，提升它的意义和作用，规划设计好它的体制制度和机制。

二是公共采购市场是健全和完善社会主义公共市场经济的重要力量。国家最重要的战略规划目标是转变经济发展方式，实现经济转型。其一是清晰界定政府与市场的关系。公共采购是政府与市场之间的产物，它们之间的关系可以从公共采购市场及其职能界定上寻找到答案。其二是灵活运用市场调控职能。公共采购政策功能作用巨大，特别是在转变经济结构和转变经济发展方式、优先采购国货、实现自主创新和科技进步、促进中小企业发展等方面发挥着其他政策手段无法比拟的作用。公共采购作为政府直接运用政策工具的手段，活跃于市场舞台上，成为宏观政策最直接的体现，对建立公平、健全的社会主义市场经济体系产生深远的影响。其三是建立规范、诚信和稳定的市场体系。经过多年的招标投标与政府采购的制度发展和积累，公共采购完全可以在国家战略规划中通过公共采购制度设计扭转当前公共市场中不信用、不规范、不廉洁的现象，为建设更加成熟规范和诚信有序的公共市场，真正发挥其导向和示范作用。

三是公共采购制度是建设廉洁政府的重要载体。有数字表明，在监狱内的经济罪犯有20%~30%与招标或采购有关。招标采购腐败是三大腐败领域之一，受到各方关注。有关部门需要重新审视公共采购的制度价值，从科学、规范、廉洁、高效的角度设计制度框架。国家战略规划目的是由政府主导向市场主导转变，由腐败众生向遏制和大幅减少腐败转变。重新思考、设计公共采购体制机制问题是关键。而制度设计面临时间紧迫、环境复杂和极大阻力的挑战。所以，从这个层面上看，将公共采购制度设计提升到国家战略层面开展战略规划对国家的反腐战略具有重大意义。

四是公共采购制度与国际化的关系。中国加入GPA谈判进入关键阶段。中国加入世界贸易组织《政府采购协议》与国家战略规划息息相关。无论在理论层面还是现实面前，我们都不得不将公共采购提升到国家战略层面加紧研究，同时根据国际市场规律和形势变化深化国家内部改革，维护国家经济安全。

公共采购制度设计涉及中国政治、经济、行政和社会甚至文化体制改革。各种体制改革不是孤立的，也不是空泛的，必须通过具体手段来完成。公共采购制度刚好是这样一个重要的载体和体制的整合器，它甚至可能超越税收功能成为财政的两大抓手。公共采购制度建设需要上升为国家战略，发挥它应有的作用。

本章小结

GPA是WTO框架下规范政府采购市场开放的一项专项协定，主要规定了加入谈判规则和加入后成员享有的权利及承担的义务。GPA的基本目标是建立一个有效的关于政府采购的多边框架，以实现国际贸易的进一步自由化，改善并协调国际贸易环境。政府采购委员会是GPA的工作机构。政府采购委员会成员由各GPA参加方派代表组成，并选举产生1名主席。政府采购委员会视需要决定召开会议，每年至少1次。

我国在2001年加入WTO时，承诺尽快提交初步出价并启动谈判，在2007年正式启动谈判并提交了初步出价。中国加入GPA要实现自身目标，需要处理好谈判策略。如充分利用例外政策谈判空间，充分利用中国发展中国家身份展开谈判，实施"规模对等"和遵循渐进开放原则。习近平主席在博鳌亚洲论坛2018年年会的主旨演讲中指出，要"加快加入世界贸易组织《政府采购协议》进程"。这是在中国改革开放四十周年纪念的重要时刻做出的"中国开放的大门不会关闭，只会越开越大"的承诺，体现了中国政府不断推进改革开放，大步迈向新时代的信心和决心，同时也意味着中国加入GPA的谈判进程进入关键阶段。

政府采购领域作为"世界性管理难题"属于最难啃的"硬骨头"。现状表明，中国加入GPA谈判内容、形式复杂，政府采购的重点、焦点、难点问题仍然较多。面对难题和困境，如何加快加入世界贸易组织《政府采购协议》进程，相关部门需要改革思维。具体包括引入战略思维、改革思维和战术策略思维等。中国加入GPA谈判进入关键阶段，目前加入GPA进程稳步推进：比如提交《中国政府采购国情报告》、参加GPA年度多边谈判等。中国加入GPA要选择适当时机，做好充分准备。

2003年4月，发展援助委员会（DAC）联合发起MAPS。其目标是通过提供分析系统关键信息作为通用工具来评估和改进公共采购系统。它通过所发现的优缺点制定战略和实施改革，通过建立法律、监管和体制框架，为完善的公共采购评估体系奠定基础。经过多年的实践，该评估系统的质量和有效性得到广泛认可。系统评估多年来一直在调整和修改，形成较为成熟的2018版本。新版本MAPS整合了各种必须元素，以确保MAPS的应用有助于提高采购效率。这些考虑因素包括国家政策目标、可持续性目标、对私营部门的支持、公务员改革等，以及为运作良好的公共采购系统创造有利环境的其他因素，例如良好的公共财政管理、问责制、法律确定性和劳动力能力。

新MAPS是一种通用工具，旨在促进和加速所有国家实施现代、高效、可持续和更具包容性的公共采购系统。MAPS提供了一个全面的评估框架，建立了一个所有国家都应努力实现的有效且高效的采购体系评价标准。公共采购评估体系（Assessment of Public Procurment Systems）是MAPS中的核心部分，围绕4个支柱指标和14个二级指标、55个三级指标构建围绕。这些支柱指标和分级指标与公共采购系统的期望特征相对应。本章主要围绕公共采购评估体系的具体指标内容作详细介绍。在此基础上，分析公共采购评估体系在中国的应用思考，以及中国的借鉴和启示。4个支柱指标包括：法律、监管和政策框架；体制框架和管理能力；公共采购程序和市场行为；公共采购体系的问责制、诚信和透明度。

两岸公共采购协议的理论基础应该是WTO下的经济自由洽谈，以及基于该原则下的

ECFA 与 GPA。ECFA 是在不违反 WTO 的规范下，为充分表现两岸特色而签署的框架协议。其目的是为推动两岸经贸往来正常化、机制化和制度化。两岸公共采购协议的实践基础：中国大陆是中国台湾第一大贸易伙伴、第一大出口伙伴及第二大进口伙伴，经贸关系相当密切。两岸的长期投资、经贸之旅和民间交流等为两岸经济合作全方位、宽领域、多层次迈进提供了良好条件。

两岸公共采购协议是遵循于 GPA 但不同于 GPA 的两岸独特的经济交流合作形式。在丰富的采购实践基础面前，EFCA 的签署和实施给两岸公共采购协议的签订带来契机。两岸公共采购协议是在 EFCA 主导下，就两岸公共采购主体间开展货物、工程和服务采购所形成的制度、政策和实施等合作协议。

构建两岸公共采购协议必须秉持着两岸平等协商、谋求互利共赢、照顾彼此关切的基本原则。具体可以开展以下工作：确立固定机制，研究磋商协议；建立两岸公共采购论坛；成立两岸公共采购博览会；发挥两岸公共采购政策导向功能。

从中国当前经济建设发展的特点出发，从国家战略发展规划的综合性和长效机制考虑，公共采购政策、制度和手段建设应当上升为国家战略考虑，纳入战略规划。这是解决现实问题和发展新理念的需要，是公共采购历史、现实及未来发展脉络的需要。公共采购制度是实现国家战略规划目标的需要。

思考练习

1. 世界贸易组织《政府采购协议》的由来和现状怎样？
2. 中国加入世界贸易组织《政府采购协议》的谈判进程怎样？需要把握哪些谈判内容？
3. 中国加入世界贸易组织《政府采购协议》如何选择时机？需要做哪些准备？
4. 公共采购评估体系包括哪 4 个支柱指标？
5. 构建 ECFA 下的公共采购协议有什么举措？
6. 为什么说公共采购制度应纳入国家战略发展规划？

推荐阅读

孟晔．公共采购国际规则研究［M］．北京：中国经济出版社，2019.

参考文献

［1］中国共产党第十九次全国代表大会文件汇编［M］. 北京：人民出版社，2017.

［2］中国共产党第十九届中央委员会第五次全体会议公报［M］. 北京：人民出版社，2020.

［3］中华人民共和国国民经济和社会发展第十四个五年规划和 2035 年远景目标纲要［M］. 北京：人民出版社，2021.

［4］中共中央马克思恩格斯列宁斯大林著作编译局. 马克思恩格斯选集：第 4 卷［M］. 北京：人民出版社，2012.

［5］毛泽东. 毛泽东选集：第一卷［M］. 北京：人民出版社，2008.

［6］张雷声. 马克思主义基本原理概论［M］. 北京：中国人民大学出版社，2010.

［7］王惠岩. 政治学原理［M］. 2 版. 北京：高等教育出版社，2006.

［8］高隆昌. 系统学原理［M］. 北京：科学出版社，2005.

［9］沈宗灵. 法理学［M］. 2 版. 北京：北京大学出版社，2003.

［10］樊勇明，杜莉. 公共经济学［M］. 上海：复旦大学出版社，2001.

［11］范爱军，等. 国际贸易学［M］. 3 版. 北京：科学出版社，2009.

［12］张幼文，等. 世界经济学：原理与方法［M］. 上海：上海财经大学出版社，2006.

［13］陈共. 财政学［M］. 6 版. 北京：中国人民大学出版社，2009.

［14］贾康，阎坤. 转轨中的财政制度变革［M］. 上海：上海远东出版社，1999.

［15］王丽莉. 服务型政府：从概念到制度设计［M］. 北京：知识产权出版社，2009.

［16］史继红. 社会主义市场经济理论体系创新研究［M］. 成都：西南交通大学出版社，2009.

［17］陶继侃. 世界经济概论［M］. 天津：天津人民出版社，1995.

［18］江春泽，陈耀庭，雷达. 国际比较中的中国经济体制转轨［M］. 武汉：武汉出版社，1997.

［19］于安. 降低政府规制——经济全球化时代的行政法［M］. 北京：法律出版社，2003.

［20］李军鹏. 公共服务型政府［M］. 北京：北京大学出版社，2004.

［21］句华. 公共服务中的市场机制：理论、方式与技术［M］. 北京：北京大学出版社，2006.

［22］教育部高等学校社会科学发展研究中心. 科学发展观：中国特色社会主义理论体系的最新成果［M］. 北京：教育科学出版社，2010.

［23］徐双敏. 公共管理学［M］. 武汉：武汉大学出版社，2007.

［24］王卓君. 政府公共服务职能与服务型政府研究［M］. 广州：广东人民出版社，2009.

［25］任丽梅. 新发展理念［M］. 北京：人民日报出版社，2020.

［26］刘熙瑞. 中国公共管理［M］. 北京：中共中央党校出版社，2004.

［27］王克稳. 政府合同研究［M］. 苏州：苏州大学出版社，2007.

［28］闫洪芹. 公共组织理论：结构、规则与行为［M］. 北京：北京大学出版社，2009.

［29］米健. 欧盟法与欧洲一体化［M］. 北京：法律出版社，2009.

［30］张占斌，杜庆昊，等. 中国经济体制改革探索与实践［M］. 北京：人民出版社，2019.

［31］上海财经大学课题组. 公共支出评价［M］. 北京：经济科学出版社，2006.

［32］刘慧. 世界贸易组织《政府采购协议》导论［M］. 北京：中国社会科学出版社，2003.

［33］贾康. 世界贸易组织与财税政策［M］. 北京：中国财政经济出版社，2004.

［34］楼继伟. 政府采购［M］. 北京：经济科学出版社，1998.

［35］马海涛，姜爱华. 政府采购管理［M］. 北京：北京大学出版社，2009.

［36］杨灿明，白志远，等. 完善政府采购制度研究［M］. 北京：经济科学出版社，2009.

［37］施锦明. 政府采购［M］. 北京：经济科学出版社，2010.

［38］李鸣，马建臣，毛景立，等. 公共采办研究［M］. 北京：经济科学出版社，2005.

［39］姚文胜. 政府采购法律制度研究［M］. 北京：法律出版社，2009.

［40］肖北庚. WTO《政府采购协定》及我国因应研究［M］. 北京：知识产权出版社，2010.

［41］张家瑾. 我国政府采购市场开放研究［M］. 北京：对外经济贸易大学出版社，2008.

［42］张照东. 政府采购制度比较研究［M］. 南昌：江西人民出版社，2007.

［43］刘小川，唐东会. 中国政府采购政策研究［M］. 北京：人民出版社，2009.

［44］李晓. 宋朝政府购买制度研究［M］. 上海：上海人民出版社，2007.

［45］孟春. 政府采购：理论与实践［M］. 北京：经济科学出版社，2001.

［46］姚艳霞. 政府采购国际法律制度比较研究［M］. 济南：山东人民出版社，2006.

［47］章辉. 政府采购风险及其控制［M］. 北京：中国财政经济出版社，2009.

［48］曹富国，何景成. 政府采购管理国际规范与实务［M］. 北京：企业管理出版社，1998.

［49］宗煜. 政府采购概论［M］. 成都：电子科技大学出版社，2007.

［50］杨灿明，李景友. 政府采购问题研究［M］. 北京：经济科学出版社，2004.

［51］肖北庚. 政府采购之国际规制［M］. 北京：法律出版社，2005.

［52］王亚星. 中国政府采购的市场化运作［M］. 北京：红旗出版社，2003.

[53] 黄冬如. 中国现代政府采购制度改革战略选择 [M]. 北京：经济科学出版社，2019.

[54] 孟晔. 公共采购国际规则研究 [M]. 北京：中国经济出版社，2019.

[55] 王益民. 数字政府 [M]. 北京：中共中央党校出版社，2020.

[56] 庄宗明. 世界经济学 [M]. 北京：科学出版社，2007.

[57] 劳伦斯·纽曼. 社会研究方法：定性和定量的取向 [M]. 郝大海，译. 5 版. 北京：中国人民大学出版社，2007.

[58] 里基·格里芬，罗纳德·埃伯特. 商学：第 7 版 [M]. 詹正茂，等，译. 北京：中国人民大学出版社，2007.

[59] 彼得·贝利，大卫·法摩尔，巴里·克洛克，等. 采购原理与管理 [M]. 11 版. 王增东，王碧琮，译. 北京：电子工业出版社，2016.

[60] 约瑟夫·L. 卡维纳托，拉尔夫·G. 考夫曼. 采购手册——专业采购与供应人员指南 [M]. 吕一林，闫鸿雁，雷利华，等，译. 北京：机械工业出版社，2002.

[61] 让-雅克·拉丰，让·梯诺尔. 政府采购与规制中的激励理论 [M]. 石磊，王永钦，译. 上海：上海人民出版社，2014.

[62] 阿兰·冯·威尔. 采购与供应链管理——分析、规划及其实践 [M]. 梅绍祖，阮笑雷，巢来春，译. 北京：清华大学出版社，2002.

[63] 约翰·H. 杰克逊. 世界贸易体制——国际经济关系的法律与政策 [M]. 张乃根，译，上海：复旦大学出版社，2001.

[64] 冯·贝塔朗菲. 一般系统理论基础、发展和应用 [M]. 林康义，魏宏森，译. 北京：清华大学出版社，1987.

[65] 理查德·A. 波斯纳. 法律的经济分析（上）[M]. 蒋兆康，译. 北京：中国大百科全书出版社，1997.

[66] 邹进文. 政府采购的经济学透视 [J]. 当代财经，2002（2）：25-28.

[67] 吴慧. 从国际法视角看《贸易法委员会公共采购示范法》的性质和作用 [J]. 中国政府采购，2009（10）：76-80.

[68] 张庆东. 公共利益：现代公共管理的本质问题 [J]. 云南行政学院学报，2001（4）：22-26.

[69] 中国欧盟商会. 中国的公共采购：欧盟企业在中国参与公共采购合同竞标的经验 [R]. 北京：中国欧盟商会，2011.

[70] 宋雅琴. 国际制度、国家利益与国家行为：中国加入 GPA 问题研究 [D]. 北京：清华大学，2010.

[71] 王乐夫，陈干全，李伟权. 公共管理基础理论及体系 [M]. 北京：中国社会科学出版社，2008.

[72] 王亚琴. 政府采购与行政权利救济 [M]. 北京：人民法院出版社，2004.

[73] 张传. 政府采购法比较研究 [M]. 北京：中国方正出版社，2007.

[74] 谷辽海. 政府采购起源 [N]. 中国经济时报，2005-4-22.

[75] 陈勃. 政府采购法律问题研究 [D]. 重庆：西南政法大学，2003.

[76] 中国社会科学院语言研究所词典编辑室. 现代汉语词典 [M]. 5 版. 北京：商

务印书馆，2005.

［77］黄冬如. 科学发展我国公共采购救济制度［N］. 经济参考报，2009-12-4（7）.

［78］黄冬如. 公共采购理论学科建设若干构想［J］. 中国政府采购，2011（1）：22-23.

［79］秋石. 经济全球化与社会主义的未来［J］. 求是，2004（5）：19-22.

［80］政府采购信息报. 张澜涛：开放促改革 应该国际化［EB/OL］.（2011-2-21）http：//m. caigou2003. com/show. php？classid=290&id=795947.

［81］孙立群. 政府采购应成为独立学科——访国际关系学院院长刘慧［N］. 政府采购信息报，2009-2-9（1）.

［82］陈凤英. 加入 GPA 中国和世界的共同机遇［N］. 政府采购信息报，2007-5-25（4）.

［83］朱智强，葛万利，张晓丽. 对我国现阶段推行现代政府采购制度的思考［J］. 中国煤炭经济学院学报，2003（1）：38-40.

［84］陈伟，王文普. 现代政府采购制度的理论渊源与经济效益分析［J］. 管理现代化，2003（5）：4-7.

［85］中共中央关于全面深化改革若干重大问题的决定［M］. 北京：人民出版社，2013.

［86］广东省佛山市南海区政府采购中心. 科学发展五型队伍 深入实践五星南海［J］. 中国政府采购，2010（9）：50-53.

［87］黄冬如，广东省佛山市南海区政府采购中心. 基层政府采购业务电子化系统探索与实践［J］. 中国政府采购，2010（1）：66-69.

［88］伏晓东. 中国政府采购制度研究［D］. 咸阳：西北农林科技大学，2006.

［89］HINDLEY B. The economics of an accord on public procurement policies［J］. The World Economy，1978，1（3）：279-288.

［90］GLEICH H. Budget institutions and fiscal performance in Central and Eastern European countries［J］. Working Paper，2003（2）.

［91］GORDON H，RIMMER S，ARROWSMITH S L. The economic impact of the European Union regime on public procurement：lessons for the WTO［J］. World Economy，1998，21（2）：159-187.

［92］LAFFONT J J，MARTIMORT D. The design of transnational public good mechanisms for developing countries［J］. Journal of Public Economics，2005，89（2-3）：159-196.

［93］中华人民共和国政府采购法［M］. 北京：中国法制出版社，2014.

［94］中华人民共和国招标投标法［M］. 北京：法律出版社，2018.